酒店
精细化管理
从 入 门 到 精 通

匡仲潇 主编

化学工业出版社

·北京·

《酒店精细化管理从入门到精通》一书，从精细化管理的角度对酒店管理进行了阐述，具体包括酒店精细化管理指引、组织架构精细化、目标管理精细化、过程控制精细化、宾客服务精细化、绩效考核精细化、成本控制精细化、安全管理精细化、员工培训精细化等内容。

本书内容翔实，实用性强，可供酒店的管理者、从业人员，以及新入职的大中专学生，有志于从事酒店管理的人士学习参考，可为酒店各级管理人员提供操作指南和借鉴，是酒店各级管理人员的行动指南。

图书在版编目（CIP）数据

酒店精细化管理从入门到精通/匡仲潇主编. —北京：化学工业出版社，2020.5
ISBN 978-7-122-36345-9

Ⅰ.①酒…　Ⅱ.①匡…　Ⅲ.①饭店-商业企业管理
Ⅳ.①F719.2

中国版本图书馆CIP数据核字（2020）第034377号

责任编辑：陈　蕾　　　　　　　　　　装帧设计：尹琳琳
责任校对：边　涛

出版发行：化学工业出版社（北京市东城区青年湖南街13号　邮政编码100011）
印　　装：三河市延风印装有限公司
787mm×1092mm　1/16　印张20　字数406千字　2020年5月北京第1版第1次印刷

购书咨询：010-64518888　　　　　　　　售后服务：010-64518899
网　　址：http://www.cip.com.cn
凡购买本书，如有缺损质量问题，本社销售中心负责调换。

定　　价：88.00元　　　　　　　　　　　　　　　版权所有　违者必究

前言

　　我国酒店行业的发展与国家经济增长、居民消费水平、境内旅游业的发展等因素息息相关。近年来，我国经济保持稳步增长的势头，中国旅游业的发展刺激着酒店业需求的增长。

　　酒店业是劳动密集型的服务行业，当前我国内地酒店行业从业人员2000多万。酒店行业作为终端消费行业，对泛旅游产业的发展有较大的推动作用，已成为吸收就业最有活力的领域之一，在国民经济体系中亦占有非常重要的地位。

　　但是酒店市场并不好做，人工、房租成本的上涨，迫使酒店必须不断谋划新的营收增长点。有业内人士分析指出，近年来高端酒店的不断扩增，导致竞争加剧，而酒店为了追求经营业绩，存在压缩成本的做法，从而导致酒店安全问题、卫生问题频发。

　　众所周知，酒店人员非常密集，流动性强，所以一旦出现疏忽，极易导致安全事故发生。因此积极落实精细化管理理念，确保酒店各项工作的规范化运行，能够在很大程度上降低酒店经营风险。

　　精细化管理是一种理念，是一种文化，是社会分工精细化和服务精细化对现代管理的必然要求。随着行业竞争的日益激烈，酒店要想实现稳定、可持续发展，就要积极提升酒店品牌形象。酒店通过精细化管理，能够为广大的消费者提供更加优质的服务，从而赢得更多消费者的赞誉，最终促进酒店品牌形象提升。

　　《酒店精细化管理从入门到精通》一书由导读和8章组成，从精细化管理的角度对酒店管理进行了阐述，具体包括酒店精细化管理指引、组织架构精细化、目标管理精细化、过程控制精细化、宾客服务精细化、绩效考核精细化、成本控制精细化、安全管理精细化、员工培训精细化等内容。

　　本书内容翔实，实用性强，可供酒店的管理者、从业人员以及新入职的大中专学生、有志于从事酒店管理的人士学习参考，可为酒店各级管理人员提供操作指南和借鉴，是酒店各级管理人员的行动指南。

　　由于笔者水平有限，书中不足之处在所难免，敬请读者批评指正。

编　者

目录

导读
酒店精细化管理指引

01

第一章　组织架构精细化

组织架构决定酒店的整体功能，并牵制着酒店管理的效率与效能，因此，酒店应自上而下建立推动精细化管理工作的组织结构，合理分配人员，明确责任和权力，协调各种关系，促进酒店经营目标的实现。

第二章　目标管理精细化

精细化管理以提高企业经营绩效为目的，通过对企业战略目标的细化、分解、落实，保证企业战略能够在各个环节有效贯彻并发挥作用；通过细化企业管理单元，明确管理目标，改进管理方式，确保企业管理思想高效、准确、到位地落实。

第三章 过程控制精细化

      酒店要通过开展过程控制精细化管理，让全体员工准确把握和深刻领会过程控制精细化管理的灵魂和精髓，构建起全员、全方位、全过程精细管理体系和长效运行机制，使精细管理机制化，培育出具有××酒店特色的"精细文化"，推进过程控制精细化管理取得实效。

第四章　宾客服务精细化

　　精细化服务是新形势下相对于传统型服务的一种更为专业化、系统化、全面化的新型服务。酒店应着手于"精细"并着重于"服务"，以提高顾客满意度和忠诚度为核心，提供个性化、人性化的高品质、创新式服务，从而树立良好的企业形象。

05

第五章　绩效考核精细化

　　管理出效益。酒店在绩效考核中，如果能实施精细化管理模式，立足于"精、准、细、严"的核心原则，把握考核管理中的关键环节和指标，对影响酒店效益的关键要素进行严格控制，利用完善的考核制度，规范的考核流程，必能推进酒店可持续发展，提高竞争力。

06

第六章　成本控制精细化

在当前市场经济下，企业的竞争尤为激烈。酒店要想生存，除了加强产品开发、提升服务质量和抢占市场外，更主要的是要加强成本控制，依靠降成本来提升企业竞争力。而精细化管理正是降低企业成本，实现效益最大化的主要手段和措施。

07

第七章　安全管理精细化

安全管理是现代企业管理的重要组成部分，凡是安全生产管理先进、安全形势稳定、工作效率较高的单位，都是管理规范、精细的单位。因此大力推行精细化管理是促进安全管理的关键。

08

第八章　员工培训精细化

开展员工培训工作对提升酒店竞争力、凝聚力、战斗力至关重要。而将精细化管理融入培训工作中，能够不断完善培训体系；探讨精细化管理的具体应用，可以进一步提升员工的培训效果与质量。

导读
酒店精细化管理指引

精细化管理是一种理念，是一种文化，是社会分工精细化和服务精细化对现代管理的必然要求。现阶段，随着行业竞争的日益激烈，酒店要想实现可持续发展，就必须积极做好管理工作，实施精细化管理理念，促进酒店管理水平的提升。

一、精细化管理的概念

精细化管理是通过规则的系统化和细化，运用程序化、标准化和数据化的手段，以提高效率、提高品质和服务为目的，建立目标细分、标准细分、任务细分、流程细分，实施精确决策、精确计划、精确控制、精确考核的一种科学管理模式。如导图-1所示。

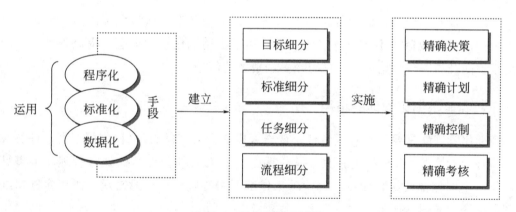

导图-1 精细化管理模式

精细化管理的本质意义就在于它是一种对战略和目标分解细化和落实的过程，是让企业的战略规划有效贯彻到每个环节并发挥作用的过程，同时也是提升企业整体执行能力的一个重要途径。

二、酒店精细化管理的必要性

精细化管理作为一种新型、科学的管理模式，为酒店的发展提供了强有力的保障。对于酒店来说，实施精细化管理的必要性体现在导图-2所示的几个方面。

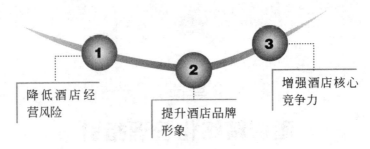

导图-2 酒店精细化管理的必要性

1.降低酒店经营风险

众所周知，酒店人员非常密集，并且有着较大的流动性，所以一旦出现疏忽，极易导致安全事故发生。在这种情况下，积极落实精细化管理理念，确保酒店各项工作的规范化进行，能够在很大程度上降低酒店经营风险。

2.提升酒店品牌形象

随着行业竞争的日益激烈，酒店要想实现稳定、可持续发展，就要积极提升酒店品牌形象。酒店通过精细化管理，能够为广大的消费者提供更加优质的服务，从而赢得更多消费者的赞誉，最终促进酒店品牌形象提升。

3.增强酒店核心竞争力

当前，很多国外知名酒店陆续入驻我国一、二线城市，这给我国酒店业带来了巨大冲击，酒店经济效益呈不断下降趋势。而酒店落实精细化管理理念，提高管理水平，能够进一步提升酒店核心竞争力，赢得更多消费者的信赖。

三、实施精细化管理的路径

精细化管理就是要落实管理责任，变一人操心为大家操心，"权力层层有，任务人人担，责任个个负"，将管理责任具体化、明细化，人人都管理、处处有管理、事事见管理，每一个岗位都要尽职尽责，每一项工作都要用心做好。一般来说，酒店实施精细化管理的路径如导图-3所示。

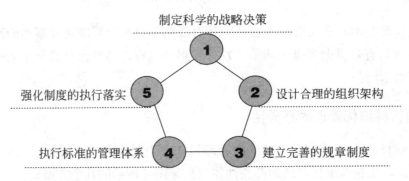

导图-3 实施精细化管理的路径

1.制定科学的战略决策

企业在制定战略决策过程中应当按照规定程序进行，在广泛调查、分析研究、编制讨论和上下结合、内外结合反复论证的基础上，组织召开企业领导班子会（公司董事会）对发展战略进行研究决策。决策管理者（董事长）在班子研究决策中，负有对所提交会议的发展战略蓝本进行相关情况（编制发展战略的背景、目的、依据、方向、目标及要点内容等）说明解释的义务和责任，同时充分听取与会人员的意见尤其是不同意见，进一步修改完善发展战略规划内容，最后做出正式决策，并将会议情况记录备案，形成决策文件印发执行。

2.设计合理的组织架构

管理信息量化要力求准确，就需要从根本上解决酒店组织体系存在的各种问题，不能采取头痛医头、脚痛医脚的个案式解决方法，而应该依据企业量化管理理论，从酒店经营目标出发，确定主要工作项目，按照项目的特性对项目归类，从而确定部门设置，再按照项目管理理论，将项目分解成具体工作任务，再参照任务的特性，对工作任务进行归类，进而确定部门岗位设置，并且通过对完成任务所需工作时间的计算，确定岗位编制，进而确定部门编制和公司组织规模。

3.建立完善的规章制度

建立完善的规章制度也就是要实施有管理的计划，建立完善的议事规则与工作制度。一般地，规则是执行程序中对每一步骤工作所规定的应当遵循的原则和规章。有管理的计划就是在计划的制订与执行中有关管理人员必须遵循相应的管理原则、议事规则、会议制度、请示报告制度以及调整纠偏等工作制度，这样可以有效避免计划的主观性和随意性。

4.执行标准的管理体系

精细化管理的核心是标准化，即要使工作的每一个过程、每一个环节都有标准，并严格按标准操作。

比如，××酒店就曾收到顾客关于菜品分量不够标准的投诉。原来这位客人是第三次到该店就餐了，每次来都会点一份猪肉丸子，但每次服务员端上来的分量都不一样，分别是第一次8个、第二次12个、第三次10个，因此客人就问：到底你们哪一次的数量才是标准分量？为什么每次在收费价格不变的情况下数量却在变？

可见，没有标准谁都难以解释清楚，同时会让客人感觉酒店很随便，不规范，也会对酒店失去信任。从管理角度来讲，没有标准也无法对成本进行准确的控制。

因此，要保证酒店规范化和精细化运作，必须具备严格的、规范的、精细的规章制度和工作标准，只有依据相应的规章制度和操作标准，才能判断员工的操作行为和工作结果是否符合制度和标准的要求。具体措施如导图-4所示。

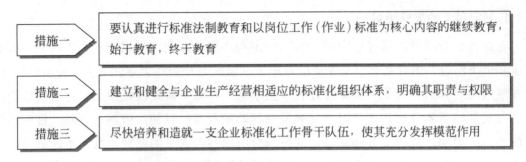

导图-4　按企业标准化体系进行管理的措施

5. 强化制度的执行落实

在制度执行方面,主要包含以下内容。

(1)讲究平等。即在规章制度面前人人平等、一视同仁。制度固然重要,但制度的执行更加重要,有了制度不执行或执行起来因人而异,制度就会遭到严重破坏。尤其是领导干部,必须带头执行制度。

(2)加强监督。任何一个规范的企业都会有一大堆制度,几百条甚至几千条。看一个企业管理得好不好,既要看它有没有一套完整的制度,更要看实施过程中是否真正长期坚持按制度办事。

如果一个企业的制度只是拿来做做表面文章或执行不到位,那么这样的企业绝不会长久。管理者不仅应当让公司的制度不断完善,使其与时俱进,具有可操作性,同时还要积极引入"用制度规范行为,靠制度管人,按制度办事"的机制。

四、实施精细化管理的保障条件

保障条件可以保证精细化管理的实施有效、长久地开展下去。对于酒店来说,实施精细化管理的保障条件如导图-5所示。

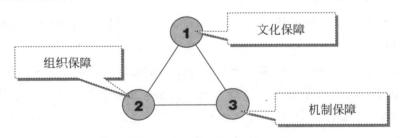

导图-5　实施精细化管理的保障条件

1. 文化保障

精细化管理能否得到真正的贯彻执行,企业文化是一个重要的影响因素。所谓企业文化,就是酒店的全体员工所共同具有的价值观,它以优良出品和高质量的服务渗透到为消费者的服务中去,从而塑造出很好的酒店形象。

精细化管理就是将精细化的思想和作风贯穿于企业各个工作环节，它是一种理念、一种认真负责的态度、一种精益求精的文化。精细化管理最根本的一点在于人们思维模式的转变。酒店要推行精细化管理，首要的就是要向员工灌输精细化的意识，从思想源头培养员工追求精细化的文化氛围，通过企业文化建设，逐步改进员工的心智模式，转变员工的工作态度和工作方法，使精细化成为酒店全体成员的自觉行为；通过企业文化建设，把精细化管理的思想渗透到酒店各个层次员工的心中，并化作酒店和员工的精神风貌。

2.组织保障

精细化管理是一项庞大的、持续不断的工程。为了扎实推进精细化管理工作的开展，酒店需要成立专门的实施精细化管理的推介机构，负责指导、推动、协调、督促精细化管理工作的开展。为了加强领导，各部门主要负责人应成为实施精细化管理的第一责任人。

3.机制保障

这里的机制保障主要是指建立推行精细化管理的激励与约束机制，主要包括导图-6所示的内容。

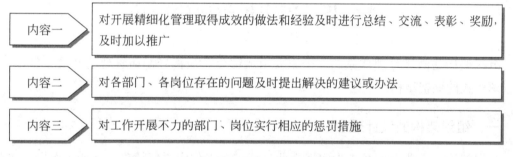

内容一	对开展精细化管理取得成效的做法和经验及时进行总结、交流、表彰、奖励，及时加以推广
内容二	对各部门、各岗位存在的问题及时提出解决的建议或办法
内容三	对工作开展不力的部门、岗位实行相应的惩罚措施

导图-6　精细化管理激励与约束机制包含的内容

因此，酒店有必要构建一套完善的精细化管理绩效考核体系。通过考核体系，相关人员能够更加有效地反馈整个精细化管理流程。在这种情况下，酒店就要加快构建合理的考核指标，以实现对酒店全体员工的客观、公正评价。在这一过程当中，对于考核指标，酒店应充分结合不同的工种来制定针对性的考核标准，避免统一化，以实现针对性、公平性考核。

除此之外，还要加快构建一套完善的激励机制，对在工作过程中表现优秀的员工应及时进行奖励，表现较差的员工要进行处罚，促使每一名员工都能够形成较强的责任心和较高的工作积极性，更好地参与到各项工作当中，提高工作效率及工作质量，从而在落实精细化管理的同时，促进酒店管理水平的提升。

第一章
组织架构精细化

组织架构决定酒店的整体功能，并牵制着酒店管理的效率与效能，因此，酒店应自上而下建立推动精细化管理工作的组织结构，合理分配人员，明确责任和权力，协调各种关系，促进酒店经营目标的实现。

第一节　酒店组织架构设计

组织架构是酒店管理体系的一个重要组成部分，是搞好酒店管理的必要条件，是确定管理模式的框架结构。

一、组织架构的设计理念

组织架构是企业全体员工为实现企业目标，在工作中进行协作，在职务范围、责任、权力方面形成的架构体系。这个架构体系主要包括：职能架构、层次架构、部门架构和职权架构。

组织架构设计的基本理念如图1-1所示。

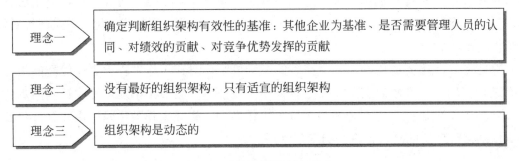

理念一	确定判断组织架构有效性的基准：其他企业为基准、是否需要管理人员的认同、对绩效的贡献、对竞争优势发挥的贡献
理念二	没有最好的组织架构，只有适宜的组织架构
理念三	组织架构是动态的

图1-1　组织架构的设计理念

二、组织架构的设计原则

不同酒店的组织状况各不相同，这主要是因为酒店的接待对象、规模、经营内容、管理者的观念等不同而导致的，然而酒店组织的基本原则却是一致的。具体来说，酒店组织架构设计应遵循图1-2所示的原则。

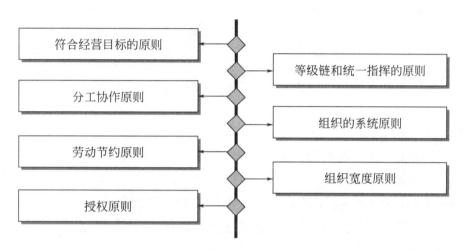

图1-2 组织架构的设计原则

1.符合经营目标的原则

酒店的组织形式是为酒店的经营目标服务的，也就是要通过合理的组织结构、富有效率的组织活动和科学的组织管理来实现预期的经营目标。

酒店组织形式在管理机构方面要形成合理的结构。机构设置要适合经营的需求，为经营目标服务，要合理、按需设置机构。机构设置必须明确其功能和作用、任务和内容、工作量是否充分以及和其他机构的关系等。

2.等级链和统一指挥的原则

等级链是组织系统中处理上下关系的基本法则。等级链的含义是指酒店组织中从上到下形成的各管理层次，从最高层次的管理者到最低层次的管理者之间组成一个链形结构。这个结构具有图1-3所示的特点。

图1-3 链形结构的特点

简单来说，等级链就是一条权力线，是发布命令、指挥控制、信息反馈的途径。等级链由图1-4所示的三条组织原则构成。

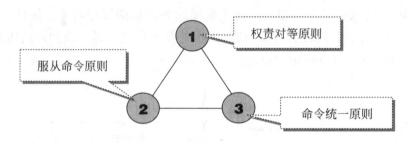

图1-4 等级链原则的构成

3.分工协作原则

分工作为专业化生产的基础，是指将一个复杂工作分解成若干个简单环节，把细分出来的环节分配给一些具体的人去操作。这种分工的优点在于将复杂的工作变得简单，使每个具体操作环节易于掌握，有助于服务效率和服务质量的提高。

客人到酒店来消费是整体产品，因此在增强专业化分工的同时还要加强分工后的相互协作。分工越细，协作越困难；协作不好，分工再合理也不能取得很好的整体效益。为了保证酒店的正常运营，酒店通常会将加强协作作为各岗位必须履行的职责，纳入规范化管理的要求。

4.组织的系统原则

酒店管理系统理论认为，一个系统的本质是它的"组织联系"，从组织联系出发，确定酒店组织的系统原则。酒店组织系统原则包括图1-5所示的内容。

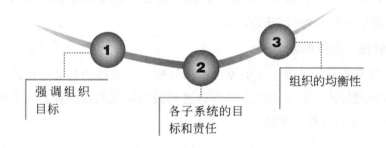

图1-5 酒店组织系统原则

5.劳动节约原则

劳动节约原则是指在劳动组织中尽量减少劳动的浪费，用计划来进行合理的劳动投入，以取得或者超过决策目标。劳动节约原则具体来说可以分为图1-6所示的四类。

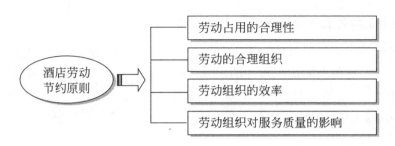

图1-6　酒店劳动节约原则

6.组织宽度原则

组织宽度是一位管理者能够有效领导、监督、指挥直接的下属人数。一般来说，总经理指挥宽度为3人，副总经理指挥宽度为4人，部门经理指挥宽度为6人，主管的指挥宽度为6人，领班的指挥宽度为12人。以上的宽度指最大限度。当然，酒店各级的组织宽度主要取决于酒店内部各相关因素。

7.授权原则

对管理者授权是组织原则之一。当组织确定了各管理职位后，也应当同时确定该职位所拥有的权力，这就是授权。授权有两种形式，如图1-7所示。

图1-7　授权的形式

权力和职位应该相称，这一点需要授权者把握，也需要用权者把握。授权是为了有效管理，管理是为了酒店经营目标实现。权力绝不能成为牟取私利的手段，对权力要有制约。酒店应建立权力制约体制，一是要有权力制约机构，二是对权力的监督和制约都应有相关的制度作为保证，只有这样才能杜绝权力谋私及腐败。

三、组织架构的设计步骤

组织架构是表明组织各部分排列顺序、空间位置、聚散状态、联系方式以及各要素之间相互关系的一种模式，是整个管理系统的"框架"。本着"市场—战略—结构"的原则，酒店可以按图1-8所示的步骤进行组织架构设计。

图1-8　组织架构的设计步骤

1.进行业务流程的总体设计

首先要围绕酒店的战略目标、市场定位和产品定位进行业务流程的总体设计，并使流程达到最优化，这是酒店组织设计的出发点与归宿点，也是检验酒店组织设计成功与否的根本标准。

2.确定管理岗位和部门机构

即按照优化后的业务流程岗位，根据服务岗位数量和专业化分工的原则来确定管理岗位和部门机构。它们是组织结构的基本单位，可以用组织图来表示。

酒店一般选择以层级管理为基础的业务区域制、直线职能制作为主要的组织架构方式。部门和管理岗位是为酒店的经营管理目标服务的，它不是永恒不变的。经营管理目标变了，部门和管理岗位也应做出相应的变化，这也是人们常说的"因事设岗"。

3.设定岗位工作标准

即对每个岗位进行工作目标与工作任务分析，规定每个岗位的工作标准：职责、内容、作业程序，用"技术标准说明书""岗位说明书""项目核检表"等形式把这些内容固定下来。然后按照岗位工作的需要确定相应的人员编制，尤其要确定岗位所需要的人员的素质要求，因为这直接影响着工作效率与事业发展，也就是人们常说的"因岗设人"。

管理小妙招：

一旦某一岗位上管理者的素质和能力不再适应岗位要求，就应该让其他有更高素质和能力的人来承担其职责。在现实中，它要求管理者要做到"能上能下"。

4.制定相应的管理制度

管理制度是对管理工作中的基本事项、要素关系、运作规程及其相应的联系方式进行原则性的规定。它对整个组织运作进行标准事宜、整体目标导向规定，并从根本上把酒店作为一个整体的企业来加以塑造。如果说前面三个步骤制造了组织结构中单独的"标准件"的话，那么，各项管理制度则是作为一个整体的酒店所不可缺少的"连接件"。

5.设计不同级别的报酬

酒店要规定各种岗位人员的职务工资和奖励级差，总的原则是根据各岗位在业务流程中的重要程度、对人员素质与能力的要求、任务量轻重、劳动强度大小、技术复杂程度、工作难易程度、环境条件差异、管理水平高低、风险程度大小等指标，按等量投入获取等量收益的边际生产力原理来考虑各岗位人员的报酬差别。

报酬不是固定的，工作岗位、企业经济效益变了，各岗位相应的报酬也要做相应的调整。这就是人们常说的"酬金能高能低"。

相关链接

常见的组织架构形式

1.直线式组织形式

直线式组织形式如下图所示。

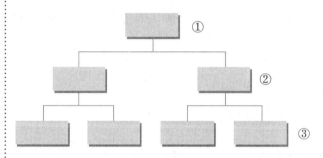

说明：左图中①代表组织的最高管理者；②代表部门主管；③代表经办人员。沟通途径为最高管理者监督部门主管，部门主管监督经办人员，下级对上级有所汇报时，也须循监督系统进行。

直线式组织形式

在该组织形式下，最高管理者负责决定企业内一切事项，最高管理者及部门主管对下属有绝对指挥监督权，部门主管相互间、经办人员相互间极少有意见沟通、行动协调关系存在；权力与责任关系多循上下指挥监督系统流动。

2.功能式组织形式

功能式组织形式如下图所示。

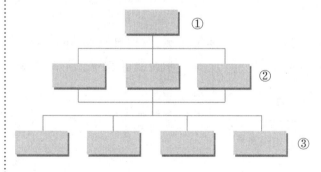

说明：左图中①代表企业最高管理者；②代表专家；③代表经办人员。沟通途径为各经办人员在工作上分别受有关专家的监督，各专家又受企业最高管理者的行政监督。

功能式组织形式

在该形式下，各经办人员的工作依专业分别由各专业专家指挥监督，各专家只指挥监督经办人员各种工作中所主管部分的专业工作。

3.直线及功能式组织形式

直线及功能式组织形式如下图所示。

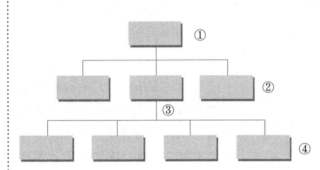

说明：左图中①代表组织最高管理者；②代表专业幕僚或行政管理单位；③代表直线或业务单位主管；④代表直线或业务单位经办人员。各经办人员在工作上受直接主管的指挥监督，专业幕僚或行政管理单位主管，不能直接指挥监督直线或业务单位人员。

直线及功能式组织形式

直线及功能式组织形式在形式上结合直线式及功能式组织形式而成，故兼具直线式及功能式组织的特性。

4.委员会组织形式

委员会组织形式如下图所示。

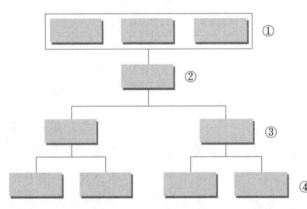

说明：左图中①代表委员会本身；②代表执行委员会决议的负责人；③代表企业各部门主管；④代表经办人员。决议与执行分开，决议部分的组织由若干委员组成，讨论时以其中一人为主席。执行部分的组织多与直线式组织相似，但也有采用直线及功能式组织形式的。

委员会组织形式

委员会组织形式的特性是：对有关事项需由各委员讨论决定，一经决议即为委员会的决定。而委员会的任务性质又各有不同，如有的委员会同时负责决定与执行工作；有的委员会只作决定，其执行则由另一组织负责；有的委员会在讨论后只向有关组织提出建议；有的委员会只是听取意见，既不讨论也不作决定。

5.扁平的组织形式

扁平的组织形式如下图所示。

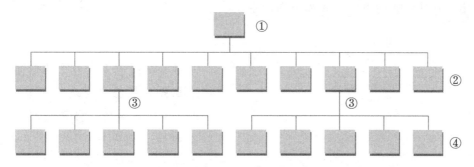

说明：上图中①代表企业最高管理者；②代表幕僚、专技、参赞等人员；③代表业务部门主管；④代表经办人员。各经办人员在工作上受直接主管的指挥监督，但也鼓励与有关幕僚、专技、参赞人员交换意见。

扁平的组织形式

扁平的组织形式的特性为：组织形式趋于扁平型，组织内尽量扩大管理幅度以减少层次，高级幕僚、专技、参赞人员增加，主管鼓励幕僚、专技、参赞人员与业务单位主管及其所属经办人员交换意见，主管也经常征询幕僚、专技、参赞人员意见，除重要事项决定的下达循指挥监督系统进行外，通常有关意见的沟通并不限于指挥监督系统的途径。

6.扩大工作范围的组织形式

扩大工作范围的组织形式如下图所示。

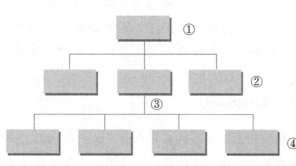

说明：左图中①代表企业最高管理者；②代表幕僚或行政管理单位；③代表业务部门主管；④代表经办人员。经办人员虽设有四人，但其经办业务并不予固定，可随时调整，其余情况与直线及功能式组织相同。

扩大工作范围的组织形式

扩大工作范围的组织形式的特性为：扩大经办人员的工作范围，不使经办人员的工作予以固定，以增加运用经办人员学识经验才能的机会，及避免因工作过于单调或机械所引起的心理上的疲劳与影响工作情绪。幕僚与业务单位主管间也鼓励其交换意见，必要时并作职务的调任，以增进对业务单位及幕僚工作的了解。

7.便于意见沟通的组织形式

便于意见沟通的组织形式如下图所示。

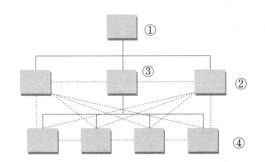

说明：左图中①代表企业最高管理者；②代表幕僚或行政管理单位；③代表业务单位主管；④代表经办人员。图中的实线代表指挥监督系统，虚线代表意见沟通途径。

便于意见沟通的组织形式

在这类组织形式下，员工间的交换意见，除可循着指挥监督系统进行外，并无指挥监督关系的员工间也可直接交换意见。换言之，员工间的意见沟通途径并无限制，只是经由意见沟通需作决定时，此决定须经由指挥监督地位的上级主管同意。

8.利于员工发展的组织形式

利于员工发展的组织形式如下图所示。

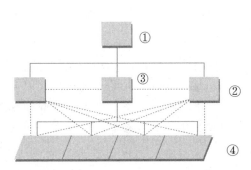

说明：左图中①代表企业最高管理者，并可酌增副主管；②代表幕僚或行政管理单位，并可酌增幕僚人员；③代表业务单位主管人员，并可酌增副主管；④代表经办人员。实线代表指挥监督系统，虚线代表意见沟通系统，经办人员的工作不予严格限定，各经办人员虽属同一层次，但其地位有高低。

利于员工发展的组织形式

想增加员工的发展机会，必须首先增加员工职务上的晋升机会，其次增加员工的训练学习机会以增进知识技能，最后增加员工处理工作的机会以资历练。为配合以上三种需求而设计的组织形式，除须兼具前1～3所述的三种组织形式的优点外，还须酌增副主管、幕僚职务，对同层次职务的职责作不同的认定，以利于升迁；增加意见沟通途径，以利于训练学习；经办人员工作分配不予固定，以资历练。

四、酒店组织架构的层次

组织架构设计得是否合理科学将直接影响管理的效率和部门运作的好坏，组织架构一经确定就不能再作过多的调整，因此组织架构的设计要慎重。一般来说，酒店组织架构包含图1-9所示的四个层次。

图1-9　酒店组织架构的层次

1.决策层

决策层是由酒店高层管理人员组成，如总经理、副总经理和总经理助理等。在这一层工作的人员，主要职责是对酒店的主要经营管理活动进行决策和宏观控制，对酒店重要发展战略和产业经营目标进行研究并组织实施。

2.管理层

管理层是由酒店中层管理人员担任，如各部门经理、经理助理、行政总厨、厨师长等，他们的主要职责是按照决策层作出的经营管理政策，具体安排本部门的日常工作，管理层在酒店中起着承上启下的作用，他们是完成酒店经营目标的直接责任承担者。

3.督导层

督导层是由酒店中担任基层管理岗位的员工组成，如主管、领班、值班长等。督导层人员的主要职责是执行部门下达的工作计划，指导操作层的员工完成具体的工作，他们直接参与酒店服务工作和日常工作的检查、监督，保证酒店经营管理活动的正常进行。

4.操作层

操作层包括酒店的一线服务人员，如迎宾员、厨师、服务员等。操作层员工的职责是接受部门指令，为顾客提供标准化、规范化服务。

五、组织架构的设计要求

酒店设计的组织架构要实用，要符合本酒店的实际情况，要与整个酒店的管理模式相适应。设计酒店的组织架构时应考虑图1-10所示的几个因素。

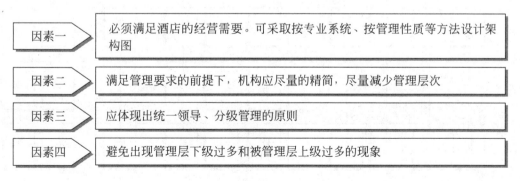

图1-10

因素五	尽量避免横向兼职
因素六	职位的确定应符合本行业的特点，不要有潜在的重复职位，也不要出现职位的空白

图1-10　设计组织架构的考虑因素

下面提供几份不同规模酒店的组织架构范本，仅供参考。

【范本】▶▶

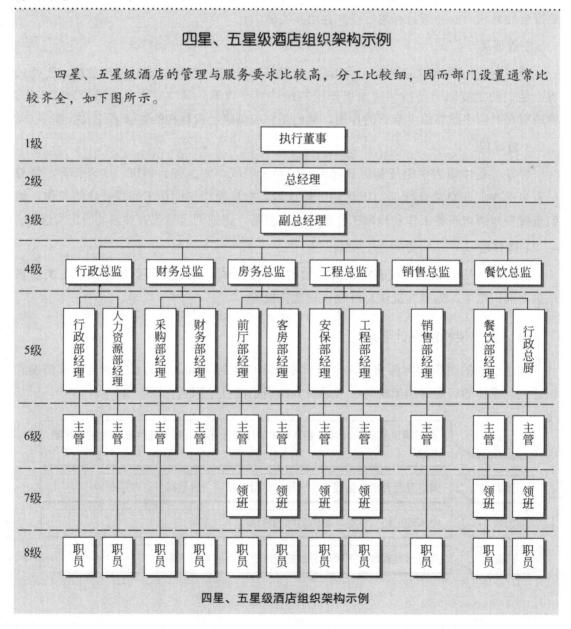

四星、五星级酒店组织架构示例

四星、五星级酒店的管理与服务要求比较高，分工比较细，因而部门设置通常比较齐全，如下图所示。

四星、五星级酒店组织架构示例

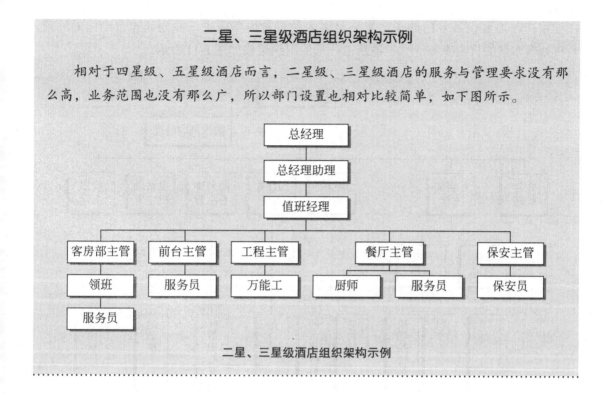

二星、三星级酒店组织架构示例

相对于四星级、五星级酒店而言，二星级、三星级酒店的服务与管理要求没有那么高，业务范围也没有那么广，所以部门设置也相对比较简单，如下图所示。

二星、三星级酒店组织架构示例

第二节 酒店部门组建

部门是依据酒店的经营目标而建立的。由于各酒店的规模和经营管理方式不同，机构设置肯定不完全一致，但基本的部门和机构不会有很大的差别。一般来说，酒店的部门主要包括以下两个体系，即营业部门（如前厅部、客房部、餐饮部、康乐部、营销部等）和职能部门（如人力资源部、工程部、安保部、财务部等）。

一、前厅部的组建

不同规模酒店前厅部的组织架构有所不同。大型酒店因为规模较大，前厅部的组织架构较为复杂，而中小型酒店的组织架构则较为简单。酒店应当根据自己的规模、客流量等实际情况设置前厅部的组织架构，要避免人手不足或人浮于事等情况的发生。

1.大型酒店前厅部组织架构

大型酒店每日入店、离店客人都很多，前厅部作为酒店的对客接待部门，日常事务非常多，因此，在设计组织架构时，往往在前厅部经理之下设置副经理，协助其处理前厅部日常事务。

大型酒店前厅部的主管也较多，包括礼宾部主管、接待处主管、预订处主管、商务中心主管等，每个主管都要领导多名员工开展日常工作。同时，大型酒店因为业务范围往往很广，需要设置专门的车队来满足客人的日常用车需求，并为其设置专门的领班，负责处理车队的日常事务。大型酒店前厅部的组织架构如图1-11所示。

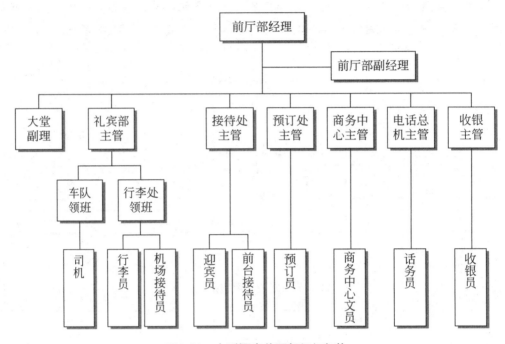

图1-11　大型酒店前厅部组织架构

2.中小型酒店前厅部组织架构

相对于大型酒店来说，中小型酒店的规模往往较小，前厅部的组织架构也较为简单，层级较少，每位主管下辖的员工数目也比大型酒店前厅部少得多，往往在礼宾部主管下设几位行李员，负责为客人搬运行李，而不设专门的车队，需要用车时一般采取临时租车的方式接送客人。中小型酒店前厅部组织架构如图1-12所示。

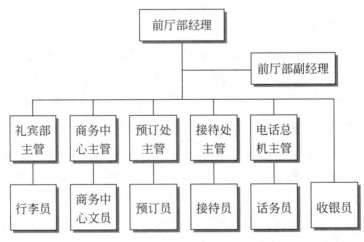

图1-12　中小型酒店前厅部组织架构

3.前厅部的职责

前厅部是酒店的首席业务部门。在酒店业务活动过程中，前厅部是酒店和宾客之间的桥梁，是酒店运作的中枢，是为酒店的经营决策提供依据的参谋部门。前厅部要加强与有关部门的联系与合作，并为酒店经营和各部门传递信息、提供服务。其具体职责如下。

（1）负责接待所有抵店顾客。

（2）联络和协调酒店客服工作，及时将客房预订、实际住客情况及顾客的特殊要求等信息传递给其他有关部门。

（3）提供预订、问询、开房、礼宾、行李寄存及运送、商务中心、机场接送等服务。

（4）负责接收并处理顾客投诉。

二、客房部的组建

不同规模酒店客房部的组织架构有所不同。大型酒店客房部门组织架构往往较为复杂，层级较多，如在洗衣房主管之下设置了干洗水洗熨烫工、布草保管员等。而中小型酒店由于规模较小，其客房部门组织架构往往较为简单。

1.大型酒店客房部组织架构

大型酒店客房部层级较多，具体如图1-13所示。

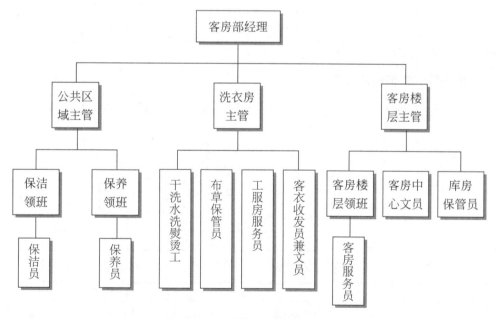

图1-13　大型酒店客房部组织架构

2.中小型酒店客房部组织架构

中小型酒店层级较少，具体如图1-14所示。

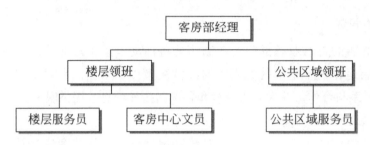

图1-14   中小型酒店客房部组织架构

3.客房部的职责

客房是宾客在酒店中逗留时间最长的地方，宾客对客房更有"家"的感觉。客房作为酒店的重要组成部分，有着举足轻重的地位，其具体职责如下。

（1）为顾客提供高标准的客房服务。

（2）负责做好客房及公共区域清洁卫生。

（3）负责洗涤客房和餐厅的所有织品、全店员工的制服以及顾客衣物。

（4）负责客房设备、用品管理，降低营业成本。

三、餐饮部的组建

不同规模酒店餐饮部的组织架构有所不同。大型酒店餐饮部门组织架构往往较为复杂，层级较多，如在酒吧主管之下设置了酒吧调酒员、酒吧服务员。而中小型酒店由于规模较小，其餐饮部门组织架构往往较为简单。

1.大型酒店餐饮部组织架构

大型酒店餐饮部规模较大，功能较多，架构也较复杂，具体如图1-15所示。

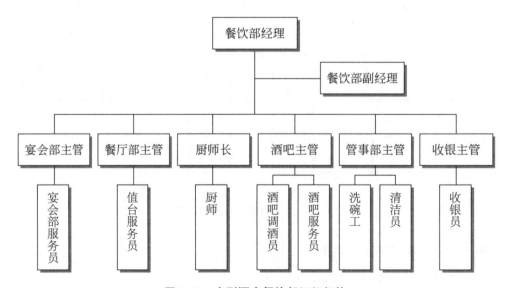

图1-15   大型酒店餐饮部组织架构

2.中小型酒店餐饮部组织架构

中小型酒店的餐饮部组织架构比较简单，具体如图1-16所示。

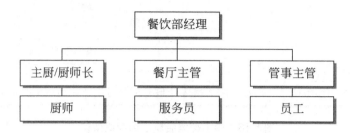

图1-16　中小型酒店餐饮部组织架构

3.餐饮部的职责

餐饮部是为客人提供饮食的关键部门，其具体职责如下。

（1）根据顾客的具体要求，举办各种类型的宴会、酒会、招待会、国际会议。

（2）举办各种美食节和时令、节日特选等餐饮活动。

（3）严格控制餐饮成本，不断提高经济效益。

四、康乐部的组建

不同规模酒店康乐部的组织架构有所不同。大型酒店康乐部门组织架构往往较为复杂，层级较多，如设立了歌舞厅主管、健身房主管、桑拿浴室主管、游泳池主管等，每个主管之下设置了服务员。而中小型酒店由于规范较小，其康乐部门组织架构往往较为简单，康乐部经理之下就只有服务员。

1.大型酒店康乐部组织架构

大型酒店康乐部规模较大，部门较多，具体架构如图1-17所示。

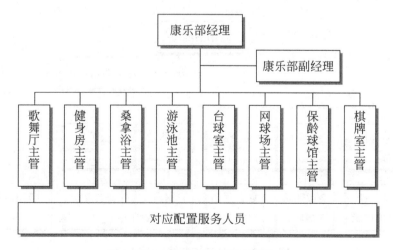

图1-17　大型酒店康乐部组织架构

2.中小型酒店康乐部组织架构

中小型酒店康乐部的组织架构比较简单，具体如图1-18所示。

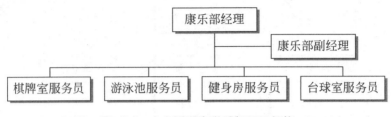

图1-18　中小型酒店康乐部组织架构

3.康乐部的职责

康乐部是为客人提供休闲娱乐的场所，也是酒店增加收入的一个重要部门。其具体职责如下。

（1）营造良好的康乐氛围和环境。

（2）为顾客提供一流的娱乐、健身服务。

（3）不断推出新的娱乐项目，增强酒店对顾客的吸引力。

五、营销部的组建

不同规模酒店营销部的组织架构有所不同。大型酒店营销部门组织架构往往较为复杂，层级较多，如设立了旅行社营销主管、会议团队营销主管、宴会部营销主管，每个主管之下设置了营销代表。而中小型酒店由于规模较小，其营销部门组织架构往往较为简单，营销部主管之下就只有营销代表。

1.大型酒店营销部组织架构

大型酒店的营销部组织架构较为复杂，具体如图1-19所示。

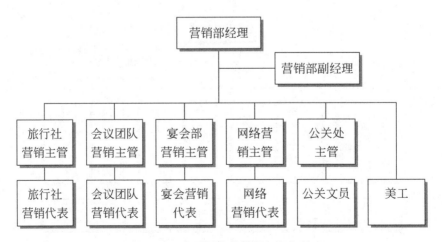

图1-19　大型酒店营销部组织架构

2.中小型酒店营销部组织架构

中小型酒店营销部组织架构往往比较简单，具体如图1-20所示。

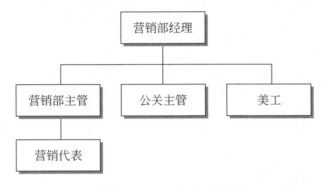

图1-20　中小型酒店营销部组织架构

3.营销部的职责

营销部的职责如下。

（1）分析研究酒店的营销环境，根据市场和酒店自身条件选择合适的目标市场。

（2）制定合理的价格政策，研究、预测和拓展客源市场。

（3）重点销售酒店客房、宴会和会议产品，与客户保持良好的业务关系。

（4）树立酒店良好的市场形象，不断扩大酒店知名度，逐步提高市场占有率。

六、工程部的组建

　　大型酒店因为规模较大，要处理的事务较多，因此工程部的组织架构较为复杂，而中小型酒店因为规模较小，相对于大型酒店来说，其组织架构则较为简单。良好的组织架构对工程部的正常运转起着至关重要的作用，而不完善的组织架构则容易导致管理效率低下、设备故障频发，给企业造成不必要的损失。酒店在设置工程部时，要根据自己的规模、客流量、设施设备的数量等实际情况量力而行，不要过于精简，也不要一味求全求大，以避免人手不足或人浮于事等情况的发生。

1.大型酒店工程部组织架构

　　大型酒店往往投资规模大，占地面积广，设施设备很多，用水用电量很大，日常工程事务非常多，因此其组织架构较为复杂，层级也较多，往往设置一位工程部经理全面负责工程部的各项事务处理，并在工程部经理之下设置设备运行维修部经理、土建装修部经理、电力运行维修部经理负责各自部门的管理，同时又在各位经理之下设置锅炉房领班、机修组主管等岗位。

　　大型酒店工程部的组织架构如图1-21所示。

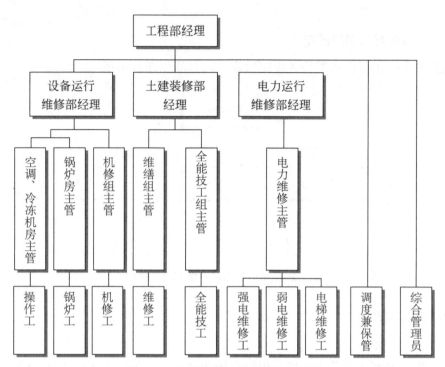

图1-21　大型酒店工程部的组织架构

2.中小型酒店工程部组织架构

相对于大型酒店来说，中小型酒店的规模往往较小，工程部的组织架构也较为简单，往往在工程部经理之下设置工程部主管，直接领导水电工、空调工、电梯工等开展工作。

中小型酒店工程部的组织架构如图1-22所示。

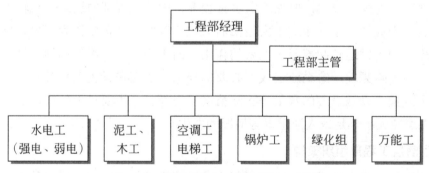

图1-22　中小型酒店工程部的组织架构

3.工程部的职责

工程部是酒店中负责日常供水、供电，对设施设备进行保养、维修等的部门。其主要职责如下。

（1）合理地安排、调度各系统设备运行，为宾客提供舒适、优雅、安全的环境。

（2）对酒店机械、电器、暖通等设备及装潢等设施进行日常维修和保养，并进行预防性维护和更新改造，以保证酒店设施、设备的正常运转。

（3）对酒店设备、设施的日常运行与维修费用、能源费用等开支进行管理和控制。

七、安保部的组建

不同规模酒店安保部的组织架构有所不同。大型酒店安保部门组织架构往往较为复杂，层级较多，如设立了监控领班、巡逻领班、前门岗领班，每个领班之下设置了安保员。而中小型酒店由于规模较小，其安保部门组织架构往往较为简单，安保部经理直接负责领导各个岗位的安保员。

1. 大型酒店安保部的组织架构

大型酒店安保部的组织架构比较复杂，具体如图1-23所示。

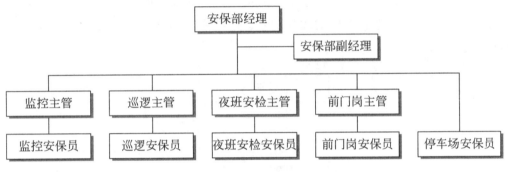

图1-23 大型酒店安保部的组织架构

2. 中小型酒店安保部的组织架构

中小型酒店安保部的组织架构比较简单，具体如图1-24所示。

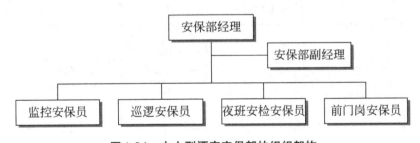

图1-24 中小型酒店安保部的组织架构

3. 安保部的职责

安保部是为维护酒店正常工作、生活秩序，保障客人、员工和财产安全的职能部门。做好安保工作可以增强宾客的安全感、信任感，对树立酒店的良好形象有极其重要的作用。其主要职责如下。

（1）指导并协助酒店各部门采取措施，做好防盗、防火、防灾等安全保卫工作，推行安全责任制，保障住店顾客和员工的人身及财产安全。

（2）对酒店员工进行安全教育，进行安全工作程序及技术的培训。

（3）执行日常的安全巡逻和监视工作。

（4）与当地公安、消防等部门保持良好的工作联系。

八、财务部的组建

财务部属于酒店的决策系统，是酒店实行全面经营管理和经济核算的重要职能部门，担负着酒店的经济效益核算、财产物资管理、财务预算管理和为总经理的管理决策提供科学依据、充当参谋的重任。

1. 财务部的组织架构

不同规模的酒店，其财务部的架构及人员配置不一样。以下介绍一个中等规模酒店的财务部，分别设有：会计室、成本控制室、电脑室、出纳室（包括餐厅出纳）等。如图 1-25 所示。

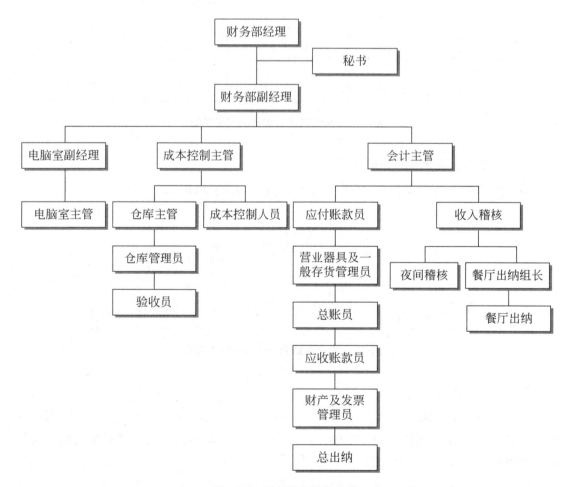

图 1-25　财务部组织架构图

2.财务部的职责

财务部的职责如下。

（1）负责向顾客提供结账收银服务。

（2）审核酒店当天的营业情况，并编制成营业日报表供总经理参考。

（3）负责酒店营业成本和费用的控制与管理。

（4）负责酒店各类采购物资的验收及付款。

（5）负责酒店财务核算，编制财务报表。

（6）负责酒店电脑系统软硬件维护与管理，对操作人员进行培训。

（7）制定和完善酒店财务操作及管理制度。

（8）负责酒店日常运转资金的管理。

九、人力资源部的组建

酒店的经营管理离不开人、财、物、时间、信息等资源。在诸资源中，唯有人力资源最为宝贵，任何其他资源均由人来开发利用，而且通过合理地开发人力资源，充分发挥人的最大潜能，能够产生巨大的增值效应。

1.人力资源部的岗位设置

酒店人力资源部的机构设置与其规模、星级等级有关，通常星级越高组织架构越全面，岗位设置越细。图1-26介绍某星级酒店人力资源部的岗位架构图，供参考。

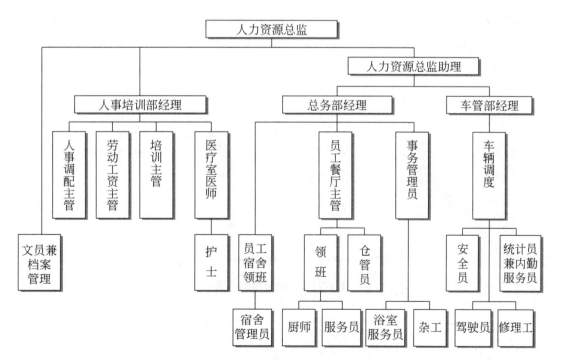

图1-26　人力资源部的岗位设置

2.人力资源部的职责

人力资源部的职责如下。

（1）制定酒店人事管理、劳动工资福利和员工培训等方面的规章制度。

（2）确定岗位的责任和任职要求。

（3）负责新员工的招聘，组织员工培训考核。

（4）对员工进行考核和奖惩。

（5）组建质检培训网络。

（6）负责酒店的后勤和福利。

（7）负责协调与卫生防疫、街道等行政管理机关的关系。

第三节　酒店岗位设置

岗位设置须以管理科学的原理、所在行业和企业本身的特点、生产流程的特点以及职能部门的职能为依据，它体现企业的经营管理理念和整体管理水平，反映企业或部门机构的人员素质和生产技术水平等。

一、岗位分析

岗位分析是指对某工作进行完整的描述或说明，以便为人员管理活动提供有关岗位方面的信息，从而进行一系列岗位信息的收集、分析和综合的人力资源管理的基础性活动，如图1-27所示。

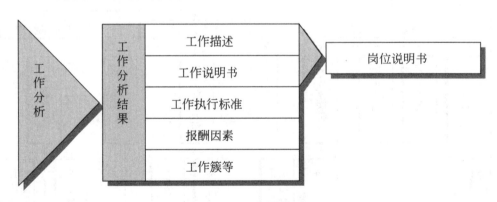

图1-27　岗位分析的内涵

1.岗位分析的目的

岗位分析主要是为了解决图1-28所示的几个问题。

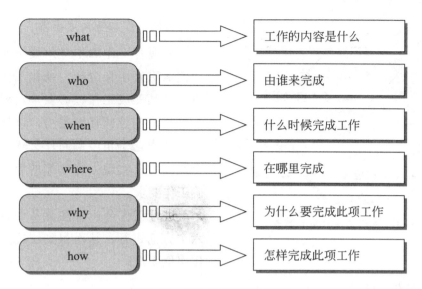

图1-28　岗位分析的主要目的

2.岗位分析的方法

岗位分析是一项复杂的系统工程，酒店进行岗位工作分析必须统筹规划，分阶段、按步骤地进行。进行岗位分析通常使用的方法如图1-29所示。

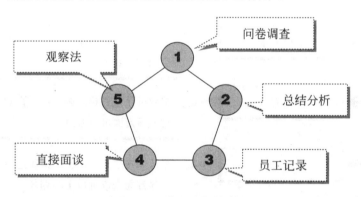

图1-29　岗位分析的方法

有了岗位工作分析的结果以后，就可以着手制定岗位工作说明书了。

二、人岗匹配

人岗匹配简单的可以理解为让适合的人在合适的岗位上做合适的事，从而使得"岗得其人，人适其岗"以及"人尽其才、物尽其用"。

不同的岗位需要不同的任职资格标准，而每个人的知识、技能、经验、素质也都是千差万别的，如何将具有不同特性的员工匹配到不同任职资格标准要求的岗位上，即做到人岗匹配，是需要管理者结合企业具体实际进行思考的。一般来说，酒店可从以下两个角度进行人才的岗位匹配。

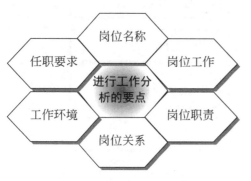

图1-30　进行工作分析的要点

1. 从工作本身角度出发

从现有工作的本身角度出发，即要求在酒店进行工作分析，细化工作本身的职责，使其变成工作核心要项，根据核心要项来确定岗位的任职能力，以便更好地从岗位要求这个角度判断什么样的人会更适合此岗位，实现人岗匹配的第一步，即明确工作要求。

进行工作分析要注意从图1-30所示的六个方面进行，从而得到明确而细化的工作岗位职责。

2. 从人的角度进行

酒店现有的员工具有不同的知识、技能、经验和素质等，具有不同的特性，因此进行酒店的人岗匹配应该多层次地、全面地了解现有人员的特性，对其进行合理划分。

进行现有的人员合理划分时，可以从动机、性格、技能等维度进行考量，具体如图1-31所示。

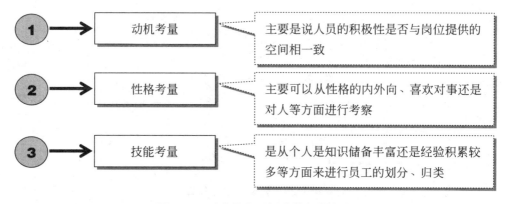

图1-31　对人员合理划分的考量维度

三、定岗定编

定岗定编是确定岗位和确定岗位编制的合称，前者是设计组织中的承担具体工作的岗位，而后者是设计从事某个岗位的人数。但在实际工作中，这两者是密不可分的，当一个岗位被确定之后，就会自动有人的数量和质量的概念产生。

1. 定岗定编的原则

定岗定编应遵循图1-32所示的原则。

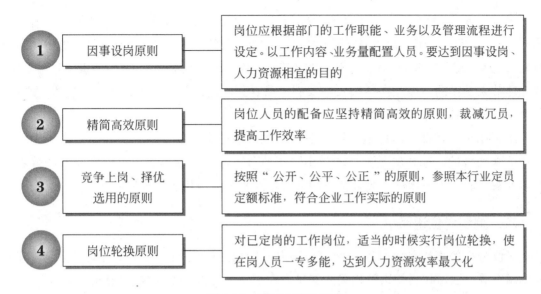

图1-32 定岗定编的原则

2.明确岗位工作内容

岗位是依据工作内容来设置的。一般来说，实现某一个工作目标需要一定的流程组合来实现。本书所论及的酒店，是以吸引客人需求为输入对象、销售客房为输出对象这一组合流程来实现的。为配合这一流程，需要各种工作组合来配置，这一系列的组合工作即岗位职责，如图1-33所示。

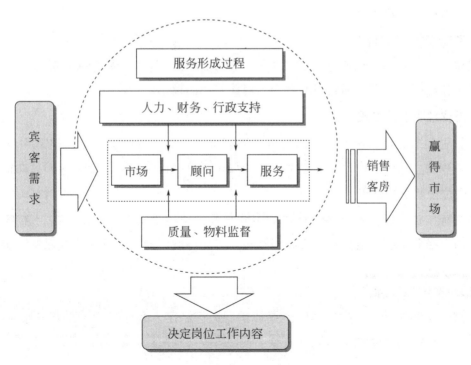

图1-33 岗位工作内容形成过程

通过以上系统可以得知，服务实现的这一流程是由宾客需求、顾问（提供销售服务）、服务（为客房销售提供具体的服务）、质量（服务）、物料（各项服务提供中物料控制）、人力（人事管理）、财务（财务配置）、行政（行政后勤）、市场（获取客户）几大分支环节来实现的。因此在各酒店中我们可以看到，通常分为前厅、客房、餐饮、销售、人事、行政、财务等几个部门。

酒店在实际管理中，特别是在一些比较大的酒店中，各个大分支环节是由各个次分支环节来实现的，如客房服务管理是由客房服务员、楼层服务员、工程维修服务等若干方面来实现的，酒店往往针对各个方面的工作要求来分解出工作内容。

四、编制岗位说明书

岗位分析的直接目的是编写岗位说明书，即通过岗位分析，经过面谈、问卷、深入现场调查等方法，收集与岗位相关的信息，在汇总、处理后整理成书面形式的文件。

1.岗位说明书的构成

岗位说明书由岗位描述和岗位规范两部分构成。

（1）岗位描述。岗位描述指与工作内容有关的信息，包括职务概况、岗位工作目标、岗位工作特点、岗位工作关联等。

（2）岗位规范。岗位规范写明了岗位的任职资格。

比如，胜任该岗位的人员应该是本科生还是专科生，他应该有几年相关工作经验，他所具备的专业知识和技能是什么。

2.岗位说明书的作用

岗位说明书使员工明确了工作的职责，向管理人员提供了岗位的书面信息，便于管理者对工作进度、工作目标的情况有一个对比参照的模本。

3.岗位说明书的格式

岗位说明书的格式没有明确的规定，酒店可以根据自身情况设定，但是岗位说明书的内容必须建立在岗位调查的基础上，不经过调查就不可能得到岗位工作的全面信息。

4.岗位说明书的修正

在实际工作当中，随着酒店规模的不断扩大，岗位说明书在制定之后，还要在一定的时间内有必要给予一定程度的修正和补充，以便与酒店的实际发展状况保持同步。

> **管理小妙招：**
>
> 　　岗位说明书最好是根据酒店的具体情况进行制定，而且在编制时要注意文字简单明了，并使用浅显易懂的文字填写；内容要越具体越好，避免形式化、书面化。

下面提供一份某酒店前厅部不同岗位说明书的范本，仅供参考。

【范本】▶▶

前厅部各岗位说明书

1. 前厅部经理

前厅部经理岗位说明书如下表所示。

前厅部经理岗位说明书

部门	前厅部	岗位	前厅部经理
直接上级	酒店总经理	直接下级	大堂副理、本部门各主管
职位描述	（1）对各分部主管下达工作任务并指导、落实、检查、协调 （2）负责本部门的人力调度，确保前厅部各营业岗位的运行顺利。按照奖惩条例对各岗员工进行定期评估 （3）检查前厅部各岗人员的仪容、仪表、仪态、工作程序、工作效率，保证对客热情有礼、服务周到 （4）负责做好客房出租率预测，确保房间出租情况、订房情况、到店和离店情况以及房账收入与其他一些由管理部门要求的统计情况的准确性 （5）控制前厅部劳务费用，保证前厅部合理人员配备及每人的合理劳动强度 （6）控制前厅部营业费用，制定预算，量化消耗，合理使用物料用品 （7）负责客人对客房和其他服务区域的投诉 （8）负责前厅部的安全和消防工作 （9）确保前厅部与酒店各部门、社会团体与酒店业务有关的企业、公司、商社、机构的良好公共关系，以便保证酒店有一个宽松的经营环境 （10）组织参与VIP客人的接待入住、迎送工作 （11）主持召开部门会议、业务会议、例会等，提出工作疑难、工作计划、工作建议等		
任职要求	（1）大学本科毕业或同等学力以上，酒店管理相关专业 （2）曾在同档星级酒店前厅任经理职务，熟悉前厅部运作及管理程序 （3）流利国语、较强的英语口语表达能力		

2.大堂副理

大堂副理岗位说明书如下表所示。

大堂副理岗位说明书

部门	前厅部	岗位	大堂副理
直接上级	前厅部经理	直接下级	
岗位说明	（1）对各区域的日常工作进行抽查，确保正常营业秩序，为客人提供高质量的服务 （2）在酒店大堂问候客人，协助前台做好客人接待及结账工作 （3）帮助客人解决疑难问题，对于大堂范围之外的要求给予最大限度的帮助 （4）及时圆满地解决客人投诉；对于严重事件的投诉，要及时呈报前厅部经理，并与其他部门领导联系，共同帮助客人解决问题 （5）及时将客人的信息反馈至酒店管理层 （6）掌握时机向客人推销酒店的一切可以销售的产品 （7）配合安保部门检查酒店安全工作 （8）跟进酒店VIP客人接待与服务全过程 （9）及时完成前厅部经理所分配的工作 （10）受酒店管理层授权，在紧急事件的处理上直接指挥酒店各部门员工共同工作		
任职要求	（1）大学专科以上学历，酒店管理相关专业毕业，两年以上同档星级酒店前厅部工作经验，熟悉酒店各个部门的工作性质和工作职责 （2）熟练掌握一门以上外语，听、说能力较强		

3.预订处主管

预订处主管岗位说明书如下表所示。

预订处主管岗位说明书

部门	前厅部	岗位	预订处主管
直接上级	前厅部经理	直接下级	预订员
岗位说明	（1）协助前厅经理统计预期住房率，及时通知酒店各有关部门和中介公司有关订房情况（包括可售与不可售日期），核准所有的订房要求，及时发出房间分布表，整理客人的记录 （2）负责订房中介的控制及日常管理 （3）通过电脑系统监控酒店的售房情况，掌握各类房间的可售情况 （4）检查所有的订房要求，掌握并亲自处理特殊的预订。掌握特别团体的动态，如出现不寻常情况影响住房率，应及时向前厅经理汇报 （5）每月报告累积房间销售情况 （6）掌握订房的状况和对比其他竞争酒店的预订走势 （7）协助推动酒店的促销计划，与营业部商业客户/旅行社联络，保持良好关系 （8）确保各类房间统计表得以不断调整及保持准确 （9）定期对员工进行业务培训，对员工工作表现进行评估 （10）参加客房部例会以及其他会议		
任职要求	（1）大专以上学历，具有3年以上同档星级酒店预订处工作经验，2年以上管理经验 （2）流利国语、英语或其他外语		

4.礼宾部主管

礼宾部主管岗位说明书如下表所示。

礼宾部主管岗位说明书

部门	前厅部	岗位	礼宾部主管
直接上级	前厅部经理	直接下级	车队领班、行李处领班
岗位说明	1.负责督导大厅行李员及迎宾员最大限度地为客人提供满意的服务,合理安排散客和团队行李 2.调查并处理涉及本组工作的客人的投诉,并整理成案例分析进行留档 3.与相关部门保持密切联系,确保优质服务 4.督促行李员在仪容仪表、行为举止、服务用语等方面达到酒店要求 5.培训及考核本部领班和员工 6.做好考勤工作,合理安排人员 7.管理监督行李房、行李员休息室及服务台的卫生工作 8.定时检查核对行李房行李的库存情况 9.做好本班组的安全、消防工作 10.完成领导交办的其他任务事项 11.做好每日的工作日志记录,把工作情况汇报给经理,并将经理指示传达给各员工 12.制订班组计划和培训工作		
任职要求	(1)大专以上学历,具有3年以上同档星级酒店行李部工作经验,2年以上管理经验 (2)流利国语、英语或其他外语		

5.接待处主管

接待处主管岗位说明书如下表所示。

接待处主管岗位说明书

部门	前厅部	岗位	接待处主管
直接上级	前厅部经理	直接下级	迎宾员、前台接待员
岗位说明	(1)制订总台工作计划,定期总结、推动总台工作 (2)调整和完善总台规章制度以适应发展 (3)主持总台全面工作,上传下达,与有关部门协调、沟通、密切合作 (4)指导总台班组的日常运转,向客人提供最佳服务,与客人建立起良好的顾客关系 (5)制订培训计划,编写培训教材,组织实施培训 (6)收集各种宾客意见,及时反馈 (7)与其他主管及时沟通,协调处理总台问题 (8)记录当日工作中存在的问题、建议并及时向部门经理汇报,将上级指示及时传达给每一位员工 (9)做好总台的安全、消防工作及各项清洁卫生的检查工作		
任职要求	(1)大学专科以上学历,具有3年以上同档星级酒店接待工作经验,2年以上管理经验 (2)流利国语、英语或其他外语		

6.商务中心主管

商务中心主管岗位说明书如下表所示。

商务中心主管岗位说明书

部门	前厅部	岗位	商务中心主管
直接上级	前厅部经理	直接下级	商务中心文员
岗位说明	（1）负责商务中心的一切业务工作，组织员工为客人提供良好的服务工作 （2）直接向前厅部经理负责，保证商务中心的工作能按酒店有关要求正常地进行 （3）加强与各部门沟通联系，协调工作 （4）检查督促员工按规定的工作程序处理好客人的每一份电传和发印稿件等 （5）认真做好员工出勤考核工作，负责本中心员工的培训工作 （6）定期组织设备的保养和维修，使设备处于良好状态 （7）统计当日营业报表		
任职要求	（1）大学专科以上学历，具有3年以上同档星级酒店商务中心工作经验，2年以上管理经验 （2）流利国语、英语或其他外语		

7.行李处领班

行李处领班岗位说明书如下表所示。

行李处领班岗位说明书

部门	前厅部	岗位	行李处领班
直接上级	礼宾部主管	直接下级	行李员、机场接待员
岗位说明	（1）在礼宾部主管的指导和管理下，检查、督导并带领行李员为客人提供最优质的服务 （2）直接对礼宾部主管负责，贯彻执行礼宾部主管的指令，参加部门例会，认真执行部门会议的指示 （3）完成上级下达的所有指令，制订本部门工作计划 （4）检查所属员工的仪容仪表、工作表现等情况，定期进行评估、监督、指导，协助行李员和门童完成其工作任务 （5）合理安排当值员工带房、送报纸、留言、传真、用餐等各项工作 （6）确保抵店、离店客人及时得到优质良好的行李服务和接机服务。特别注重贵宾和常客的服务 （7）对抵店、离店客人分别表示欢迎和欢送，必要时为客人提供搬运行李等各种服务 （8）向接待处查询当日预到、预离客人名单，向前台收银处查询客人结账情况，以便安排 （9）为预到团体做好必要的准备工作 （10）督促行李员认真做好行李的搬运、寄存/领取的服务与记录工作 （11）为客人提供各种力所能及的帮助 （12）重视客人的投诉，并把这些投诉转达给相关部门，以便迅速解决 （13）每天检查行李部设施，确保其处于良好的工作状态 （14）做好行李部设备的保管、清洁和保养工作 （15）认真检查、填写交接班本，记下已完成的工作内容及有待下一班继续完成的工作，写上日期、时间和姓名 （16）执行和完成主管分派的相关工作		
任职要求	（1）大专以上学历，具有2年以上同档星级酒店同类工作经验，1年以上管理经验 （2）流利国语、英语或其他外语		

8. 预订员

预订员岗位说明书如下表所示。

预订员岗位说明书

部门	前厅部	岗位	预订员
直接上级	预订处主管	直接下级	
岗位说明	（1）接听电话预订，录入系统 （2）完成相关报表制作，日报表、周销售报表、每月客源分析、散客业绩统计等 （3）负责各种团队留房的管理，及时与销售联系沟通控制团队状态 （4）负责预订部各种资料的整理、保存及单据的分发 （5）熟练掌握预订系统的日常操作 （6）协助预订处主管搜集竞争酒店的相关信息		
任职要求	（1）中专或高中以上学历，具有1年以上同档星级酒店同类工作经验 （2）流利国语、英语或其他外语		

9. 行李员

行李员岗位说明书如下表所示。

行李员岗位说明书

部门	前厅部	岗位	行李员
直接上级	行李处领班	直接下级	
岗位说明	（1）迎送客人 （2）派送各类报表、通知、留言、电传、特快专递、留物、信件和房间钥匙 （3）分送各类报纸到有关部门和房间 （4）运送抵离酒店客人的行李或有关物品 （5）引导客人到房间并介绍房内的设施和使用方法 （6）为客人提供合法、合理的本组业务范围内的其他服务 （7）完成委托代办的任务 （8）办理外借物品的手续 （9）为客人办理存、取行李 （10）负责本组范围内各处的卫生 （11）根据具体情况更换店旗和国旗 （12）必要时看管行李专梯 （13）协助本部门和其他部门运送有关物品		
任职要求	（1）中专或高中以上学历，具有1年以上同档星级酒店同类工作经验 （2）流利国语、英语或其他外语		

10. 前台接待员岗位说明书

前台接待员岗位说明书如下表所示。

前台接待员岗位说明书

部门	前厅部	岗位	前台接待员
直接上级	接待处主管	直接下级	
岗位说明	（1）接待客人，为其办理入住登记手续并合理安排好房间 （2）掌握准确的客房动态，必要时协助主管与客房部核对房间 （3）与各部门密切联系，做好资料、信息的沟通 （4）熟练掌握业务知识及操作技能，负责有关住房、房价、宾馆服务设施的查询和推销工作 （5）做好各类报表的打印及统计工作 （6）检查当天团体预订分房后输入电脑的房号以及入住客人的姓名 （7）协助客房部做好客人资料的档案工作		
任职要求	（1）中专或高中以上学历，具有1年以上同档星级酒店同类工作经验 （2）流利国语、英语或其他外语		

11. 总机话务员

总机话务员岗位说明书如下表所示。

总机话务员岗位说明书

部门	前厅部	岗位	总机话务员
直接上级	电话总机主管	直接下级	
岗位说明	（1）接听电话 （2）把进店电话接转到客房和相关部门 （3）受理出店电话 （4）负责接收电信局送来的话费账单 （5）为客人接收、分发留言 （6）记录所有叫醒服务的要求，提供电话叫醒服务 （7）向客人提供对客服务信息 （8）回答店内举办各种活动的有关问询 （9）为客人和员工提供寻呼服务 （10）负责店内背景音乐的播放 （11）一旦收到报警电话，应立即采取相应的行动		
任职要求	（1）中专或高中以上学历，具有1年以上同档星级酒店同类工作经验 （2）流利国语、英语或其他外语		

12. 商务中心文员

商务中心文员岗位说明书如下表所示。

商务中心文员岗位说明书

部门	前厅部	岗位	商务中心文员
直接上级	商务中心主管	直接下级	
岗位说明	(1) 及时收发电报和传真，并做好登记 (2) 为客人提供长途电话、传真、打字、复印等服务工作 (3) 计算电话、传真等业务项目的合理收费，并保存一份支出单以便定期统计 (4) 对客人有问必答，尽量满足客人的要求，耐心解释客人的提问 (5) 掌握所使用仪器设备的性能、保养和维修，保证设备的安全运行		
任职要求	(1) 中专或高中以上学历，具有1年以上同档星级酒店同类工作经验 (2) 流利国语、英语或其他外语		

13. 收银员

收银员岗位说明书如下表所示。

收银员岗位说明书

部门	前厅部	岗位	收银员
直接上级	收银主管	直接下级	
岗位说明	(1) 对照预期离店客人报表，整理好离店客人的资料，确保账单相符 (2) 签收核对餐厅挂账单 (3) 整理核对国际直拨电话（IDD）及国内长途直拨电话（DDD）账单 (4) 签收其他营业部门的营业单据并予以入账，及时收取非住店客人的消费账款 (5) 准确、迅速地为客人办理退房离店的结账事宜 (6) 按照规定做好客用保险箱服务工作，管好备用金 (7) 对照当天入住客人报表，查验当天入住客人的预收定金等情况，并予以过账；查验支付人信用卡签字、有效日期、单据种类等 (8) 将已过账的营业账单，按日期顺序整理后放入房客账套里 (9) 负责填制有关报表，整理营业单据，并编制营业收入日报表；将款项、交款单及营业收入日报表当天交给财务部		
任职要求	(1) 了解酒店内部控制程序机循环系统，掌握电脑操作规程和前厅结账工作程序 (2) 懂得英语，能与客人沟通 (3) 了解各国货币，并具有识别假钞的能力，掌握外币兑换工作程序		

第二章
目标管理精细化

精细化管理以提高企业经营绩效为目的，通过对企业战略目标的细化、分解、落实，保证企业战略能够在各个环节有效贯彻并发挥作用；通过细化企业管理单元，明确管理目标，改进管理方式，确保企业管理思想高效、准确、到位地落实。

第一节　目标管理概述

1954年目标管理理论得以产生，它让企业员工都在明确目标的指引下开展工作，让员工个人工作与目标相连，让目标实现效果影响员工个人利益。

一、目标管理的概念

目标管理就是指企业的最高层领导根据企业面临的形势和社会需要，制定出一定时期内企业经营活动所要达到的总目标，然后层层落实，要求下属各部门主管人员以至于每个员工根据上级制定的目标和保证措施，形成一个目标体系，并把目标完成情况作为考核的依据。简而言之，目标管理是让企业的主管人员和员工亲自参加目标的制定，在工作中实行自我控制，并努力完成工作目标的一种制度或方法。

二、引入目标管理的必要性

在企业里，管理者最烦恼的事情是：需要深入到每一项具体事务中去，白天的时间还总是不够；员工太胆小，以致该决策时不决策；员工不明白为什么要做这些工作；员工对谁该做什么和谁该负责有异议；员工给经理提供的重要信息太少；问题发现太晚以致无法阻止它扩大等。而员工也烦恼：不了解他们的工作做得好还是不好；工作完成很好时没有得到认可；没有机会学习新技能；发现上司对自己不满但不知怎么办；自己不能做任何简单的决策；管得过细，喘不过气；缺乏完成工作所需要的资源等。

对于上述种种现象，如果引入目标管理，则所有问题都迎刃而解。具体来说，酒店引入目标管理有图2-1所示的好处。

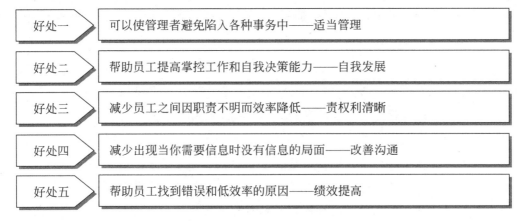

好处一	可以使管理者避免陷入各种事务中——适当管理
好处二	帮助员工提高掌控工作和自我决策能力——自我发展
好处三	减少员工之间因职责不明而效率降低——责权利清晰
好处四	减少出现当你需要信息时没有信息的局面——改善沟通
好处五	帮助员工找到错误和低效率的原因——绩效提高

图2-1 引入目标管理的好处

三、目标管理的推行范围

目标管理的推行范围也称为目标管理推行的深度，就是指目标管理从哪里开始搞起，将它推行到什么部门，推行到哪一个层次。换句话说，就是企业哪些部门搞目标管理，哪些部门不搞目标管理；哪些人执行目标管理，哪些人不执行目标管理。

四、目标管理的推行方式

目标管理的推行方式有图2-2所示的两种。

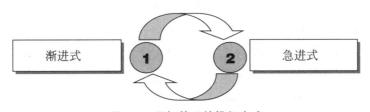

渐进式 ① ② 急进式

图2-2 目标管理的推行方式

1. 渐进式

渐进式就是先将目标管理推行到企业的一部分部门和人员，再通过他们的示范和经济的推广，逐渐推行到整个企业和所有人员的推行方式。

2. 急进式

急进式就是在推行目标管理之初，一次性覆盖所有部门和人员，把所有部门和所有员工都纳入到目标管理的范围和对象中来。

相关链接

目标管理与精细化管理的关系

所谓"目标管理"就是一种综合的以工作为中心和以人为中心的系统管理方式。它是在一个组织中由上级管理人员同下级管理人员，以及同员工个人一起来共同制定组织目标，并把其具体化展开到组织的每个部门、每个层次、每个成员，与组织内部每个单位、部门、层次和成员的责任成果相互密切联系，明确地规定每个单位、部门、层次和成员的贡献与奖励报酬等的一套系统化的管理方式。

而"精细化"是一种意识、一种观念、一种认真的态度、一种精益求精的文化。因而"精细化管理"的特征，可以用精、准、细、严四个字来概括。

从管理学家们对"目标管理"与"精细化管理"的定义上看，似乎两者风马牛不相及。目标管理强调的是组织对已制定组织目标的实现上，而精细化管理的深层含义可以理解为一种企业文化，一种观念、意识和态度。

但事实上，精细化管理是为目标管理"服务"的，精细化管理的目的就是为了实现既定目标，精细化管理是一种过程，实现目标的过程，是为了实现管理目标而采用的一种手段；目标管理看重的是结果，组织实现目标的一种可能，有很明确的、可以量化的指标。无论是精细化管理还是目标管理，其本质上还是强调"精、准、细、严"化。我们应当明白，对于企业里的一些重要指标，即使要想实现一点微小的突破，不下番功夫也是很难实现的。在没有进行大范围的生产设备更新的前提下，何来"微小"的进步？最主要的还是通过"精、准、细、严"过程的控制来实现。因而，要想实现管理目标，脱离了"精细化"这一环，基本上是不可能实现的。

由此可以看出，精细化管理与目标管理之间是相互联系、缺一不可的。目标管理与精细化管理好比是一对歌唱组合，彼此必须配合得很默契，如果出现头重脚轻、手长脚短的情况，就很难发挥出他们最好的演唱水平。因此，在管理企业的过程中，如果能用精细化管理的意识、理念渗透到目标管理中的每一个环节、每一个个体中去，其爆发出来的管理效应是不容小觑的。

第二节　目标设定

目标设定在运用目标管理时发挥着指引作用，它决定酒店的管理方向，是激发全体员工内外动力的关键，也是考评员工的重要标准。可以说，目标设定是目标管理的第一步，其设定质量对餐饮酒店发展有重要影响，目标往往是企业在目标践行期间内所达到的最高发展高度。

一、目标的层次结构

一般来说，目标可以分为图2-3所示的四个层次。

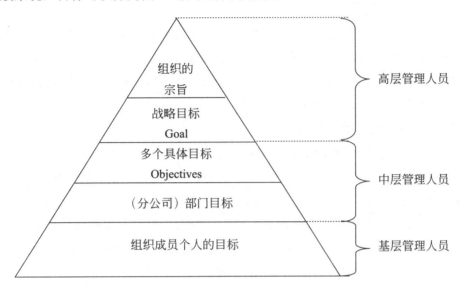

图2-3　目标的层次体系

如图2-3所示，上一层的目标与下一层的目标连接在一起，下一层的目标来源于上一层的目标。目标管理需要将组织的整体目标层层分解下去，直到基层员工。

对于酒店来说，在大目标之下，应当将其分解成若干子目标，要求目标区间与目标责任明确、子目标位置明确，子目标能够动态发展，具有先进性与可执行性，员工努力即可达到，以此保证目标效果。

目标设定需要餐饮酒店全员共同完成，一般来讲，由高层管理者设定大目标，由中层管理者分解并传达目标，由员工反馈，保证目标的可落实性。也就是说，总目标自上而下逐级分解传达，子目标自下而上层层汇报反馈，以此促进餐饮酒店不断发展。

管理小妙招：

沟通传达是目标管理的重要手段，具有激励员工的重要作用，员工认可的目标更有助于目标的落实。

二、目标的设置步骤

目标设置的步骤可以分解为图2-4所示的四个步骤。

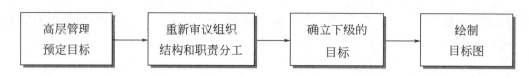

图2-4　目标的设置步骤

1.高层管理预定目标

这是一个暂时的、可以改变的目标预案。既可以由上级提出，再同下级讨论，也可以由下级提出，上级批准。无论哪种方式，必须共同商量决定。另外，管理者必须根据企业的使命和长远战略，估计客观环境带来的机会和挑战，对本企业的优劣有清醒的认识，对组织应该和能够完成的目标心中有数。

2.重新审议组织结构和职责分工

目标管理要求每一个分目标都有确定的责任主体，因此预定目标之后，需要重新审查现有组织结构，根据新的目标分解要求进行调整，明确目标责任者和协调关系。

3.确立下级的目标

首先上级要给下级明确组织的规划和目标，然后一起商定下级的分目标。在讨论中上级要尊重下级，平等待人，耐心倾听下级意见，帮助下级发展一致性和支持性目标。

下级分目标的设定要达到图2-5所示的要求。

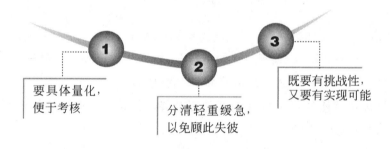

图2-5　下级分目标的要求

每个员工和部门的分目标要与其他的分目标协调一致，支持本单位和组织目标的实现。

4.绘制目标图

分目标制定后，上级和下级就实现各项目标所需的条件以及实现目标后的奖惩事宜达成协议，上级要授予下级相应的资源配置的权力，实现权责利的统一。由下级写成书面协议，编制目标记录卡片，整个组织汇总所有资料后绘制出目标图。

三、战略目标的设定

企业战略目标是企业使命和宗旨的具体化与定量化，是企业的奋斗纲领，是衡量企业一切工作是否实现其企业使命的标准，是企业经营战略的核心。

一般来说，确定战略目标需要经历图2-6所示的四个步骤。

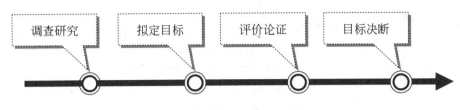

图2-6 确定战略目标的步骤

1.调查研究

在制定企业战略目标之前，必须进行调查研究。但是在进入确定战略目标的工作中还必须对已经做过的调查研究成果进行复核，进一步整理研究，把机会和威胁、长处与短处、自身与对手、企业与环境、需要与资源、现在与未来加以对比，搞清楚它们之间的关系，才能为确定战略目标奠定起比较可靠的基础。

调查研究一定要全面进行，但又要突出重点。为确定战略目标而进行的调查研究是不同于其他类型的调查研究的，它的侧重点是企业与外部环境的关系和对未来的研究及预测。关于企业自身的历史与现状的陈述自然是有用的，但是对战略目标决策来说，最关键的还是那些对企业未来具有决定意义的外部环境的信息。

2.拟定目标

经过细致周密的调查研究后，便可以着手拟定战略目标了。拟定战略目标一般需要经历图2-7所示的两个环节。

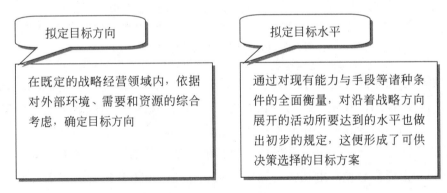

图2-7 拟定战略目标的两个环节

在确定过程中，必须注意目标结构的合理性，并要列出各个目标的综合排列的次序。另外，在满足实际需要的前提下，要尽可能减少目标的个数。一般采用的方法如图2-8所示。

方法一	把类似的目标合并成一个目标
方法二	把从属目标归于总目标
方法三	通过度量求和、求平均或过程综合函数的办法，形成一个单一的综合目标

图2-8　减少目标个数的方法

管理小妙招：

在拟定目标的过程中，企业领导要注意充分发挥参谋智囊人员的作用。要根据实际需要与可能，尽可能多地提出一些目标方案，以便于对比选优。

3. 评价论证

战略目标拟定出来之后，就要组织多方面的专家和有关人员对提出的目标方案进行评价和论证。

（1）论证和评价要围绕目标方向是否正确进行。要着重研究图2-9所示的内容。

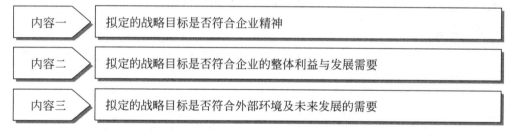

内容一	拟定的战略目标是否符合企业精神
内容二	拟定的战略目标是否符合企业的整体利益与发展需要
内容三	拟定的战略目标是否符合外部环境及未来发展的需要

图2-9　拟定战略目标的论证方向

（2）要论证和评价战略目标的可行性。论证与评价的方法，主要是按照目标的要求，分析企业的实际能力，找出目标与现状的差距，然后分析用以消除这个差距的措施，而且要进行恰当的运算，尽可能用数据说明。如果制定的途径、能力和措施，对消除这个差距有足够的保证，那就说明这个目标是可行的。如果外部环境及未来的变化对企业发展比较有利，企业自身也有办法找到更多的发展途径、能力和措施，那么就要考虑提高战略目标的水平。

（3）要对所拟定的目标完善化程度进行评价。要着重考察图2-10所示的内容。

拟定目标的评价论证过程也是目标方案的完善过程。要通过评价论证，找出目标方案的不足，并想方设法使之完善起来。如果通过评价论证发现拟定的目标完全不正确或根本无法实现，那就要回过头去重新拟定目标，然后再重新评价论证。

目标是否明确 ┄┄┄ 所谓目标明确，是指目标应当是单义的，只能有一种理解，而不能是多义的；多项目标还必须分出主次轻重；实现目标的责任必须能够落实；实现目标的约束条件也要尽可能明确

目标的内容是协调一致 ┄┄┄ 如果内容不协调一致，完成其中一部分指标势必会牺牲另一部分指标，那么目标内容便无法完全实现

有无改善的余地 ┄┄┄ 如果在评价论证时，人们已经提出了多个目标方案，那么这种评价论证就要在比较中恰当进行。通过对比、权衡利弊，找出各个目标方案的优劣所在

图2-10 对拟定的目标完善化程度进行评价的方法

4. 目标决断

在决断选定目标时，要从以下三方面权衡各个目标方案。

（1）目标方向的正确程度。

（2）可望实现的程度。

（3）期望效益的大小。

所选定的目标以上三个方面的期望值都应该尽可能大。目标决断还必须掌握好决断时机。因为战略决策不同于战术决策。战术目标决策常常会时间比较紧迫，回旋余地很小，而战略目标决策的时间压力相对不大。在决策时间问题上，一方面要防止在机会和困难都还没有搞清楚之前就轻率决策；另一方面又不能优柔寡断、贻误时机。

 管理小妙招：

　　以上四个步骤是紧密结合在一起的，后一步的工作要依赖于前一步的工作，在进行后一步的工作时，如果发现前一步工作的不足，或者遇到了新情况，就需要回过头去重新进行前一步或前几步的工作。

四、部门目标的设定

对于部门目标的设定，可从以下几个方面来把控。

1. 目标设定应与执行人员有关

目标的设定最好以个人为基础，再以总目标上下贯通；如必须以部门为准，不如以部门主管个人为基础比较适宜。因为如仅以组织为对象时，个人的成果和责任反而模糊不清，个人的责任感以及工作欲望也较为淡薄。

设定以工作能力提升为目标管理重点时，如不以个人为对象来设定目标，则失去激励的作用，与目标管理的主旨相脱节。以业务绩效的提高为目标时，则部门主管要尽量征求所属人员意见来设定目标，以组织的阶层加以设定目标，也可收到团体合作的功效。总之，设定目标时，无论以部门还是以个人为对象，一定要与工作人员有关，并与组织的总目标上下贯通，互相结合。

对业务部门来说，业务部的单位目标其实就是业务经理个人的目标。下级单位（如业务科）为配合上级业务经理个人的目标，必须与其目标方向相符，并加以承担分配。而业务科的单位目标，其实就是业务部门主管个人的目标。

2.目标种类宜在五项之内

设立目标时，如果有太多的构想是不可能提高工作成果的，那么这个目标是无效的。某部门最初采用目标管理时，主管提出二十项目标，结果在年终总结时发现没有一项能令人满意。这个主管原本是非常努力的，但却把努力的方向分散成数十个，结果是一事无成。

如果每个部门主管都能够把各自所负责的部门职务充分完成，目标的数量当然是愈多愈好。但是，如果制定那么多目标，力量势必分散，当然就需要决定焦点或浓缩目标。

如果制定的目标是全部应有的职务，则会排列很多项目，就必须浓缩重点。把目标浓缩在五项之内是比较合适的。

把目标减少到五个以内后，要将所选择出来的目标，依照重要的程度、顺序加以排列，以期重点指向更清楚。因此，部门主管应由其需要来决定轻重缓急，依序由重要的到不重要的分别订下目标。

在把目标浓缩成五个重点项目时，对于一些未能作为目标的日常工作，也不可视为"不是目标就不努力执行"，不能视为"适当地去做就好了"，因为这些日常的工作，本来就是应该做的，所以也非常重要；而且根据目标的管理，是要在这些日常工作做好之后才设法达成重点目标。

3.所定目标要与上级目标有关

设定部门的目标时，必须是循着上级已定的目标及方针来设定。如果设定的目标未能与上级目标相连贯，则不管目标多完善，也不能成为一体，对整体目标及成果会有反作用。

一个部门的目标必须与其上级赋予的权力相一致；其下属各层级的目标，也要同样与部门的目标及公司的目标相一致。目标一定要一致，执行的方针可各不相同。

◆ 管理小妙招：

部门所定的目标缺乏一致性或仅保持其自己的立场，在目标管理制度中均视为缺乏协调。

4.与各部门目标相互配合

各部门的目标虽都按照总目标分别设定，但这些同级的目标如果不做横向的联系与配合，则仍无法圆满达成总目标。

如果本身所定的目标有牵涉到其他部门，应请上级协调，将此共同目标列入相关部门之内。

5.部门之间目标要彼此平衡

各部门的目标并非各自为政地自行订立目标，而是互相有关联的。横向互相协助，可以补足对方的不足；而设定目标时，目标的达成不但更容易，成效也更高。

比如，酒店要提高顾客满意度，不但要作为客房部门的目标，同时也要由前厅部门、安保部门、工程部门、餐饮部门共同来作为目标，效果能更好。

目标的达成与其他部门或工作流程有密切关联，易于互相影响。与直线部门的业务有密切关联的幕僚部门，只有在直线部门目标达成后，幕僚部门的工作才能实现，因此不得不采用共同目标方式。

6.目标要设法具体化、数量化

（1）具体化、数量化的表示

① 目标内容应将"目标成果"具体叙述。

比如，目标是"尽量冲刺业绩"，显然目标意识模糊，可改为"1月份提高市场占有率5%"。

② 目标具体化之后，要设法将目标予以"数量化"。

比如"多卖一些"，显得消极、没有魄力，应改为"1月份销售房间350间"。

所以，理想的目标内容应将"目标成果"具体叙述，而且将规定期限内应予完成的成果，要以具体方式、具体数字加以表达。

③ 所设定的目标还应具体指出目标项目，比如"销售成长率""B产品销售量"等。要描述出它的"定量"状况，例如"成长20%""销售量达到1000万元""售后回访率达100%"等。

（2）具体化、数量化的工作步骤。具体化、数量化的工作步骤如表2-1所示。

表2-1 具体化、数量化的工作步骤

序号	步骤	具体说明
1	整理出工作项目	首先从自己担任的职务中，挑出比较重要的工作，这些重要工作是使自己的职务成立的要件。例如采购部主管的基本使命是在适当日期、以适当价格、为需要物料的部门采购品质合宜的物料；然后考虑要满足这项要求，应该做些什么工作；最后总结为测定评估成果，应如何加以整理此类工作项目
2	挑出重点目标项目	考虑到与上级目标关联的问题，比较容易选择重要目标项目。通常由各岗位的职务说明书中所记述的岗位分类或职责中，可找到选出重要工作的线索。一旦挑出重点目标项目，再区分它们之间的重要程度，以项目总和为100%而言，第一项目标可能是50%，为最重要项目，第二项目标也许是15%。依次类推

緰螯りり

序号	步骤	具体说明
3	将重点目标予以具体化	为了将目标项目具体化、定量化，要考虑评定该目标的各种项目，也即如何将该目标项目以具体化方法来加以评定。如利用进度表、日程表加以控制；或是利用百分比、金额、数量等，选出最适合该目标项目的单位
4	将重点目标予以数量化	选定重点目标的具体数值单位后，以此数值来做目标达成度的基准衡量单位。对自己工作的实态应有正确的掌握，尤其对解决问题的条件要事先整理好，然后才能与自己能力相配合，设定目标的努力程度，如"5%""100万业绩""回收率80%"
5	标出依照时间别的达成状况	有具体化、数量化的目标，仍要标明在"什么期间内"应达成"什么成果"，以利于追踪与考核。例如"一季度开发15个团体客户"，而它的达成时间表可能是"至1月底开发第5家、至2月底开发第10家、至3月底开发第15家"

（3）难以具体化、量化的对策。目标是期待达成的成果，理应尽量具体化、定量化，也唯有如此才有办法评估努力的结果。但是某些状况"数量化、具体化"会有困难。

比如担任事务的幕僚部门，如果要改善事务的处理，可订立工作程序表，以此作为目标；行政事务部门的目标，其目标设定较为困难。完全程序化也不是好办法，程序完成后，其判断较偏向主观，对质（即达成度）的评估难以明确。比较好的方法是"程序化"加上"评估标准"。如财务部门，可用"每月决算缩短时间三天"，或"发票处理的错误减少15%"等来代替；总务部门也可以用"日常消耗品、修缮等减少10%""处理事务的时数减少8%"来代替目标。

五、个人目标的设定

设定"目标"是目标管理的基础。部门主管应宣导本部门工作方针，并协助下属拟定出符合公司策略和本部门实际的目标。

1.将目标、方针告知下属

下属在初步设定目标时，部门主管必须慎重、妥善地与其沟通讨论，不可断然采取强制命令式的做法，其目的就在于要令下属了解到目标的重要性，更要下属了解到是自愿、自动、自发达成的目标。

由各下属与部门主管讨论后方决定目标，使对所订目标乐于接受、自愿达成，即所谓参与管理。

在订定目标之前，高级主管要召集所属中层主管，所属部门主管则要召集所有下属，来共同商讨如何订定本单位目标，使他们有发表意见、参与决定的机会，觉得目标是由他们自己定出来的，于是产生一种责任感，进而发挥潜能，努力完成。

当然，目标及方针理应由上级率先提示。首先从总经理，依次到各部门经理，经过部门间相互调整之后，再下降到部门主管级、组长级，此时不但要明示目标，同时也要将方针明示，下属不但可由此明白上级目标的方向，了解其重点，同时也有助于其本身目标的设定。这种做法使目标体系明朗化，也使各员工的个别目标能直接与企业的整体目标关联起来。

上级设定目标、方针之后，也必须将之传达给下级，而传达的方式如采用宣示方式，则效果可能不佳，下属的了解也可能不彻底，因此最好采用对话方式，一方面将目标、方针告诉大家，一方面征求下属的意见，这样下属将有更多的参与感，令其在设定本身目标时，因了解透彻而获得更佳效果。

2.协助下属设定目标

部门主管将本部门的目标告诉下属后，再协助下属去设定目标。部门主管对下属先明示自己的方针与目标，务必完全且具体，而且数量不可太多。然后与下属举行有关目标的共同讨论会，决定本部门目标。

举行共同讨论会时，要注意图2-11所示的几点。

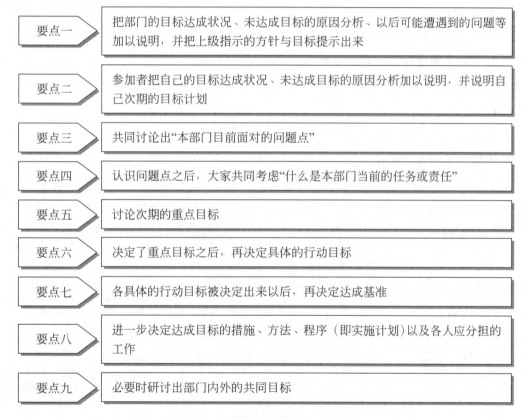

图2-11　举行共同讨论会的注意要点

完成上述九项工作，等于是决定了"部门的重点目标与方针"；然后再征得更高一层的上级同意，明白地颁布于部门内，因为下属的目标要下属与部门主管共同讨论后才定案。同样，此部门主管的部门目标具体化后，仍要与再上一级的主管共同讨论后才能定案。

◆ **管理小妙招:**

当举行共同讨论会时，要提高下属的参与感，不要让下属有被迫同意这些目标、方针的感觉，此外还要让他们明白自己的任务范围。有关这一点，各级主管常有疏忽，形成"主管指定的目标""不得不配合的工作"等误解。

3.合理调整工作分配

部门主管至少应通过下列方式，以职务调整工作分派方式，来协助下属订定目标。

（1）要做好目标管理，首先要重新检讨部门内每个人职务分配情形，必要时加以调整，并尽可能做到分配合理化及简单化。

（2）在工作分配量的方面，工作方式宜经过简单化，应加以研究每个人职务的分配是否能再加以充实，以提高下属的工作满足感。

比如，原来由三个人所做的工作，是否能改由两人来承担，以求每个人或每个单位都能承担到最大限度的工作量；原来由A担任的工作，是否可改由B执行，以求人适其才。

4.由下属先提出自己的草案目标

在目标管理体制下，下属一定要先行检讨，并提出自己的草案目标，而不是照抄主管的目标。

为配合公司的总目标，部门主管应协助下属提出草案目标，并加以讨论。

5.检视下属的草案目标

部门主管要检讨下属所提出来的草案目标，审核制定是否妥当，如果不甚妥当，就需要和下属加以研究并调整，使其了解、同意之后，再予以修正并决定。

部门主管对下属的草案目标确认正确与否，其检视重点如表2-2所示。

表2-2　检视下属的草案目标

序号	检视重点	具体说明
1	与上级目标的关联性	部门主管要考虑下属的目标体系一致，以及是否与组织的目标体系一致。即综合下属们的目标，必须有系统地与部门主管本身的目标连贯才行
2	下属之间的横向目标关联性	要有系统地调整与工作有关联的目标，使之目标一致
3	目标间的均衡	检查目标重要程度的排列是否妥当，以及是否使用了反对目标以保持适当的均衡
4	目标与能力的关系	要查看目标是否适合制定者的能力。最理想的目标是稍微超越下属能力，需经过一番努力才可完成的程度
5	条件的妥当性	检查下属所列出为达成目标而需要的条件，包括要求事项或授权等在目标的达成上是否确实需要
6	目标的数量化、具体化	检查下属目标是否有努力朝"数量化""具体化"方式表现

6.修正下属的草案目标

部门主管先执行沟通工作，告知部门目标、自身目标之后，要求下属思考其目标的订立。在下属提出初次目标后，如果发觉目标不妥当，就必须加以协调、讨论、修正；在协调过程，千万不可使用"权威方式"任意指派。

一般从下属口中听取的说明，乃是根据目标记述书上的记载事项而做的，可是只根据那些记载是无法知道下属特别列出那些目标的原因以及重要程度顺序的根据的。所以，部门主管应以这些背景为重心，设法在研讨中了解下属。此外，有关"对主管的要求及条件部分"，也应该充分地听取下属说明，以期了解下属对主管的期望等。

管理小妙招：

在讨论过程中，如果想要拥有坦诚的人际关系，部门主管就必须充分注意态度才行。在讨论中，可能会要求下属修正目标，这时候，为了预防下属丧失干劲，应切忌使用强迫的态度。

部门主管在接受下属的说明以了解情况时，若有疑问或不明白处，就应该立刻提出。假如下属的目标与部门主管本身的目标有差距时，必须彻底加以检讨，并且在了解之后修正。虽然决定权仍为部门主管所保有，但是目标乃是由下属自身去达成的，所以部门主管一定要尊重下属的自主权，以避免使下属丧失了达成的意愿。

一旦沟通、协调后，对修正的目标双方确认无误，可将目标记载到"目标卡"。到此阶段，双方协调完毕，目标设定妥当，并可加以执行。

 相关链接

员工构思草案目标的步骤

1.整理出自己职责内的全面工作

可以利用KJ法（又称A型图解法、亲和图法）加以整理，而这项整理对于看清自己的工作内容是很有帮助的。

2.描绘出自己心目中理想的工作方法

此法可以让下属悟出"原来我的工作应该这么做"。运用"工作设计"有助于积极的改革。所谓"工作设计"，便是由工作上的相关者共同从事"理想的作业方式"的设计。

（1）把业务上的目的（或称机能，也就是各部门的任务）明确规定出来，以便考虑最理想达成目的的方法（即理想方案）。

（2）检讨这个方案被拿来实施的可能性，以找出技术上可能实现的部分。有些时候，技术上虽可能实现，但因为金钱或人员上的因素，结果还是不能实行。因而需把金钱、人员或设备上的因素列入考虑，决定出最后的"实行方案"。

3.慎重考虑两个问题

这两个问题是：部门内应有的理想状态是什么状态？本部门究竟应该完成哪些任务？考虑这两个问题之后，描绘出"目前可能做的改善"，再写出工作上的问题点。进行这一步骤时，切记要考虑下列事项。

（1）部门内指示的方针以及组织全体的计划。

（2）本部门主管的方针、目标、计划。

（3）前期的实绩问题点。

（4）今后可预算的内外情势变化。

（5）相关部门的希望与意见。

而整理问题时，为了要了解哪些是重要的，可以使用KJ法里的"问题构造图"去抓住整体的问题，再在"如何完成单位的任务"这个课题下，分析"特性要因图"。

4.确定问题的核心，将之列为"目标项目"

通过以上步骤，中心问题便逐渐显现，接下来，便要进一步把这些中心问题用"重点目标项目"的形式写出来。这一步骤，要注意以下两点。

（1）必须将问题的重要程度排列。重要程度的顺序是：重大性、紧急性、扩大可能性、实施可能性、效果的大小。至于本质上虽是一件大事，但近期内尚不成问题的，不必拿来当作重点。

（2）要将目标项目的重要程度加以标出。例如全部目标为100%，当中重要目标者用较高百分比加以表示，例如40%。其余类推之。

5.决定目标的达成基准

这一步骤是要决定目标项目之下，我应该"做到什么程度"才算达成期待中的成果。

（1）我究竟期望得到什么样的成果？

（2）在期限之内，什么样的结果出现时便算是达成了我的目标项目？

总之，"结果"状态的决策方式，将会改变工作方法。为了达成结果，所施行的方法一定不能只是把它做过就算了，而要时时考虑到"这个方法，对目标的达成究竟贡献多少？"

6.思考如何达成目标的方法

（1）决定。首先要决定：哪些方法可以达成目标？由谁担任？施行顺序？

（2）评价。评价这些方法决定有效程度的大小。

① 这个方法对成果的贡献大不大？

② 这个方法是否容易实施，障碍会不会太大？

③ 以本部门的能力，这个方法施行得来吗？

④ 由谁来担任比较好？

有些方法是由部门主管自己担任，有些则由下属担任；应以"一人一事"为原则。不过，千万不要把工作划分得很细小。把工作交给下属担任，此举也带有"权限委让"的味道，以激发下属的工作成就感。

7.整理出欲达成目标的必要条件

（1）权限。为达成目标而希望上级允许自己拥有的权限，应先对上级清楚地提出来。

一个人的权限大致可由"职务权限表"上看得出来，但部门主管在必要范围内如能赋予下属"自由裁量"的权力，则执行起来更能事半功倍。换句话说，自己的权限是不是一成不变地依照"职务权限表"的规定？权限表上未明确说明的事项应如何？这两件事要事先具体地加以决定。

（2）协调部门。下属明白写出对主管和关系部门的希望事项，例如"这一点希望与××部门取得协调""这项预算希望获得通过""这个工作希望获得××部协助"等，最好能明白地提出来，使之成为与其他部门的共同目标。

（3）希望上级了解的事项。明白写出希望获得上级了解的事项，例如："万一发生……情况，我将如此处理""……条件不足的时候，数量上看起来已达的目标也应该算是未达成"。这一类事情，务必先获得上级的了解。

8.把目标以外的例行管理项目整理出来

目标以外的例行管理项目就是与重点目标相对的、重点目标以外的正常业务。

包括日常已经订定的工作以及改善的工作，前者只要依照日常的管理指标去进行管理，后者则要先订立改善的管理指标才行。换句话说，除了目标以外的工作也要正常运转。

9.将前述工作加以总结

把上述步骤完成之后，便记述在目标卡上，并酌情记载"自我启发"与"上级指导"栏。最后，便是要对这整个目标卡做一个总检视。

（1）这些目标是否符合组织、上级的方针？

（2）所期待的成果是否明确地表达出来？

（3）目标进行途中将遇到的障碍是否已有疏通、协调的准备？

（4）对于这些目标，本人能采取具体的行动吗？

（5）是否过于在乎数字表达的精确，而歪曲了原有的目标？

（6）用来了解目标进行状况的指标是否简洁明确？

（7）是否正努力与相关部门为共同目标而努力？

（8）这些目标是否重视了长期性与根本性，而非只顾目前的做法？

（9）这些目标是否与其他部门发生冲突或矛盾？

第三节 目标实施

目标管理是一个全面的管理系统，设定目标是基础，实施目标才是决定性阶段，主要是按照责权统一的原则，根据实现计划目标的需要，授予目标执行者必要的权力，以充分发挥其积极性、主动性和创造精神，促使目标完成。

一、目标分解

目标管理需要将组织的整体目标层层分解下去，直到基层员工。具体如图2-12所示。

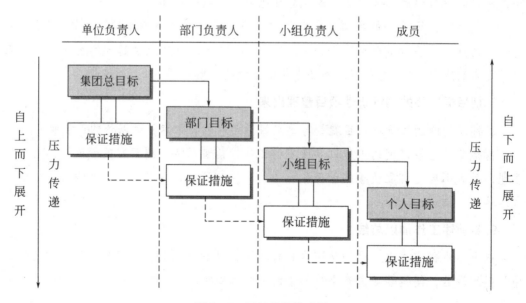

图2-12 目标分解的步骤

酒店分解总目标应当围绕子目标的可落实性，就总目标分解来讲可以以部门为基准，也可以以岗位为基准，同时还应用引入时期、阶段等时间内容。若只设定目标而不分解目标则完全不能发挥目标管理的作用，落实到部门、岗位的分解与目标的落实存在联系，设定一定的时间才能够保障总目标的实现。

酒店必须重视总目标任务的分解落实以及相应的时间设计，定位与定量相结合。目标定量落实有助于保证考评的公平公正，同时有助于辅助目标的论证，对此，酒店在定量方面可以包括营业收入、成本、费用、毛利率等内容，充分量化可量化的，针对难以量化的应当采取定性化的方式，比如顾客满意率。设定好各部门工作目标、标准等内容，并制作管理责任书，将总目标层层分解，使得全员有责任、人人有目标，激发酒店员工整体工作积极性，形成为总目标共同努力的新局面。

二、目标控制

目标管理重视员工的自我约束与自我控制，通过科学合理的目标要求激发员工工作热情，目标管理理念要求以人为中心，该理念重视"人本管理"，它强调发挥人的作用，把人作为管理的核心与主体，它重视尊重、关怀、激励、解放以及发展人。因此，酒店运用目标管理的过程中在控制环节需要将激发员工积极性、创造性置于首要位置。

在目标控制环节，可以从图2-13所示的三个方面来展开。

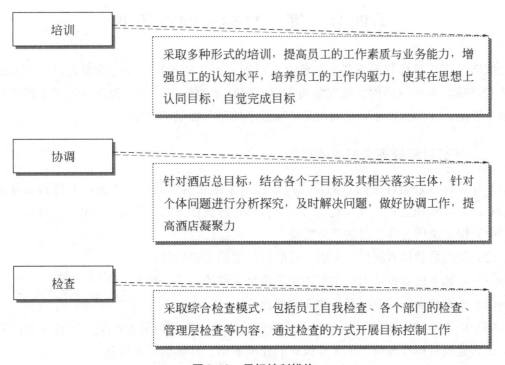

图2-13　目标控制措施

> **管理小妙招：**
>
> 　　在目标控制环节必须重视结合总目标，不能仅控制个体目标，需要将子目标置于总目标之下进行合理管控，以保证总目标的实现。

三、目标考评

目标管理的最后一个环节是目标考评，目标管理下的考评相比于酒店传统考评更具参考价值，能够反馈出酒店的真实情况，该环节可以说是运用目标管理的重点与难点，它与酒店的凝聚力、总目标的实现、经济效益均有关联。

为了发挥目标考评的作用，酒店管理者应当着眼于内部各个岗位，在对内部岗位有具体了解的情况下，结合酒店的运行情况，将个体目标总完成程度、日常工作态度和效率等纳入考评体系中。针对不同的岗位应当采取不同的考评方式，设计不同的考评内容。

比如，大堂服务人员可以考评其态度、效率等；财务部门可以考评其工作的精细化程度；餐饮部门可以考评顾客满意度、服务人员热情度等。

此外，考评可以采取上下级双向考评方法结合部门互评的方式，从整体上保障目标管理的贯彻落实，促进酒店自身发展。

第四节　签订目标管理责任书

酒店各部门目标管理责任书的确立，对提高酒店的管理、强化管理人员的主人翁意识和责任感，推动酒店的持续发展将起到不可估量的作用。同时为今后各项工作的开展奠定了基础，并为达到高质量的出品、高效率的服务提供了保障。

一、签订目标管理责任书的目的

签订目标管理责任书的目的是通过责任书来建立科学的管理机制，并使酒店管理人员的利益与股东利益相一致。具体而言，目标管理责任书的签订要达到以下目的。

（1）保证酒店总体战略的具体实施。

（2）使高层管理者把精力集中在对酒店价值最关键的经营决策上。

（3）使被考核者把精力放在对酒店价值最关键的经营决策上。

（4）在全酒店创造业绩至上的企业文化。

（5）以合同的方式体现达成被承诺的业绩的严肃性。高层管理层与业务单元及职能单元之间通过目标管理责任书界定彼此的业绩承诺，具体如图2-14所示。

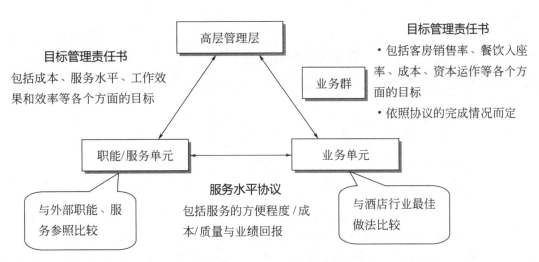

图2-14 高层管理层与业务单元及职能单元之间的业绩承诺

（6）可以激励集体业绩和明确个人责任，具体如图2-15所示。

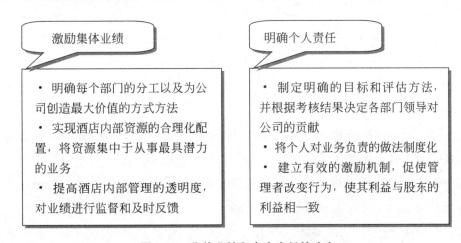

图2-15 集体业绩和个人责任的确定

二、设计目标管理责任书

不同酒店所使用的目标管理责任书的格式不一样，但其内容一般都差不多，主要包括以下内容。

（1）部门管理实施目标。

（2）酒店与部门之间的责任、权限与利益分配。

（3）部门管理的内容和要求。

（4）部门应承担的风险等。

下面提供几份酒店各部门经营管理责任书的范本，仅供参考。

【范本】▶▶

营销部经营目标管理责任书

为了保证酒店经营目标的如期实现，增强酒店活力，充分调动部门员工的积极性，强化各项效益指标的考核，现决定实行部门经济效益与员工分配直接挂钩制度。

经协商营销部责任人同意签订如下经营、管理目标责任书。

一、责任期：自_____年____月____日至_____年____月____日

二、营销部经酒店核定的人员。

三、各项考核指标

（一）任务指标（附指标完成统计表）

1.销售任务指标（万元）（分解表如下）

销售任务指标

月份	1	2	3	4	5	6	7	8	9	10	11	12	合计
收入/万元													
其中（房）													
其中（餐）													

2.分配

（1）营销部销售经理考核办法。实行月薪制，每月工资按70%发放，剩余的30%作为绩效考核（绩效工资）。

按照酒店当月任务指标的完成比例发放绩效工资。比如1月实际完成80万元，完成任务指标的80%，绩效考核工资仅发放80%。

（2）营销部负责人考核办法。每月工资按70%发放，剩余的30%作为绩效考核（绩效工资）：

① 绩效工资的其中10%作为当月管理指标（软指标）进行考核。

② 绩效工资的其中20%作为当月任务指标（硬指标）进行考核，操作办法同销售经理。

（3）部门文员不参与考核，如超额完成任务按超额部分的2%给予奖励部门。

（4）部门责任人由职能部门按月汇总考核业绩情况，如连续两个月未完成任务，酒店给予严重警告，连续三个月未完成任务，酒店有权解聘部门责任人，年终考核未完成任务指标，部门责任人自动解聘，如发生重大违纪行为，按责任扣除相应的担保金。

3.销售工作的考核和分配

（1）营销部门承担酒店全部销售任务，包括所有协议客户入住及协议在住就餐转

房账的客户，会议、团体及其他由营销部联系担保的散客及签单、挂账客户等，餐饮销售需提前2小时以上预订，会议及旅游团队的销售提前4小时预订。

（2）销售任务的确认严格按酒店全员营销方案执行，履行相关手续，分部门认真填写"销售预订单"，并得到营业部门责任人签字认可，月底交财务部汇总。不填不算、徇私舞弊者重罚。

（3）部门对专业销售人员销售任务的完成情况可逐月进行考核，连续三个月未完成销售任务，营销部责任人有权解聘专业销售人员。

（4）酒店其他部门所介绍会议，统一由营销部接待，算销售任务。

4.任务指标项目

（1）会议团队、旅游团队住房、用餐、会议室等消费。

（2）协议单位住房、用餐、会议等消费。

（3）签署担保的挂账单位住房、用餐、会议室等消费。

（4）充值卡销售（本部门销售的）、会议提留款。

（二）管理指标

营销部管理指标见下表。

营销部管理指标

	考核项目	标准		考核项目	标准
1	服务质量	按四星级标准	12	各种资料宣传档案（季度归档）	1次/季度
2	年宣传品、纪念品费用	＿＿万元	13	大型活动	亲自组织安排
3	年广告费用	＿＿万元	14	卫生检查合格率	按四星级标准
4	年环境布置费用	＿＿万元	15	店内宣传广告（包括大堂、餐厅）	按四星级标准
5	录制酒店资料宣传片	2次/年	16	客源市场分析	1次/季度
6	举办宾客联谊会	2次/年	17	工作总结、计划	1次/月
7	举办各种宣传活动	1次/季度	18	部门培训工作	1次/月
8	节日环境布置合格率	按要求完成	19	销售预测	1次/季度
9	录音、录像、图片资料归档	1次/年	20	提供竞争对象情况	1～2次/月
10	客人投诉率	2%	21	会议安排	按要求程序
11	客户沟通	1次/月	22	部门会议	1次/周

四、营销部及专业销售人员的工作权限

以总经理办公室《关于酒店管理人员折扣权限规定》文件为标准。

五、惩罚及聘用解除

（1）挪用公款者一律解聘，本酒店并遵循法律途径向本人追究。

（2）与客人串通勾结者，一经查证属实，一律解聘。

（3）做私人生意者，一经查证属实，一律解聘。

（4）凡利用公务外出时，违规操作者一经查证属实，以旷工论处，并记大过一次。

（5）挑拨酒店与员工的感情，或泄漏职务机密者，一经查证属实，记大过一次，情节严重者解聘。

六、消防安全责任

营销部责任人为××大酒店营销部所管辖区域内安全、消防、食品卫生的第一责任人，有进行检查和监督的权力与义务，并承担相应的责任。

酒店负责人（签字）：　　　　　　　　　　销售部责任人（签字）：

××酒店管理有限公司（盖章）

　　年　　月　　日　　　　　　　　　　　　年　　月　　日

客房部管理目标责任书

为了提高酒店的服务质量和部门的责任心，充分调动员工的积极性，经酒店领导研究决定，对酒店客房部实行目标责任制管理，规定如下。

一、目标责任制管理的范围

酒店主楼、××苑、××轩、××轩、××轩、××轩、××轩共　　　　间客房、PA、洗衣房及园林。

二、目标责任制管理的时限

自_____年____月____日至_____年____月____日止。

三、目标责任制管理的费用指标

（年客房收入_____万元）

（1）人员编制与工资总额

①基本人员编制。管家部人员编制为____人，其中经理____人、PA主管____人、园林主管____人，洗衣房主管____人、楼层主管____人、基层员工____人（岗位人数随客房入住率的提高而增多）。

②工资总额。_____万元/月以内，本部门员工的试用、录用、晋升和调资按酒店现行《工资等级制度》执行。

③ 主管以上员工参加绩效考核（PA、园林主管除外），工资分为基本工资和绩效工资，经理级_____，主管级_____；如部门根据工资制度对员工进行调资，部门的工资总额随之调整，同时工资总额随着酒店经营情况的变动而变动；绩效工资以酒店总的绩效工资为基础计发部门绩效工资。

（2）洗涤费用_____万元/月，年计_____万元。

（3）一次性客用品_____万元/月，年计_____万元。

（4）棉织品_____万元/月，年计_____万元。

（5）绿化肥_____万元/年。

（6）客房印刷费_____万元/年。

（7）设备设施维修费_____万元/年（不含客房维修）。

（8）物料消耗_____万元/年。

（9）布草消耗。布草损耗率为____%，按每月入住率计算；制服损耗率____%。制服损耗率为____%/月，制服使用期限2年（外围员工使用1年）。

（10）不包括兰花费用和新增花木费用。

（11）以上费用节约部分按30%奖励部门。

四、客房部实行目标责任制之后，酒店现有的库存物品由财务部和客房部共同清点。用完以后，所需物品由财务部和采购部根据客房部申请量和备用量按酒店采购程序采购库存。

五、目标责任制管理的细则

（1）部门的工作质量、安全、人事、食品等管理按酒店的规章制度要求实行。

（2）人员编制实行弹性定编，即旺季或住房率较高时按满员编制，淡季按编制的80%定员，且由客房部、人力资源部共同商议实施。

（3）员工公共部分培训，如酒店意识、服务质量意识、安全知识由人力资源部负责组织培训，专业业务及技能由部门培训。

（4）由财务部和客房部共同清点部分所属物品并记录存档。凡属该部门保管使用的物品（含客房新增物品）除自然损坏外，人为损坏、丢失一律由部门负责照价赔偿。

（5）由于部门业务培训不到位，在工作中出现错误，导致客人投诉，并给酒店造成经济损失，由部门负责。

（6）部门维修费，属酒店计划维修，由客房部和工程部共同计划，酒店领导审批，成本不计入客房部；正常维修，由客房部填单申请，工程部负责维修，成本计入工程部。

（7）部门大的物品更新或采购，由酒店总经理批准同意，成本列入部门。

（8）积极组织部门员工参加酒店的各项活动及消防演练，并有责任杜绝各种事故及消防安全的发生。

（9）洗衣房按《洗衣房目标责任管理书》实行考核。

（10）PA按《PA目标责任管理书》实行考核。

（11）主管级以上管理人员的年终考核结合本年度酒店完成的任务及部门各项指标考核结果，由酒店总经理确定年终奖罚标准。

六、要求

（1）部门必须服从酒店统一管理，无条件接受酒店的工作质量、安全、物价、食品等各项检查。

（2）配合财务部进行成本费用核算工作的补助工作，如建立台账、填报各种生产经营基础报表。

（3）做好消防安全工作，杜绝一切事故发生。因违规发生事故要分清责任进行处理。

（4）人事管理按酒店人事管理规章实施。

（5）部门主管（含）以上人员须交纳相当于一个月工资作为责任管理风险金。

七、其他

（1）本责任书由总经理办公室负责解释、修订。

（2）本责任书由酒店执行总经理和部门第一负责人签署后即生效，并对双方都具有约束力。

（3）本责任书一式三份，总经理办公室、财务部、客房部各持一份。

酒店总经理（签字）：　　　　　　　　　　客房部负责人（签字）：

××酒店管理有限公司（盖章）

　　年　　月　　日　　　　　　　　　　　　年　　月　　日

餐饮部经营管理目标责任书

为充分调动餐饮部经营管理人员的积极性，确保总经理室下达给餐饮部各项经营指标的责任落实与实现目标，加强各部门经营管理的工作责任，共同努力完成_____年的经营任务，做好各项经营管理工作，完善以部门为主体的服务质量工作体系，适应酒店的发展需要，真正树立××酒店的形象，餐饮部与酒店签订以下责任书。

一、_____年度经营管理考核期间

_____年____月____日至_____年____月____日。

二、经营责任职能部门

出品部、中餐楼面部、中餐营业部、客户服务部、西餐楼面部。

三、经营管理目标

服从酒店安排，认真完成＿＿＿＿＿年的营业收入与经营毛利润任务，并根据酒店的要求，做好经营任务的分解、落实，做到按月指标开展经营管理工作，按季度接受酒店考核奖罚。

（一）经营责任关键考核指标

（1）经营毛利润指标。＿＿＿＿＿年餐饮部全年实现经营毛利润（GOP）目标＿＿＿＿＿万元。指标分解见下表。

GOP 指标分解表

经营期	GOP指标分解
第一季度	＿＿＿＿＿万元
第二季度	＿＿＿＿＿万元
第三季度	＿＿＿＿＿万元
第四季度	＿＿＿＿＿万元
合计	＿＿＿＿＿万元

（2）部门的经营任务考核奖罚标准。根据酒店下达的季度GOP指标，以每季度为结算单位，完成并超出部分将给予考核部门奖励；如未完成任务，将根据酒店绩效考核体系对考核责任人进行绩效考核工资的处罚与年度岗位的调整（具体见餐饮部考核奖励方案）。

（二）经营责任辅助考核指标

（1）综合毛利率经营指标。＿＿＿＿＿年餐饮部每月综合平均毛利率达到55%以上。

（2）重大食品卫生安全事故与重大食品质量投诉发生症候率为0。重大食品卫生安全事故与重大食品质量投诉指因食品卫生而导致客人饮食中毒、身体产生不适症状并属实者，导致上级行政管理部门介入调查，影响酒店的正常经营业务活动，并造成酒店经济损失。

（3）年度内发生重大食品卫生安全事故与重大食品质量投诉，影响酒店正常经营业务活动，并造成酒店经济损失者，将全额扣除考核季度内C级以上人员绩效考核工资部分；如有发放奖励工资，将停止奖励工资的发放，直到整顿后杜绝此类安全事故的发生。

（4）宾客满意度达到90%以上。

①宾客满意度达到90%以上量化的计算方式为：

$$宾客满意度 = \frac{当月宾客消费有效投诉个案数量}{当月消费总人数}$$

② 有效投诉的判断标准见下表。

有效投诉的判断标准

序号	项目	标准说明
1	服务质量	确实由于酒店服务作业流程未按照行业规范、内部标准、个性化服务进行流程化作业，对顾客的现场投诉未进行紧急投诉预案处理，造成顾客重大不满意甚至越级投诉或造成重大利益损失者（拒绝结账或损失赔偿）
2	出品质量	确实由于厨房烹饪出品未按照行业规范与内部标准进行流程化作业，对顾客的现场投诉未进行紧急投诉预案处理，造成顾客重大不满意甚至越级投诉或造成重大利益损失者（拒绝结账或损失赔偿）
3	食品卫生	确实由于厨房烹饪出品未按照行业规范与内部标准进行流程化作业，顾客现场发现食品存在卫生问题，造成顾客不满意进行投诉并属实者
4	硬件设施设备	确实由于硬件设施设备维修、维护、保养不及时，顾客对消费环境与氛围等进行现场投诉，对顾客的现场投诉未进行紧急投诉预案处理，造成顾客重大不满意甚至越级投诉或造成重大利益损失者（拒绝结账或损失赔偿）
5	重复性投诉	顾客进行投诉并进行了紧急投诉预案处理后，重复性地发生相同的投诉个案2次（包括2次）以上，视同有效投诉

所有有效投诉个案的争议将以质检组的调查意见为判断标准，酒店服务质量委员会为服务质量管理核心组织。

（三）管理指标

餐饮部管理指标见下表。

餐饮部管理指标

	考核项目	标准		考核项目	标准
1	部门培训报告	1份/月	12	岗前例会	1次/班
2	员工培训	2小时/周	13	美食节	1次/季度
3	餐饮部经营状况分析报告	1份/季度	14	宾客投诉率	不超过3次/月
4	费用指标（成本控制）	费用率＿＿＿%	15	菜式更新	2个菜/周/部门
5	餐具卫生合格率	按四星级标准	16	员工流动率	5%～10%
6	环境卫生合格率	按四星级标准	17	总结计划报告	1份/月
7	员工大会	1次/周	18	菜单更换次数	4次/季度
8	厨房部会议	1次/天	19	安全检查（安全记录）	4次/季度
9	消防知识培训	2次/年	20	建立常客档案	1次/月
10	卫生检查记录	1次/天	21	领班会议	1次/周
11	客源分析	1次/月	22	安全责任达标率	按四星级

四、餐饮部负责人的职责

（1）执行酒店服务质量标准，始终如一地按照制度化、规范化、程序化的要求，开展各岗位的服务接待工作，做到仪表仪容规范，岗位工作程序正确；同时抓好菜品的创新和推出、成本和利润的控制，使本部门服务质量得到稳步提升，提高客人满意率。

（2）定期推出餐饮活动的创新。每月至少研发并推出3种创新菜式，并落实到厨房出品与顾客消费在一定规模。

（3）立足本部门工作实际，积极开展培训工作，抓好培训的计划制订、组织落实、考核评定三个重要环节，努力为酒店经营管理、服务质量上台阶做出实效；积极配合、协助各部门的工作，尤其要注重培训工作。

（4）对部门辖区内的安全、消防管理工作负责，组织好员工参加各项安全防范活动，执行安全管理制度，落实安全防范措施，维护安全设备、设施及器材，做好自查、自纠，做到年内无火灾、无安全责任事故，确保酒店的安全管理工作达到标准，维护好酒店正常、顺利的经营管理秩序。

（5）认真开展辖区内的卫生、环境整治工作，遵守卫生管理制度，抓好食品安全工作，做到年内无食品安全事故；积极开展环境整治，维护店容店貌的整洁形象。

五、惩罚及聘用解除

（1）部门内如发生安全责任事故，视情况严重程度对经营责任人进行处理。

（2）因内部管理、作业流程基础工作、物资保管不善等原因而发生的原材料丢失与物料毁损，根据其营业收入比例处理，高于报损管理规定比例的，按原价落实赔偿责任人。

（3）挪用公款者一律解聘，本酒店并遵循法律途径向本人追究。

（4）与客人串通勾结者，一经查证属实，一律解聘。

（5）做私生意者，一经查证属实，一律解聘。

（6）凡利用公务外出时，违规操作者一经查证属实，以旷工论处，并记大过一次。

（7）挑拨酒店与员工的感情，或泄漏职务机密者，一经查证属实，记大过一次，情节严重者解聘。

六、消防安全责任

餐饮部责任人为××大酒店餐饮部所管辖区域内安全、消防、食品卫生的第一责任人，有进行检查和监督的权力与义务，并承担相应的责任。

七、其他

（1）本责任书由总经理办公室负责解释、修订。

（2）本责任书由酒店执行总经理和部门第一负责人签署后即生效，并对双方都具有约束力。

（3）本责任书一式三份，总经理办公室、财务部、餐饮部各持一份。

酒店总经理（签字）：　　　　　　　　　　　餐饮部责任人（签字）：

××酒店管理有限公司（盖章）

　　年　　月　　日　　　　　　　　　　　　　　年　　月　　日

财务部管理目标责任书

为充分调动财务部人员的积极性，确保总经理室下达给财务部会计核算与财务管理的责任落实与目标实现，加强各部门经营管理的工作责任，共同努力完成_____年的经营任务，保证：① 会计核算的经济效益与财务管理的信息决策效能；② 营运资金周转效率；③ 库存物资的安全与完整；④ 成本控制的效益最大化；⑤ 财务稽核的监察力度等，完善部门为主体的服务质量工作体系，适应酒店的发展需要，真正树立××酒店的形象，经协商财务部责任人同意与酒店签订以下责任书。

一、责任期：自_____年____月____日至_____年____月____日。

二、财务部门经酒店核定定员_____人。

三、经营责任指标考核范围

（一）量化指标考核

（1）经营毛利润指标。财务部奖惩考核与全酒店GOP完成情况挂钩，_____年酒店全年实现经营毛利润（GOP）目标_____万元。指标分解见下表。

GOP 指标分解表

经营期	GOP 指标分解
第一季度	_____万元
第二季度	_____万元
第三季度	_____万元
第四季度	_____万元
合计	_____万元

（2）通过收益管理与税务筹划，有效地协助并促进营业收入的增长与经营目标的实现。

（3）通过财务与成本控制精细化管理，实质性地支持与配合餐饮部实现55%毛利率目标。

（4）应付员工薪酬与福利控制指标。协助人力资源部完成＿＿＿＿万元应付薪酬与福利的控制目标。

（5）能源费用控制指标。协助工程部完成＿＿＿＿万元能源费用控制目标。

（6）总控并协助其他部门完成年其他直接经营性费用＿＿＿＿万元控制目标。

（二）管理指标

财务部管理指标见下表。

财务部管理指标

	考核项目	标准		考核项目	标准
1	无违反财经制度	100%	14	月报表准确率	100%
2	财务分析	1次/月	15	原始凭证的存档	1年
3	经营情况及费用指标的预测	2次/年	16	成本会计市场价格调查	1次/周
4	采购物品合格率	按要求执行	17	接受上级财务检查的合格率	按要求执行
5	部门会议	1次/月	18	应收账款	控制在＿＿万元之内
6	员工培训	2次/月	19	鉴别拒收假钞率	100%
7	每日巡视	1次/天	20	工资核发的准确率	100%
8	备用金盘查	1次/周	21	给予报销	按财务制度执行
9	财务设施设备完好率	按四星级标准	22	仓库管理达标率	按规范执行
10	环境卫生检查合格率	按四星级标准	23	账库相符率、出入库手续合格率	按程序执行
11	站点故障	接到通知后10分钟赶到现场	24	库房清点	1次/月
12	各站点电脑检查维修	1次/月	25	经营分析	1次/月
13	计算机系统安全运转率	100%	26	总结计划	1份/月

（三）非量化指标

（1）加速营业资金的回收与流动，降低资金成本并提高营运资金的使用效率。

（2）保证物资的安全与完整，加速物资的周转使用效率；建立物资最佳库存量与定额管理体系，降低库存成本。

（3）建立健全坚实的会计核算基础，合理划分经营性支出与非经营性支出的界限，保证会计核算数据的客观性、及时性、明晰性。

（4）采取先进、科学、系统的财务管理手段，提高成本分析与控制水平，充分发挥财务管理信息预测、决策效能。

（5）熟悉各项税收法律、法规，进行税务筹划，有效地降低税务成本。

四、财务部的职责

（1）要积极为一线部门保驾护航，认真负责提前做好各项准备工作，必须全方位保证酒店各项经营管理活动，做到一切围绕经营，主动承担责任，确保酒店经营管理的顺利开展。

（2）部门年内采购各类物资不得发生假冒伪劣物品入库，如有发生，根据实际责任处理状况扣除部门责任人工资的一定比例，并视情况再作处理。根据使用部门月申购报表购置的物品，因保管不善而发生的物资损坏，根据酒店物资报损管理制度，超出核定的报损比例者，超出部分按一定比例（根据具体责任处理状况）进行赔偿。

（3）有保质期的物品，将在保质期限到期前一定期限内通知采购部与供货商洽谈退货或换货事宜；货物进出以先进先出为原则，参考厨房营业额制定最高、最低存量控制仓库存货量；制作平面图，将仓库以不同颜色划分区域，并标识每种货物的名称、存放位置，悬挂在显著地方；货架以常用和不常用、轻重程度分层摆放。

（4）因内部管理指令、标准化流程规范执行不力，前后台收银人员对客服务礼仪、现场应急处理等基础工作发生差错等直接原因，造成客人投诉或发生服务质量事故，按该客人消费总额的一定比例处罚部门责任人（部门责任人落实个人处罚责任）。

（5）执行酒店服务质量标准，始终如一地按照制度化、规范化、程序化的要求，开展各岗位的服务接待工作，做到仪表仪容规范，岗位工作程序正确；同时，抓好精细化管理与财务管理手段的创新和推出、成本和利润的控制，协助、配合酒店整体收益管理与成本费用控制等项工作并不断地稳步提升，提高部门满意度与顾客满意度。

（6）立足本部门工作实际，积极开展培训工作，抓好培训计划的制订、组织落实、考核评定三个重要环节，努力为酒店经营管理、服务质量上台阶做出实效；积极配合、协助各部门的工作，尤其要注重培训工作。

（7）对部门辖区内的安全、消防管理工作负责，组织好员工参加各项安全防范活动，执行安全管理制度，落实安全防范措施，维护安全设备、设施及器材，做好自查、自纠，做到年内无火灾、无安全责任事故，确保酒店的安全管理工作上标准，维护好酒店正常、顺利的经营管理秩序。

（8）认真开展辖区内的卫生、环境整治工作，遵守卫生管理制度，抓好消防安全工作，做到年内无重大安全事故；积极开展环境整治，维护店容店貌的整洁形象。

五、目标管理之绩效考核

（1）财务部责任人实行月薪制，采取奖金额与以上各项指标挂钩的办法，每月工资按70%发放，剩余的30%作为绩效考核（绩效工资）。

① 绩效工资其中20%作为当月管理指标（软指标）进行考核（见财务部管理指

标表）。

② 绩效工资其中10%作为当月任务指标（硬指标）进行考核，按照酒店当月任务指标的完成比例发放绩效工资。比如1月完成80万元，完成指标的80%，绩效考核工资仅发放80%。

（2）部门责任人每季度无论是否完成主要经济指标，但在其他考核项目中每两项未达标，责任担保金都下浮10%发放，以此类推。

（3）部门责任人季度考核指标中超过10项未达标，部门的责任人自动解聘，如发生重大违纪行为，按责任扣除相应责任人的责任担保金。

六、惩罚及聘用解除

（1）挪用公款者一律解聘，本酒店并遵循法律途径向本人追究。

（2）与客人串通勾结者，一经查证属实，一律解聘。

（3）私下做生意者，一经查证属实，一律解聘。

（4）凡利用公务外出时，违规操作者一经查证属实，以旷工论处，并记大过一次。

（5）挑拨酒店与员工的感情，或泄漏职务机密者，一经查证属实，记大过一次，情节严重者解聘。

七、其他

（1）本责任书由总经理办公室负责解释、修订。

（2）本责任书由酒店执行总经理和部门第一负责人签署后即生效，并对双方都具有约束力。

（3）本责任书一式三份，总经理办公室、财务部、客房部各持一份。

酒店总经理（签字）：　　　　　　　　　　财务部负责人（签字）：

××酒店管理有限公司（盖章）

　　年　　月　　日　　　　　　　　　　　　年　　月　　日

工程部管理目标责任书

为了保证酒店经营目标的如期实现，增强酒店活力，调动部门员工的积极性，强化各项效益指标的考核，现决定实行部门经济效益与员工分配直接挂钩制度。

经协商工程部责任人同意签订如下经营、管理目标责任书。

一、责任期：自_____年____月____日至_____年____月____日。

二、工程部经酒店核定定员_____人（附部门人事架构）。

三、工程部管理目标

（一）经营毛利润指标

工程部奖惩考核与全酒店GOP完成情况挂钩，＿＿＿＿＿年酒店全年实现经营毛利润（GOP）目标＿＿＿＿＿万元。任务分解见下表。

GOP 任务分解表

经营期	GOP 指标分解
第一季度	＿＿＿＿＿万元
第二季度	＿＿＿＿＿万元
第三季度	＿＿＿＿＿万元
第四季度	＿＿＿＿＿万元
合计	＿＿＿＿＿万元

（二）管理指标

工程部管理指标见下表。

工程部管理指标

	考核项目	标准		考核项目	标准
1	设备检修	1次/月	7	专题会议	1次/季度
2	对部门工作的考评	1次/季度	8	设备设施巡查（记录）	2次/天
3	环境卫生	按四星级标准	9	工程维修	准确、及时
4	总结计划报告	1份/月	10	部门例会	1次/周
5	员工培训	2小时/周	11	安全检查（记录）	1次/周
6	部门费用	＿＿＿＿＿元	12	工作延误率	5%

四、绩效薪资分配

（1）工程部责任人实行月薪制，奖金额与以上各项指标挂钩，每月工资按70%发放，剩余的30%作为绩效考核（绩效工资）。

① 绩效工资其中20%作为当月管理指标（软指标）进行考核（见工程部管理指标表）。

② 绩效工资其中10%作为当月任务指标（硬指标）进行考核，按照酒店当月任务指标的完成比例发放绩效工资。比如1月完成80万元，完成指标的80%，绩效考核工资仅发放80%。

（2）部门完成能耗任务指标后，节约指标部分可获得＿＿＿＿%的节约任务奖，反之给予3%的罚款，部门经理个人考核。

（3）部门责任人每季度无论是否完成主要经济指标，但在其他考核项目中有两项未达标，责任担保金下浮5%发放，以此类推。

（4）部门责任人季度考核指标中超过10项未达标，部门的责任人自动解聘，如发生重大违纪行为，按责任扣除相应责任人的责任担保金。

五、工程部负责人岗位职责

（1）坚决贯彻执行酒店总经理的指标，直接对酒店系统运行负责。

（2）负责对工程部所有人员和设备的全权管理。培训和巩固骨干队伍，切实保障动力设备的安全运行和设施的完好。以最低的动力费用开支保持酒店高格调管理水平。

（3）制定部门设备检修保养制度及各岗位的岗位规范及操作规程，并督导下属严格执行。

（4）深入现场掌握人员和设备状况，每天检查工作如下。

① 审核运行报表，掌握能耗规律，发现偏差，发现异常，及时分析原因，采取补救措施。

② 审阅各系统运行监视数据，发现偏差及时纠正。

③ 巡视各岗位工作状况，及时发现和处理员工违纪行为。

④ 巡查重点设备运行技术状况，发现隐患及影响营业的重大故障，立即组织力量及时处理。

⑤ 检查维修工程及增改工作的工作质量与进度，发现失控及时采取措施。

⑥ 巡查主要工作场所动力设施，发现问题及时组织维修。

（5）审定下属各班组的工作计划，统筹工作安排与人力调配，检查计划执行情况。

（6）负责制订设备更新和改造工程计划、重大维修保养计划、配件购进计划，并组织实施。技术更新所带来的盈利部分，按＿＿＿＿%奖励，反之按＿＿＿＿%罚款（以实际发生为准），工程改造，写出书面报告，按市场价格提成30%（工费），大的工程维修中，占用员工不当班时间，应给予加班补助。

（7）根据营业要求，经常征询一线营业部门意见，不断改进原设计缺陷，支持下属进行技术改造，使动力设备性能日益完善。

（8）深入了解下属管理人员和员工的思想状况，及时纠正不良倾向，经常对下属进行职业道德、酒店意识教育，培养员工企业责任感。

（9）编制培训计划，定期对管理人员进行培训，提高管理水平，把工程部建设成为一支高素质、高技术水准、高效率、高服务质量的队伍。

（10）提供各项现有设备的改进或新装设备计划及预算。

（11）呈交每月维修工作摘要及特别修理或事故报告给总经理。

（12）统计及分析各项水、电、冷气、燃油及维修费用，并实施有效的节约方案。

六、其他

（1）本责任书由总经理办公室负责解释、修订。

（2）本责任书由酒店执行总经理和部门第一负责人签署后即生效，并对双方都具有约束力。

（3）本责任书一式三份，总经理办公室、财务部、工程部各持一份。

酒店总经理（签字）：　　　　　　　　　　工程部责任人（签字）：

××酒店管理有限公司（盖章）

　　年　　月　　日　　　　　　　　　　　年　　月　　日

安保部管理目标责任书

为充分调动安保部门员工的积极性，确保总经理室下达给安保部各项经营指标的责任落实与目标实现，加强各部门经营管理的工作责任，共同努力完成_____年的经营任务，维护酒店经营与公共区域的安全，完善以部门为主体的服务质量工作体系，适应酒店的发展需要，真正确立××酒店的形象，安保部与酒店签订以下责任书。

一、考核期间：自_____年____月____日至_____年____月____日。

二、经营责任职能部门：安保部。

三、经营管理目标

安保部服从酒店安排，认真完成_____年的营业收入任务，并根据酒店的要求，做好经营任务的分解、落实，做到按月指标开展经营管理工作，按季度接受酒店考核奖罚。

经营责任关键考核指标如下。

（1）经营毛利润指标。安保部奖惩考核与全酒店GOP完成情况挂钩，_____年酒店全年实现经营毛利润（GOP）目标_____万元。指标分解见下表。

GOP 指标分解表

经营期	GOP指标分解
第一季度	_____万元
第二季度	_____万元
第三季度	_____万元
第四季度	_____万元
合计	_____万元

（2）重大消防安全事故与顾客人身严重伤害及财产重大损失发生率为0。

（3）宾客满意度达到90%以上。

宾客满意度达到90%以上量化的计算方式为：

$$宾客满意度 = \frac{当月顾客消费有效投诉个案数量}{当月停车场车辆进场数量}$$

有效投诉的判断标准见下表。

有效投诉的判断标准

序号	投诉项目	判定标准
1	服务质量	确实由于酒店服务作业流程未按照行业规范与内部标准进行流程化作业，顾客或质检现场督导对外围与经营场所安保措施、礼貌礼节、服务质量、车辆指挥等进行现场投诉，对顾客的现场投诉未进行紧急投诉预案处理，造成顾客重大不满意甚至越级投诉或造成重大利益损失者（拒绝结账或损失赔偿）
2	消防设施设备	确实由于消防设施设备维修、维护、保养不及时，造成严重消防安全隐患（安委会现场检查），后消防安全隐患未得到实质性整改落实
3	重复性投诉	顾客进行投诉并进行了紧急投诉预案处理后，重复性地发生相同的投诉个案2次（包括2次）以上，视同有效投诉

全部有效投诉个案的争议将以质检组的调查意见为判断标准，酒店服务质量委员会为服务质量管理核心组织。

（4）管理指标。安保部管理指标见下表。

安保部管理指标

	考核项目	标准		考核项目	标准
1	安全责任达标率	按四星级标准	5	安全专题会议	1次/周
2	安保会议	1次/周	6	卫生检查合格率	按四星级标准
3	安全检查（记录）	1次/天	7	消防知识培训	2次/年
4	总结计划报告	1份/月	8	员工培训	2小时/周

四、薪酬工资分配

（1）安保部责任人实行月薪制，奖金额与以上各项指标挂钩，每月工资按70%发放，剩余的30%作为绩效考核（绩效工资）。

① 绩效工资其中20%作为当月管理指标（软指标）进行考核（见安保部管理指标表）。

② 绩效工资其中10%作为当月任务指标（硬指标）进行考核，按照酒店当月任务指标的完成比例发放绩效工资。比如1月完成80万元，完成指标的80%，绩效考核工资仅发放80%。

（2）部门责任人每季度无论是否完成主要经济指标，但在其他考核项目中每两项未达标，责任担保金下浮5%发放，以此类推。

（3）部门责任人季度考核指标中超过10项未达标，部门的责任人自动解聘，如发生重大违纪行为，按责任扣除相应责任人的责任担保金。

五、安保部的职责

（1）要积极为一线部门保驾护航，认真负责提前做好各项准备工作，必须全方位支持酒店的经营活动，做到一切围绕经营，主动承担责任，确保酒店经营管理的顺利开展。

（2）因内部管理指令、标准化流程规范执行不力，对客服务礼仪、现场应急处理等基础工作发生差错等直接原因，造成客人投诉或发生服务质量事故，按该客人消费总额（扣除保险公司理赔部分）的一定比例处罚部门责任人，如公共财产损失、顾客人身安全损失与财务损失、自行车丢失等。

（3）执行酒店服务质量标准，始终如一地按照制度化、规范化、程序化的要求，开展各岗位的服务接待工作，做到仪表仪容规范，岗位工作程序正确；同时，抓好精细化管理与个性化服务的创新和推出、成本和利润的控制，使本部门服务质量得到稳步提升，不断提高顾客满意度。

（4）立足本部门工作实际，积极开展培训工作，抓好培训的计划制订、组织落实、考核评定三个重要环节，努力为酒店经营管理、服务质量上台阶做出实效；积极配合、协助各部门的工作，尤其要注重培训工作。

（5）对部门辖区内的安全、消防管理工作负责，组织好员工参加各项安全防范活动，执行安全管理制度，落实安全防范措施，维护安全设备、设施及器材，做好自查、自纠，做到年内无火灾、无安全责任事故，确保酒店的安全管理工作达到标准，维护好酒店正常、顺利的经营管理秩序。

（6）认真开展辖区内的卫生、环境整治工作，遵守卫生管理制度，抓好食品安全工作，做到年内无食品安全事故；积极开展环境整治，维护店容店貌的整洁形象。

六、其他

（1）本责任书由总经理办公室负责解释、修订。

（2）本责任书由酒店执行总经理和部门第一负责人签署后即生效，并对双方都具有约束力。

（3）本责任书一式三份，总经理办公室、财务部、安保部各持一份。

酒店总经理（签字）：　　　　　　　　　　安保部责任人（签字）：

××酒店管理有限公司（盖章）

　　年　　月　　日　　　　　　　　　　　　年　　月　　日

人力资源部管理目标责任书

为了保证酒店经营目标的如期实现，增强酒店活力，调动部门员工的积极性，强化各项效益指标的考核，现决定实行部门经济效益与员工分配直接挂钩制度。

经协商人力资源部责任人_____同意签订如下经营、管理目标责任书。

一、责任期：自_____年____月____日至_____年____月____日。

二、人力资源部经酒店核定定员_____人（附部门人事架构）。

三、各项管理指标

人力资源部服从酒店安排，认真完成_____年的营业收入任务，并根据酒店的要求，做好经营任务的分解、落实，做到按月指标开展经营管理工作，按季度接受酒店考核奖罚。

（一）经营毛利润指标

人力资源部奖惩考核与全酒店GOP完成情况挂钩，_____年酒店全年实现经营毛利润（GOP）目标_____万元。指标分解见下表。

GOP 指标分解表

经营期	GOP指标分解
第一季度	_____万元
第二季度	_____万元
第三季度	_____万元
第四季度	_____万元
合计	_____万元

（二）管理指标

人力资源部管理指标见下表。

人力资源部管理指标

	考核项目	标准		考核项目	标准
1	人员流动率	8%～10%	8	专题培训	4次/季度
2	员工招聘合格率	按要求标准执行	9	对各部门培训工作的追踪评估考核	1次/季度
3	办公室会议	1次/周	10	对员工考勤情况的抽查	1次/周
4	对部门工作的考核	按四星级标准	11	质检巡查（记录）	2次/天
5	环境卫生	按四星级标准	12	办公室工作	规范
6	完成全年培训预算	按计划标准	13	部门费用指标	____元
7	全年培训计划的完成	100%	14	总结计划报告	1份/月

四、薪酬工资分配

（1）部门责任人实行月薪制，奖金额与以上各项指标挂钩，每月工资按70%发放，剩余的30%作为绩效考核（绩效工资）。

①绩效工资其中20%作为当月管理指标（软指标）进行考核（见人力资源部管理指标表）。

②绩效工资其中10%作为当月任务指标（硬指标）进行考核，按照酒店当月任务指标的完成比例发放绩效工资。比如1月完成80万，完成指标的80%，绩效考核工资仅发放80%。

（2）部门责任人每季度无论是否完成主要经济指标，但在其他考核项目中每两项未达标，责任担保金都下浮5%发放，以此类推。

（3）部门责任人季度考核指标中超过10项未达标，部门的责任人自动解聘，如发生重大违纪行为，按责任扣除相应责任的责任担保金。

五、人力资源部负责人岗位职责

（1）根据国家劳动人事有关政策和酒店实际情况，制定各项劳动人事管理制度。

（2）全面负责酒店员工的招聘、培训、考核、调整、奖惩、工资、劳保等工作。

（3）负责酒店人员编制、工资奖金方案的实施。

（4）熟悉掌握酒店员工情况，合理安排、选拔人员，做到人尽其才。

（5）协助各部门有效地管理员工，督导服务质量。

（6）审查、签批各种人事表格、报告等。

（7）检查监督《员工手册》的执行情况。

（8）负责酒店各类员工的各种定级考核工作。

（9）制定各种培训政策，建立并完善酒店、部门、班组三级培训体系。

（10）负责主持重要的培训活动。

（11）负责酒店人事培训档案的建设和管理。

（12）对人力资源部工作人员进行考核评估，并提出奖惩意见。

（13）完成总经理交办的其他工作。

六、其他

（1）本责任书由总经理办公室负责解释、修订。

（2）本责任书由酒店执行总经理和部门第一负责人签署后即生效，并对双方都具有约束力。

（3）本责任书一式三份，总经理办公室、财务部、人力资源部各持一份。

酒店总经理（签字）：　　　　　　　　　人力资源部责任人（签字）：

××酒店管理有限公司（盖章）

　年　　月　　日　　　　　　　　　　　年　　月　　日

三、签订目标管理责任书的对象

一般酒店需要签订目标管理责任书的人员，主要是对损益结果有重大影响的管理人员，即各部门经理。

目标管理责任书一旦被签署就具有约束效力，在有效期内不得擅自更改。如遇到对酒店影响重大的、人力不可控制的极特殊情况（如自然灾害或外部环境的巨大改变），董事会有权酌情予以调整。

第三章
过程控制精细化

导言

　　酒店要通过开展过程控制精细化管理，让全体员工准确把握和深刻领会过程控制精细化管理的灵魂和精髓，构建起全员、全方位、全过程精细管理体系和长效运行机制，使精细管理机制化，培育出具有××酒店特色的"精细文化"，推进过程控制精细化管理取得实效。

第一节　建立健全的规章制度

　　酒店管理的最终目的就是高效率协调配置酒店外部资源，为酒店客人提供最大满意的无缺陷服务。目前，国内酒店业通行的做法是基于岗位责任制基础上的制度化管理，在管理的过程中强调依法治企，建立健全各项规则制度，在管理中事事处处都有规章制度约束。

一、酒店管理制度的概念

　　酒店管理制度就是用文字形式对酒店各项管理工作和服务活动做出的规定，是加强酒店管理的基础，是全体员工的行为准则，是酒店进行有效经营活动必不可少的规范。

　　管理制度由具有权威的管理部门制度组成，在其适用范围内具有强制约束力，一旦形成，不得随意修改和违规。

二、酒店管理制度的作用

　　一个酒店如果有一个良好的制度，就能够解决酒店内部的混乱问题。制定健全、适用的酒店各项管理制度，即将酒店内各项作业予以规范化、标准化，将给酒店带来图3-1所示的积极意义。

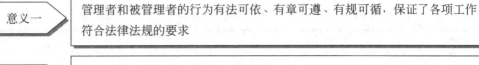

图3-1 酒店管理制度化的积极意义

三、酒店管理制度的特征

酒店管理制度具有图3-2所示的特征。

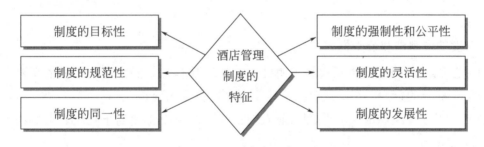

图3-2 酒店管理制度的特征

1.制度的目标性

酒店实行制度管理是为了实现酒店目标,因此,制度必须为目标服务。酒店目标表现为经济和社会效益,表现为各子系统目标的综合,而制度就是要为这两个效益服务,要服从总目标的需要。

2.制度的规范性

制度的直接目的是规范员工的行为进而规范组织行为,制度具有规范性。制度规范性有两个方面的含义,如图3-3所示。

| 含义一 | 制度对对象要起到规范作用，制度要全面完整并具有可操作性，切实可行 |

| 含义二 | 制度本身的科学性。制度是根据酒店的每项业务、每个职能的运行规律，用文字的形式来反映规律的，制度的制定要有客观依据和法律依据，要能广泛吸收国内外的先进范例和经验，要能体现时代精神 |

图3-3　制度规范性的含义

3.制度的同一性

制度的同一性是指制度反映了酒店投资方、管理方、员工方等各方面的共同要求和目标。全体员工都希望酒店的运行秩序有章可循，工作环境井然有序，这就必须要靠制度来保证，于是就产生了对制度的共同要求。

管理小妙招：

从这个角度来说，制度不应该被认为是由上级制定、下级执行的行为束缚，而应该成为根据各方共同要求而达成的有关共同行为规范的协议。制度要成为酒店各方的自觉要求和习惯行为，而不要成为负担。

4.制度的强制性和公平性

（1）强制性。制度是由正式组织明文规定的，具有强制的力量，组织依靠这个力量来规范每个成员的行为，组织成员只要违反制度就会受到处罚。

（2）公平性。组织成员在制度面前人人平等，谁都没有凌驾于制度之上的权力，人人都必须遵守制度。

5.制度的灵活性

制度有其严肃性，但在一定的条件下制度也应该有一定的灵活性。由于酒店业务的随机性、宾客需求的随机性，因此，酒店应以人为本、以宾客的满意为宗旨，在保证规范的大前提下，在具体作业上可做灵活的处理。

6.制度的发展性

酒店制度是酒店管理意识的反映，酒店的发展和管理的变化要求制度也应随之变化，酒店制度变化的原则是让制度真正发挥积极的作用，因此制度变化主要体现在图3-4所示的三个方面。

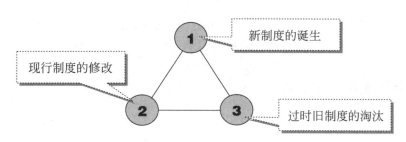

图3-4 制度变化的体现

四、制定制度的基本原则

一个企业制定的制度必须是规范的，必须符合企业科学管理原理和企业行为涉及的每一个事物的发展规律和规则，没有规范的制度，就没有规范的制度执行过程。对于酒店来说，制定的制度应遵循图3-5所示的四大基本原则。

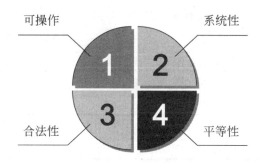

图3-5 制定制度的基本原则

1.可操作性

制度的可操作性指在编制制度时应从业务实际需求和管理规律出发，以现有体系和制度为基础逐步地进行优化和完善，特别要注意的是，编制的制度不能脱离当前管理体系、人员素质、文化习惯来实施彻底式的变革，否则这样的制度不但很难具有可操作性，还有可能带来较大的管理风险。

2.系统性

制度的系统性则是指在编制制度时要坚持全面、统一的原则，要从全局的角度出发，避免发生相互矛盾的情况，保证制度体系整体的协调顺畅。

3.合法性

制度的合法性是指制度不能与法律法规发生冲突，否则就会缺少法律效力，

4.平等性

制度的平等性则指编制的制度对各级管理层都应该一视同仁，不能因职位等方面的

高低而有所区别，应坚持责任、权限、利益相一致的原则。权利与义务不均衡是推进规范化管理的大敌，不平等的制度必将引起内部的矛盾与冲突，影响企业正常工作的开展。

五、酒店管理制度的分类

酒店制度规范种类繁多，按其内容和针对对象可分为表3-1所示的几类。

表 3-1　酒店管理制度的分类

序号	类型	定义	具体形式
1	基本制度	企业制度中具有根本性质的、规定企业形成和组织方式，决定企业性质的基本制度	财产所有形式、企业章程、高层管理组织规范
2	管理制度	对企业管理的各基本方面规定活动框架，调节集体协作行为的制度	各部门、各层次职权、责任和相互间配合、协调关系方面的制度
3	技术规范	涉及某些技术标准、技术规程的制度	技术标准、各种设备的操作规程、服务中所使用的各种化学品的管理要求、设备的使用保养维修规定
4	服务规范	针对酒店服务活动过程中那些大量存在、反复出现的事务，所制定的作业处理规定	安全规范、服务规范、业务规程
5	个人行为规范	所有对个人行为起制约作用的制度的统称	个人行为品德规范、劳动纪律、仪态仪表规范

六、制定酒店管理制度的步骤

规章制度要合法，除了主体、内容合法外，就是程序合法。一般制定规章制度的程序分为图3-6所示的四个步骤。

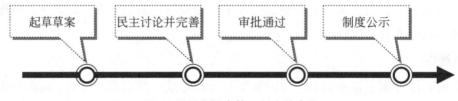

起草草案　民主讨论并完善　审批通过　制度公示

图3-6　制定酒店管理制度的步骤

1.起草草案

部门根据业务需求来决定是否制定新的制度。制度的制定不能想当然，制定前要广泛地征集意见或者深入调研。起草草案要先列框架、标注重点、列明和其他制度的关联性，有的还要考虑新制定制度与其他制度有冲突的地方如何来解决；然后再完善内容，语言要严谨、合法、合理。

2. 民主讨论并完善

制定的规章制度要经过民主程序，用人单位在制定、修改或者决定有关劳动报酬、工作时间、休息休假、劳动安全卫生、保险福利、职工培训、劳动纪律以及劳动定额管理等直接涉及劳动者切身利益的规章制度或者重大事项时，应当经职工代表大会或者全体职工讨论，提出方案和意见，与工会或者职工代表平等协商确定。在规章制度和重大事项决定实施过程中，工会或者职工认为不适当的，有权向用人单位提出，通过协商予以修改完善。用人单位应当将直接涉及劳动者切身利益的规章制度和重大事项决定公示，或者告知劳动者。

3. 审批通过

会议上投票通过了制度最终稿，才能进入审批流程，按照公司内部的审批流程，经过逐级签字、加盖公章后公布执行。

4. 制度公示

制度经审批完成后，需要向员工公示，让员工知晓制度内容。常用的公示方法如图3-7所示。

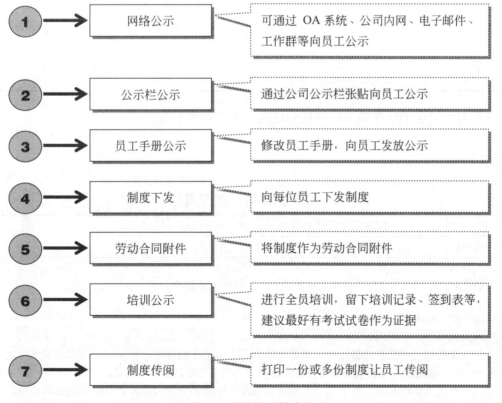

图3-7 制度公示的方法

七、酒店管理制度的组成

从一个具体的企业管理制度的内涵及表现形式来讲，企业管理制度主要由以下内容组成。

（1）编制目的。

（2）适用范围。

（3）权责。

（4）定义。

（5）作业内容。包括作业流程图及用5W1H对作业流程图的要项逐一说明。

（6）相关文件。

（7）使用表单。

酒店在编写管理制度时，可以遵从以下要领，如表3-2所示。

表3-2　管理制度内容编写要领

序号	项目	编写要求	备注
1	目的	简要叙述编制这份制度的目的	必备项目
2	范围	主要描述这份制度所包含的作业深度和广度	必备项目
3	权责	列举本制度和涉及的主要部门或人员的职责与权限	可有可无
4	定义	列举本制度内容中提到的一些专业名称、英文缩写或非公认的特殊事项	可有可无
5	管理规定	这是整篇文件的核心部分。用5W1H的方式依顺序详细说明每一步骤涉及的组织、人员及活动等的要求、措施、方法	必备项目
6	相关文件	将制度中提及的或引用的文件或资料一一列举	可有可无

下面提供几份酒店不同部门管理制度的范本，仅供参考。

【范本】▶▶

前厅部卫生管理制度

制度名称	前厅部卫生管理制度	制度编号	
执行部门	前厅部	发布日期	

一、目的

为加强对前厅部卫生管理，确保前厅部的卫生，特制定本制度。

二、适用范围

适用于前厅部所有员工。

三、内容

卫生工作是酒店经营管理工作的一个重要部分，卫生工作的好坏是衡量一个酒店管理水平的重要标志，前厅部是酒店的门面，要提高酒店的声誉，必须不断加强卫生管理。

（1）根据卫生工作贯彻"谁主管，谁负责"的方针，成立由部门经理负责的卫生检查小组，定期分析本部门卫生，制订计划，并督促检查落实情况。

（2）所有员工上岗前必须进行卫生知识培训，提高员工对卫生工作重要性的认识。

（3）以管区（或班组）为单位，分块包干。各管区（或班组）指定专人负责卫生工作，定期检查，把卫生达标工作与优质服务考核检查和奖惩制度紧密挂钩。

（4）包干区域要求清洁整齐，无烟头、无纸屑、无瓜果皮壳、无痰迹、无杂物、无废物堆放、无"四害"。

（5）员工应严格执行个人卫生制度，养成良好的卫生习惯。做到"五勤"（勤洗澡、勤理发、勤剃胡须、勤换衣、勤剪指甲）"二要"（工作前后与便后要洗手，早晚要漱口）"五不"（不掏鼻、不挖耳、不剔牙、不抓头发、不打哈欠）。

（6）员工当班时工作服要挺括，衣冠要整洁，皮鞋要光亮。

（7）严禁在工作场所吸烟，禁止随地吐痰，禁止乱扔果皮纸屑。

（8）办公室、前台、问询、订房、商务中心、大堂副理等有台面的地方必须保持干净，东西堆放整齐。

（9）定期自觉接受体检，做好防病、治病工作。预防疾病传染，凡不符合岗位要求的传染病者，立即调离。

（10）领班每班检查个人及环境卫生状况，发现问题及时处理。

编制		审核		批准	

房卡管理制度

制度名称	房卡管理制度	制度编号	
执行部门	前厅部	发布日期	

一、目的

为加强对客房房卡的管理，特制定本制度。

二、适用范围

适用于前厅部所有员工。

三、内容

客房房卡管理是否严格关系到客人的人身与财产是否有安全的保障，关系到客人对酒店的服务满意程度及酒店的经济利益，所以前厅部员工必须严格遵守房卡管理制度。

（1）服务员分发客房房卡时，应认真核对客人的住宿凭证，并注意入住及离店时间，以达到严格控制的目的。

（2）如果客人没有带酒店的住宿凭证，或声称丢失了凭证，则应问清客人的姓名、房号，在与客人入店登记单的项目内容核对无误后，才可分发房卡；或者请客人重填一份《入住登记表》，与原登记表核对无误后，才可分发房卡，此时客人应有能证明身份的证件。

（3）服务员做好房卡后，应在卡上标明房号，确保无误。

（4）客人丢失房卡后，服务员应及时通知上级，并应尽可能为客人更换一个房间。

（5）丢失房卡或没有房卡的客房应暂时停用。

（6）认真填写好一或两份《丢失房卡的报告》，递交保卫部签字并留之备查，另一份前厅部办公室存档。

（7）严格控制房卡的使用范围并有相关记录，所有工作房卡不能带出酒店。

（8）前厅部主管人员有义务教育全体员工重视房卡管理的重要性，并随时检查房卡的使用情况。

编制		审核		批准	

客房部防盗管理制度

制度名称	客房部防盗管理制度	制度编号	
执行部门	客房部	发布日期	

一、目的

为规范客房部防盗管理工作，特制定本制度。

二、使用范围

适用于客房部全体员工。

三、内容

（1）各岗位工作人员要坚守岗位，掌握客人出入情况，熟记客人的特征、性别，非住宿人员不能任其无故进入楼层，发现可疑人员要立即向领班、主管报告。

（2）严格会客制度，未经住房客人同意，不允许来访者进入房间。

（3）清理房间时，房门要始终打开着，将工作车挡在房门口，清洁房间完毕，要马上锁好房门。清洁过程中要随时察、看、倾听门外动静，发现可疑情况立即报告。

（4）跟房检查或清理房间途中，如有急事离开，要锁好门，不得将门虚掩。

（5）发现客人丢失钥匙，应立即向上级报告，迅速采取防范措施，并通知维修人员，24小时内将丢失钥匙的房间门锁更换好。

（6）服务员不得穿便装进入客房工作。

（7）客人离店后，及时检查房间，发现遗留物品要做好登记，并交给上级按规定办理。

（8）客人报失物品时，服务员要立即上报主管处理，由领班级以上人员负责了解报失情况，要询问报失人遗失物品的经过、时间、地点等情况，做好处理工作。

编制		审核		批准	

来访人员管理制度

制度名称	来访人员管理制度	制度编号	
执行部门	客房部	发布日期	

一、目的

为了加强对来访人员的管理，保证酒店和客人的合法权益，特制定本制度。

二、适用范围

本制度适用于酒店客房部所有员工。

三、管理规定

（1）凡住客本人引带的来访客人，客房服务员可不予询问，目送进房，但要做好记录，记明进出时间、访客性别、人数。

（2）凡没有住客引带的来访客人，要问明情况，必要时可礼貌地查验证件，并征得住客同意后并办理来访登记手续，才能允许来访客人进入客房。

（3）如住客本人没有立字交代，当住客不在客房情况下，不得让来访客人进入客房。如来访客人持有门匙应当收缴，待住客回来后再作处理。

（4）晚上客房中心要将当时仍在客房的来访人员报告巡楼保安员，从23:00起催促来访客人离店。

（5）来访客人因事需在客房留宿的，必须按规定到前厅接待处办理入住登记手续。对24:00仍不办理手续又不愿离店的来访客人，报大堂副理和安保部处理。

编制		审核		批准	

贵重餐具管理制度

制度名称	贵重餐具管理制度	制度编号	
执行部门	餐饮部	发布日期	

一、目的

为加强对贵重餐具的管理，特制定本制度。

二、适用范围

适用于酒店所有贵重餐具的管理。

三、内容

（1）库房必须建立贵重餐具类专用账册。

（2）贵重餐具必须根据其特性，按使用说明进行清洁保养。

（3）贵重餐具的保管、清洗必须由专人负责。

（4）清洁保养贵重餐具的清洁剂在使用前必须严格检查。

（5）领用贵重餐具必须由领用人签字以便回收时验收。

（6）经常使用的贵重餐具每月须清洗磨光一次。

（7）不常使用的贵重餐具必须包装好，分类存放在固定的餐具架上。

（8）因人为因素造成高档餐具损坏或损失，其责任人必须赔偿。

编制		审核		批准	

餐饮工作人员个人卫生管理制度

制度名称	餐饮工作人员个人卫生管理制度	制度编号	
执行部门	餐饮部	发布日期	

一、目的

为加强对餐饮工作人员个人卫生的管理，特制定本制度。

二、适用范围

适用于楼面和厨房所有餐饮工作人员。

三、内容

（1）餐饮工作人员必须进行健康检查和食品安全知识培训，合格后方可上岗。

（2）餐饮工作人员必须认真学习有关法律法规和食品安全知识，掌握本岗位的卫生技术要求，养成良好的卫生习惯，严格卫生操作。

（3）严格地洗手。操作前、便后以及与食品无关的其他活动后应洗手，先用消毒液消毒，后用流动水冲洗。

（4）餐饮工作人员不得留过长指甲、涂指甲油、戴戒指；不得在食品加工场所或销售场所内吸烟、吃东西、随地吐痰；不得穿工作服入厕。

（5）餐饮工作人员不得面对食品打喷嚏、咳嗽及其他有碍食品卫生的行为，不得用手直接抓取入口食品、用勺直接尝味，使用后的操作工具不得随处乱放。

（6）餐饮工作人员要注意个人卫生形象，养成良好的卫生习惯，穿戴整洁的工作衣帽，头发梳理整齐置于帽后。

（7）餐饮工作人员必须认真执行各项食品安全管理制度。

编制		审核		批准	

设备使用管理制度

制度名称	设备使用管理制度	制度编号	
执行部门	工程部	发布日期	

一、目的

为了加强对设备的使用管理，确保设备得到正常使用，特制定本制度。

二、适用范围

适用于工程部所有员工。

三、内容

设备操作人员均应按操作规程进行操作。锅炉工、空调工、电工均应持有专业操作证并定期年审；其他设备的操作人员应接受工程部操作培训。各部门的设备、设施因损坏而修理，应向工程部报修，严禁非专业人员私自维修。

各工种设备定期巡查内容如下。

（1）水电（含弱电）空调系统（末端）巡查内容及周期。变配电房、主楼低配房、楼层水电管井、机房的定期巡查，责任区域为：A为维修一班，C为维修二班，检查周期为每周一次。外场灯光为维修班中班每晚检查一次，冷库及屋顶水箱为维修夜值每夜检查一次，发现问题及时处理，并如实记录检查与处理情况，重大问题及时向主管或经理汇报。

（2）空调主机房。当班人员须对酒店前台区域的空调及热水使用情况作跟踪检查，以便及时了解并掌握对主机和温控的适度操作与调节，使其始终处于最佳状态。每班还需对冷水机组、泵系统、热交换器、地下泵房及屋顶冷却塔系统按时履行巡查，实时如实填写运行日志，发现问题及时解决，难度大的向主管或经理汇报协调处理。

（3）锅炉房。当班运行人员负责检查本区域设备状况，保持使用设备清洁、完好，检查所有加压部位并及时循环处理，发现情况及时向领班汇报。工程部根据具体情况每年安排一次大修，锅炉班对设备每三个月小修一次，每月进行一次锅炉附件、附件设备大检查，发现问题及时修理，确定解决不了的问题应及时汇报。

编制		审核		批准	

设备保养制度

制度名称	设备保养制度	制度编号	
执行部门	工程部	发布日期	

一、目的

为了保证设备的正常使用，必须加强对设备的日常保养管理，特制定本制度。

二、适用范围

适用于所有实施设备保养的管理。

三、内容

1.一级保养

（1）保养前要做好日常的保养安排，进行部分零件的拆卸清洗。

（2）对设备的部分配合间隙进行调整。

（3）除去设备表面的油渍、污垢。

（4）检查调整润滑油路，保持畅通不漏。

（5）清扫电器箱、电动机、电器装置、安全防护罩等，使其整洁固定。

（6）清洗附件冷却装置。

2.二级保养

（1）根据设备使用情况进行部分解体检查或清洗。

（2）对各传动箱、液压箱、冷却箱清洗换油。

（3）修复或更换易损件。

（4）检查电器箱，修整线路，清洁电动机。

（5）检修、调整精度，校正水平。

编制		审核		批准	

重大接待安全保卫管理规定

制度名称	重大接待安全保卫管理规定	制度编号	
执行部门	安保部	发布日期	

一、目的

为加强重大接待安全保卫的管理工作,特制定本规定。

二、适用范围

适用于酒店重大接待安全保卫工作的管理。

三、内容

1.外围安全及车辆管理

(1)在客人抵达前12小时开始对专用停车场进行清场,做好车位预留工作,确保重要来宾的车辆停放,由安保部人员对停车场的车辆进行联系方式登记。在VIP停车场增设一岗,负责保卫所有客人的车辆安全,阻止闲杂人员靠近;正门口做好车辆引导工作,除特殊车辆外,礼貌谢绝其他车辆停放,发现车辆异常或其他异常情况立即报告上级。

(2)出入道闸钥匙存放前台备用,根据接待保卫需要大门岗随时按指令开启道闸,并做好人员、车辆引导工作。所有安全员注意仪容仪表,做好礼节礼貌,保持高星级酒店形象。

(3)各岗位密切关注本职岗位及附近区域安全状况,保持警惕性和信息沟通,严防可疑或闹事人员,特别加强进出口管理,做好人员物品进出登记,发现异常情况立即报告并阻止。

(4)安保部取消任何休假、补假,每个班组安排人值班,确保人员调度,直至接待保卫结束。

2.内部保卫及安排

(1)提前对酒店各区域消防系统、疏散通道、灭火器材、消防设施设备进行检查测试,保持完好有效。督促、指导各部门严格按照安全要求布置和操作,发现安全隐患立即通知相关部门整改。

(2)消防监控中心岗确保消防监控设备设施正常运作,密切关注酒店各区域的监控,重点关注人员及车辆进出以及会议期间各区域的安全监控和消防报警设备,一旦发现异常立即报告上级处理,并对保卫期间全酒店24小时的监控录像进行备份留档。

(3)保持对酒店各区域24小时不间断巡逻,重点检查各区域有无可疑人员或可疑物品及其他异常情况,及时将发现的异常情况报告上级,严格按相关程序处理。

(4)活动期间如发生消防事件、治安事件,立即启动相关预案,并做好救援抢险、组织疏散等安全措施,确保人员安全,尽最大能力在最短时间内控制事态,减少损失及负面影响。

(5)安保部经理负责与公安警卫组接洽,做好各部门服务人员政审、核发警卫识别标志工作,协调有关重要客人入住期间的安全保卫工作,保持信息沟通,着重做好治安、消防、交通安全,协助公安做好突发事件处理。

编制		审核		批准	

三级消防检查制度

制度名称	三级消防检查制度	制度编号	
执行部门	安保部	发布日期	

一、目的

为了加强对消防安全检查的管理，强化检查工作要求，特制定本制度。

二、适用范围

适用于所有需要检查的消防工作。

三、内容

1.一级检查由各部门主管实施

（1）员工必须每日自检本岗位的消防安全情况，排除隐患，不能解决的隐患要及时上报，若发现问题又不及时解决，由此而引发火灾事故时，由各部门主管及员工本人负责。

（2）各部门主管要将每日自检的结果做好记录。

（3）负责维护、保养本部门辖区内灭火器材及其他消防设施，不得有损坏、短缺的现象发生。

2.二级检查由各部门经理实施

（1）各部门经理每周应组织对本责任区域内的设备、物品，特别是易燃易爆物品进行严格检查，发现问题妥善处理。

（2）检查本部门一级消防安全工作的落实情况。

（3）组织处理本部门的火灾隐患，做到及时整改，定期给本部门员工进行消防安全教育。

3.三级检查由总经理领导组织实施

（1）每月由总经理或委托安全部经理对各部门进行重点检查或抽查，检查前不予以通知。

（2）检查的主要内容应是各部门贯彻、落实消防安全工作的执行情况，重点部门的防火管理制度的执行情况。

编制		审核		批准	

第二节　构建规范的流程体系

　　基于流程的精细化管理，就是以流程为切入点，从流程的视角审视酒店的各项活动，把流程放到管理工作的前台，建立起以业务为纽带、顾客为核心的管理文化，达到提升精细化管理水平的目的。

一、流程的认知

　　国际标准化组织（International Organization for Standardization，简称ISO）在ISO 9000里对流程的定义：流程是一组将输入转化为输出的相互关联或相互作用的活动。这个定义很清楚地说明了流程的三要素，如图3-8所示。

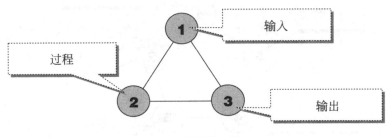

图3-8 流程的三要素

1.输入

输入是流程的前置环节，是启动流程之前需要提前完成的准备工作。要确保流程有效运作，就必须有符合流程要求的输入。不同的流程对于输入的要求是不相同的，比如提交某项申请需要准备相应的申请材料、生产某个产品需要准备相应的原材料等。

2.过程

过程是指流程从发起到结束所经历的处理环节，通常这些环节是被预设好的。环节可能是一个也可能是多，这些环节之间存在着相互的依赖关系或是先后顺序。每个环节的工作内容、资源投入、处理时效、衡量指标等都已经被定义清楚。例如某个决策流程会按照预设的人员或岗位进行流转从而完成决策过程，生产线上的产品生产流程会按照产品生产或装配的顺序组织生产过程。

3.输出

输出是指实施这个流程能达成的最终产出。输出是流程的目标，也就是说实施这个流程究竟要达到什么目的。例如决策流程的输出就是决策结果，生产流程的输出就是符合质量标准的产品。

简单来说，流程规定的是"做事的方法、过程和目标"，即做一件事情需要有哪些前置的准备工作（输入）、事情的处理环节是怎样的（过程）以及会产生怎样的预期结果（输出）。

二、流程管理的概念

顾名思义，流程管理就是对流程的管理。流程是流程管理的核心，通过一系列的管理制度和有效措施，确保流程生命周期的各个环节都符合管理要求。流程管理主要包括流程管理制度及在流程管理制度之下的流程挖掘和梳理、流程开发和实施、流程资源管理、流程执行、流程监管、流程优化等。也就是说，流程管理是一套以流程为核心的管理体系，包含有制度、资源、执行、监管、优化等管理手段。如图3-9所示。

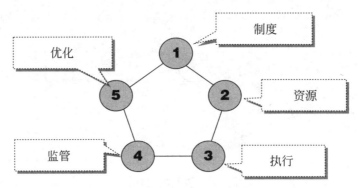

图3-9　流程管理包含的内容

企业的流程管理体系是和战略管理体系同等重要的管理体系，它可以极大地影响企业的业务和绩效。流程管理者需要具备战略的高度、全局的视角和发展的眼光，建立高水平的、符合战略、管理和业务发展要求的流程管理体系，以流程为核心对企业各条业务线进行梳理、整合、优化，推动跨部门的资源协作和业务开展。

流程管理者还需要不断跟进和监控流程的执行过程，发现和分析流程存在的问题，以流程优化反向推动企业管理架构、资源配置和业务开展过程的优化。

三、流程管理的价值

流程管理概述起来就是管理行动的逻辑路线，包括做事情的顺序、内容、方法和标准。流程是多个人员、多个活动有序的组合，是企业价值的体现。酒店之所以实行流程管理，是因为具有图3-10所示的价值。

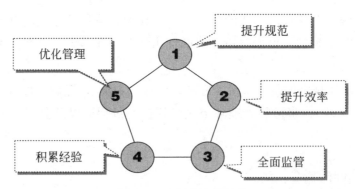

图3-10　流程管理的价值

1.提升规范

规范的提升是流程管理实施之后最为明显的管理提升，也是管理者和员工能最先感受到的变化，因为很多时候我们要做一件事情，不能再口头说说了，而是需要"走流程"。走流程本身就是一种管理规范，它改变了以往通过口头或邮件沟通，甚至做事情靠"刷脸"的极不规范的工作方式。具体表现在图3-11所示的几个方面。

表现一 ▷ 流程输入的规范要求，可以让流程提交者清楚地知道发起某流程所需要的所有材料和准备工作，从而避免因准备不充分出现反复沟通的现象

表现二 ▷ 流程处理过程按既定的环节流转，操作人员各司其职、相互配合，每个环节的职责清晰，即使是跨部门的协作也能轻松应对

表现三 ▷ 流程管理还可以规范企业内部的管理授权，能够根据授权严格限定各级管理者的审批和执行权限，从而大大降低管理和业务执行风险

图3-11 流程管理提升规范的表现

⟲ 管理小妙招：

俗话说"磨刀不误砍柴工"，如果管理者能多花点时间把流程管理这把"刀"磨好，酒店管理效率的整体提升就能水到渠成。

2.提升效率

实施流程管理之后，酒店的内部管理效率和业务执行效率都能得到较大的提升。流程管理对管理过程进行有效梳理和执行，能减少因为内部管理混乱带来的反复沟通、重复执行、决策失误、服务不周等问题，从而提升酒店的管理效率。

流程管理规范了决策过程，能有效地控制决策风险，提升决策的效率。

3.全面监管

如果酒店的内部管理和服务过程都通过流程来实施，那么任何决策和执行过程都会被记录在案，酒店管理者可以随时了解和掌握这些信息，对业务的开展过程进行监管。

4.积累经验

对流程的梳理，其实就是对酒店内部管理和服务过程的梳理。在实施流程管理之前，很多管理的方法和过程都是存在于员工个人的头脑中，尤其是那些有丰富管理经验和较强业务能力的员工，一旦发生人员变动，可能会直接影响酒店的业务开展。

流程管理可以把存在于员工个人头脑中的工作经验梳理成实实在在、看得见的工作流程。这样的流程管理过程，就是把员工个人的管理经验转化为酒店的管理经验积累沉淀下来、传承下去。对于新员工来说，这些现成的、已经被流程化的管理经验能帮助他们更快地适应新的岗位和工作。

比如，当酒店遇到公关危机时，有着丰富公关经验的员工处理起来会显得游刃有余，因为他们能对危机的严重程度进行准确的判断，知道危机的处理过程和牵涉的部门，他们还知道根据危机的不同等级启用相应的应对措施，这就是个人经验的体现。当酒店把

公关危机的应对过程流程化之后，它就不仅仅是员工个人的工作经验，而是变成了酒店应对公关危机的标准流程加以实践、完善和优化，从而确保在任何时候都能从容应对突发的状况，这就是流程管理在企业管理经验积累上的价值所在。

5.优化管理

流程管理对于管理的优化是通过现有流程的梳理和实际运作过程，去发现流程中不合理的业务过程、管理授权与资源配置，反向推动酒店管理架构、资源配置和管理过程的优化。流程确定下来之后，其运作的过程是相对透明的，而透明就有利于发现和优化不足。当酒店的管理优化之后，再通过流程进行落地，这个过程就是流程优化。

流程优化和管理优化是相互推动和促进的，酒店如果能做到流程优化和管理优化的良性互动，那么这个酒店的流程管理就是有生命力的，能为酒店的长远发展提供源源不断的动力。

四、流程管理的最佳切入点

对于酒店来说，如果能把流程管理做好，必定能推动酒店管理朝着更好的方向发展。那么，酒店如果想从无到有建立流程管理体系，该选择怎样的切入点呢？

1.实施的时机

流程管理本质上是一种企业管理手段，它更多的是体现管理者的管理意识。

（1）如果酒店管理者具有流程管理的意识，在酒店创立之初就考虑用流程管理的方法规范内部管理和业务的过程，可以让酒店从一开始就拥有相对规范的内部管理体系，这对酒店的长远发展有着非常大的作用。

⟐ 管理小妙招：

随着酒店的不断发展和业务的变化，流程管理体系也应不断进行调整和优化。流程管理伴随酒店一起成长，这是流程管理最为理想的状态。

（2）如果酒店至今仍未进行流程管理，即使酒店目前面临了一些具体的管理问题，如内部沟通和部门间协作不畅、人员重复劳动效率低下、机构臃肿决策力下降等，马上开始实施流程管理也不算晚。

2.实施的团队

流程管理的实施团队分为酒店外部团队和内部团队。外部团队是指拥有丰富流程管理和实施经验的咨询公司或管理团队，内部团队是由酒店内部员工构成的实施团队。

（1）外部团队的优势是有完整的流程管理方法论，他们经验丰富，有着本行业或跨行业的流程管理实施经验，能够站在更高的层面为酒店规划和梳理流程管理体系；他们能够站在第三人的角度为酒店发现问题、解决问题；他们知道流程管理中的重点和难点，可以帮助酒店绕开其他酒店掉过的坑；他们还能够帮助酒店把流程管理做细做深，对企业内部流程管理人员进行培训。不过聘请外部团队的花费不菲，需要酒店认真权衡。

（2）内部团队是酒店需要着重考虑建设和培养的，内部团队才是酒店实施流程管理真正的主力。即使聘请了外部团队，也不能完全依赖他们，而是应该同步地组建流程管理的内部团队，让内部团队和外部团队一同工作，让内部团队了解外部团队的工作思路，学习他们的工作方法。

对于聘请了外部团队的流程管理实施项目，在项目的前期和中期，实施团队要以外部团队为主，内部团队积极参与配合；在项目的后期，要逐步过渡到以内部团队为主，以便内部团队能在外部团队完全撤离后能顺利接手后续的流程管理工作。对于流程管理制度和核心流程的梳理一定要内部团队参与其中，这样企业在借力外部团队的过程中，也同步在培养内部团队。

◈ 管理小妙招：

> 如果酒店还处在初创期或者规模较小，也可以只使用内部团队来进行流程管理。内部团队主要由管理层、各部门业务骨干、拥有流程管理经验的员工组成。

3.实施的条件

流程管理在实施的过程中，必须具备图3-12所示的两个条件。

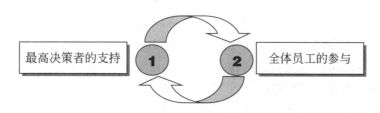

图3-12 流程管理实施要具备的条件

（1）最高决策者的支持。流程管理必须要得到企业最高决策者的首肯、支持和参与，必须要自上而下地推动，必须要全体员工积极响应和落实，才有可能做成功。这是由于流程管理会牵涉到对现有管理体制的变革、会打破部门间的壁垒、会颠覆某些管理过程、会改变员工的工作习惯、会影响一部分人的既得利益，因此，如果没有企业最高决策者的推动是很难落实到位的。

（2）全体员工的参与。流程管理必须要企业全体员工参与进来，不要用小团队试点的方式来推行，因为小团队所能涉及的流程可能是不全面的，不太能够把企业内部管理的问题真正暴露出来。流程管理一旦实施，就必须全体员工一起参与其中，不能有例外。

4.实施的流程实例

从长远来看，酒店内部管理过程和业务开展过程都应该被流程化。但在酒店实施流程管理的前期，可以选择一些相对简单的、常用的流程进行试用，让员工了解什么是流程，养成使用流程的习惯，提升员工的流程管理意识。

比如，请假流程就是非常适合在第一批实施的流程实例，它足够简单并且能覆盖到全体员工。企业内部涉及人事、财务等管理的核心流程，也是需要在前期就启用实施的，如员工招聘流程、绩效考核流程、预算申请流程、付款流程、费用报销流程、合同审批流程等，这些流程的实施有助于酒店提升内部管理的合规性，控制管理风险。

5.实施的IT平台

酒店是否依托IT平台来做流程管理，这取决于酒店的自身需求。规模较小的酒店内部管理可以使用纸质的流程申请单进行流程流转，同样可以实施流程管理。如果酒店规模较大，有足够的预算，可以使用专业的流程管理IT平台进行流程管理，它可以极大提升流程处理的效率，流程流转的过程也能透明可见，还方便监管、查询和追溯。员工可以在电脑或手机终端上进行流程处理，可以突破时间和空间的限制。

五、流程管理体系的构建

酒店的流程管理体系是由流程管理的相关制度、管理团队、流程管理平台和流程实例四部分构成。

1.流程管理的相关制度

流程管理的相关制度是用于规范酒店员工在流程管理中的工作内容以及工作方法。酒店在实施流程管理之初，就应该建立相应的流程管理制度。流程管理制度里规定的是流程管理做什么和怎么做。

流程管理制度通常会涉及以下内容。

（1）实施流程管理的目标和意义。

（2）流程管理的适用范围。

（3）流程管理的架构和职责，包括流程决策机构（决策人）及其职责；流程管理机构（管理人）及其职责；流程监管审计机构及其职责；流程Owner（责任人）职责及管理办法。

（4）流程的管理过程，包括流程梳理、流程发布、流程变更、流程优化、流程废止。

（5）流程执行的奖惩办法。

（6）具体流程实例的管理细则。

流程管理制度并不等同于流程，制度和流程各自所关注的侧重点是不同的，具体如图3-13所示。

流程管理制度中对于流程管理过程的规定就是"管理流程的流程"。

比如，流程变更的过程，什么情况下需要进行流程变更；变更由谁来梳理、谁来复核、谁来终审等，这些就是流程化的操作。

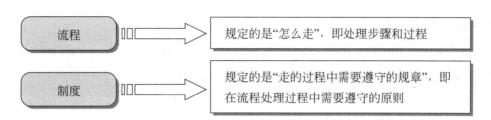

图3-13 制度和流程的侧重点

一个规范的流程管理体系中，对流程本身的管理必然也是规范化和流程化的。在酒店实施流程管理之初，流程管理制度就应该先行建立起来。流程管理制度是酒店实施流程管理的依据和准则，可以规范流程管理中的各种行为，同时流程管理制度还需要随着酒店管理要求的变化而不断调整和优化，使之符合酒店的管理策略。

流程管理制度要落实到位，需要酒店员工的积极参与和认真执行，同时内部审计部门还需要加强审计，及时发现不符合流程管理规范的行为并加以改正。

2.流程管理团队

酒店实施流程管理，需要包括公司高层在内的全体管理层和员工共同参与，公司所有员工都是流程的使用者，其中有一部分员工会肩负流程管理的相关职责，这部分员工共同组成了公司流程管理团队。

流程管理团队是流程管理的核心，一个高效务实有执行力的流程管理团队，可以确保流程管理的各项制度和措施落实到位，推动公司流程管理朝着积极的方向发展。

3.流程管理平台

流程管理平台可分为线上平台和线下平台两种。

（1）线下平台。线下平台是一个虚拟的管理平台，也可以称之为线下管理模式。线下平台是相对传统的流程管理模式，通常在酒店成立初期、规模较小时采用线下管理的模式，通常使用纸质的流程表单。

比如，员工填写一张纸质的请假申请单，交由上级和HR（人力资源）部门签字，再由HR部门归档留存。

线下模式实施成本相对较低，管理落地周期短，纸质表单变更相对容易。但线下纸质流程表单归档储存不当很容易造成流程文档丢失，历史流程的追溯和查询也比较不便。

（2）线上平台。线上平台是借助IT和信息化手段，部署流程管理系统或引擎，搭建流程管理平台，流程实例以电子表单的形式在平台中流转。流程使用者只需要登录线上流程管理平台，就能进行流程发起、审批、执行、流程流转、流程查询等操作。

在线上平台里，流程的处理过程透明可见，使用者能实时查询流程处理的进度，针对性的交流和讨论也可以在流程管理平台中实现。但是线上平台实施和运维成本较高，同时流程数据也需要有完善的备份及恢复方案，才能应对各种可能的突发状况，避免线上流程数据丢失。

4. 流程实例

流程实例就是在流程平台上运作的具体流程，流程的分类没有一个明确的标准，比较常见的分类方法是按类型把流程分为管理流程和业务流程，如图3-14所示。

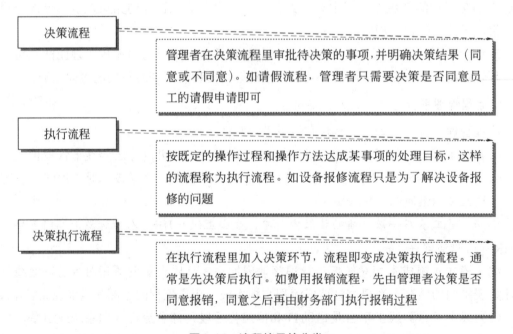

管理流程

包括酒店层面的战略管理流程、酒店治理相关流程、各管理职能部门（如财务、人事、法务、行政）的管理流程，各管理部门在流程中承担相应管理职能

业务流程

与业务直接相关的流程，如客人入住流程、接机服务流程、客房清洁流程、客衣洗涤服务流程等

图3-14　流程按类型分类

流程还有一种分类方法，即按流程的目的把流程分为决策流程、执行流程、决策执行流程，如图3-15所示。

决策流程

管理者在决策流程里审批待决策的事项，并明确决策结果（同意或不同意）。如请假流程，管理者只需要决策是否同意员工的请假申请即可

执行流程

按既定的操作过程和操作方法达成某事项的处理目标，这样的流程称为执行流程。如设备报修流程只是为了解决设备报修的问题

决策执行流程

在执行流程里加入决策环节，流程即变成决策执行流程。通常是先决策后执行。如费用报销流程，先由管理者决策是否同意报销，同意之后再由财务部门执行报销过程

图3-15　流程按目的分类

流程Owner是流程实例的直接负责人。每个流程实例都是由流程Owner进行需求梳理，编写流程文件，并由流程管理决策机构审核通过后实施。酒店在梳理实施具体流程实例时，可以按照管理和业务的轻重缓急来确定实施的优先级，分批分阶段实施，最终实现酒店所有管理和业务的流程化。

一个完善的流程管理体系中，管理制度、管理团队、管理平台和流程实例缺一不可，它们是公司实施流程管理获得成功的基础和保障。

　　流程管理体系的建设是一个相对漫长的过程，并且需要随着酒店的发展而不断调整和优化，使之不断完善和适应酒店管理要求。

六、流程梳理的步骤

　　一个酒店的流程少则几十个、多则上百个，这么多的流程不是凭空出现的，它们都是依照酒店相关管理制度和业务管理要求被逐一梳理出来的。酒店的各项管理制度是流程梳理的前提，流程是公司制度落地的重要手段之一。

　　流程具体的梳理过程是围绕流程的三要素来进行的，确定流程的输出、输入和处理过程，再注意把管理中的细节加入其中，就能梳理出符合公司制度和管理要求的流程。具体步骤如图3-16所示。

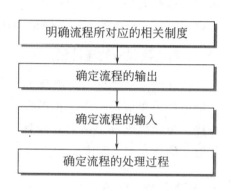

图3-16　流程梳理的步骤

1.明确流程所对应的相关制度

　　流程最终是服务于酒店管理和业务的，在各个管理条线和业务条线上，都会有相应的管理制度。流程的梳理应该以相应的制度为依据，制度适用范围就对应着流程的适用范围，制度的管理边界也对应着流程的管理边界，这样梳理出来的流程才能符合酒店的管理要求。

　　如果酒店已经有相对较为完善的管理制度，那么可以依照这些制度进行流程梳理。如果酒店暂时还没有相关管理制度，就需要先明确管理制度之后再进行流程梳理。

　　没有制度做支撑的流程，如同无源之水、无根之木，其权威性、适用性将大打折扣。

2.确定流程的输出

　　输出是流程的目标，也就是说实施这个流程究竟要达到什么目的。我们在做很多事情之前，都需要先设定一个预期的目标，然后朝着这个目标努力。流程也不例外，一个流程应该有明确的目标，也就是明确的输出。在流程梳理之初，我们就应该确定做这个流程的原因是什么？是为了解决什么问题？这个流程是管理流程还是业务流程？是决策流程、执行流程还是决策执行流程？明确了流程的输出，也就明确了流程的管理目标。

3.确定流程的输入

输入是流程的前置环节，是启动流程之前需要提前完成的准备工作。要确保流程有效运作，就必须有符合流程要求的输入。不同的流程对于输入的要求是不相同的。

比如，提交某项申请需要准备相应的申请材料，开发某个菜品需要准备相应的原材料等。

流程输入的内容是流程处理人或决策人进行执行或决策操作的直接依据。当我们把所有需要输入的信息罗列出来之后，我们就会得到一个完整的流程申请表单，申请人只需要按要求填写这个表单，就能提供流程执行或决策所需要的全部完整信息。

4.确定流程的处理过程

流程的处理过程是指流程从发起到结束所经历的处理环节，通常这些环节是被预设好的。环节可能是一个，也可能是多个，这些环节之间存在着相互的依赖关系或是先后顺序。每个处理环节都会对应到一个具体的处理岗位、职责和工作授权，而规定这些操作细节的就是相关制度。

管理小妙招：

管理制度是流程的基础，制度先行，流程落地，因此我们在梳理流程之前，需要先明确相应的管理制度。如果制度还不够完善，就需要先完善制度之后再进行流程梳理。

下面提供一份××酒店员工请假流程梳理的范本，仅供参考。

【范本】▶▶

员工请假流程梳理步骤

××酒店在创业早期，由于员工数量少，管理架构简单，酒店对员工请假采用的是相对宽松的操作方式，那时HR熟悉公司每一位员工，能及时掌握员工休假的情况。现在酒店员工数量已经达到了几百人，如果继续沿用宽松的操作方式，极有可能会造成假期漏报漏登记，对HR部门的考勤管理带来较大的不便，因此HR部门有强烈的需求要规范请假流程。

1.明确流程所对应的相关管理制度

目前，酒店已经有较为完善的人事制度，对于员工休假的政策也有了明确的规定，即《员工休假制度》。

2.确定流程的输出

《员工请假流程》是员工最常用的流程之一，每个员工都需要通过这个流程进行假期申请，它的使用者是公司的全体员工。它是HR管理中的一个流程，因此它属于人事管理流程。假期申请提交后，会交由相应的审批人（HR制度里规定的审批人）进行审批，从而决策是否同意员工的假期申请，所以它也是一个决策流程，它的输出就是决策结果：是否同意员工的请假申请。

3.确定流程的输入

××酒店《员工休假制度》规定：

第八条 病假

（1）试用期满被酒店正式录用的员工，每月可享受1天，全年可享受7天有薪病假。

（2）在酒店连续服务满1年以上的员工，每月可享受3天，全年可享受7天有薪病假。

（3）有薪病假原则上不可连续支取。但在酒店连续服务满1年以上的员工因病住院治疗，可连续支取7天有薪病假。

（4）有薪病假必须持有符合资质医院（二级及以上公立医院）开具的诊断证明书和病假证明单，否则员工所休病假不视为有薪病假。

（5）所有员工的有薪病假不得跨年累积。

按照上述条款，员工在申请有薪病假时须提供相应的病假单，那么我们在流程的申请表单里就要预留相应的材料提示或输入入口。

4.确定流程的处理过程

××酒店《员工休假制度》规定：

第十二条 假期审批层级

（1）婚假、产假、陪产假、丧假由直属上级和人事经理审批。

（2）年假、事假、病假、工伤假和其他假期，连续休假不超过3天的，由直属上级和人事经理审批；连续休假超过3天的，由直属上级、人事经理和人事总监审批。

这就是酒店人事制度中规定的管理授权：授权员工的直属上级、人事经理和人事总监负责审批员工的假期申请。依据这样的管理授权，这些岗位的管理者就能名正言顺地参与流程的审批决策过程并承担相应的管理责任。

根据以上梳理步骤，可以绘制出如下所示的员工请假流程和员工休假申请单。

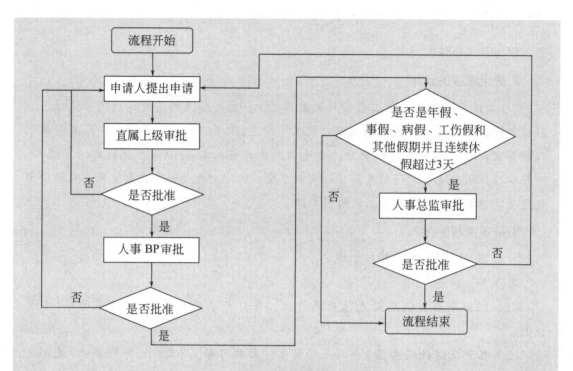

员工休假申请单

姓名		工号	
部门		申请日期	
假期类型	□年假　　　　□事假　　　　□工伤假　　　□带薪病假 □扣薪病假　　□婚假　　　　□产假　　　　□陪产假 □丧假　　　　□其他假期 备注： （1）病假超过一天必须提供二级及以上公立医院开具的病假单。 （2）婚假须提供结婚证书复印件。 （3）产假和陪产假须提供孩子出生证复印件。		
假期开始时间	年　月　日　□上午　□下午		合计天数_____天
假期结束时间	年　月　日　□上午　□下午		
请假事由			
申请人签名	直属上级审批	人事经理审批	人事总监审批 注：连续休假超过3天的年假、事假、病假、工伤假和其他假须由人事总监审批。

第三节 提升高效的执行力度

酒店制度、程序、规范、标准的建立并不难，难在是否得到准确和严格的执行；工作任务的布置下达也不难，难于执行是否到位、符合预期。在激烈竞争的市场中，一个酒店的执行力如何，将决定酒店的兴衰。

一、什么是执行和执行力

1.什么是执行

执行就是实现既定目标的具体过程；执行就是把事情做完；执行就是把战略转化为行动计划，并对其结果进行测量；执行应该成为一个组织的战略和目标的重要组成部分，它是目标和结果之间不可缺失的一环。

曾有权威人士说，一个企业的成功，30%靠战略，70%要靠执行。

2.什么是执行力

执行力就是贯彻战略意图，完成预定目标的操作能力。它是企业竞争力的核心，是把企业战略、规划转化成为效益、成果的关键。

简单地说，执行力就是企业里为某项任务、某项指标而要完成的力度，是完成执行的能力和手段。

执行力对个人而言就是办事能力；对团队而言就是战斗力；对企业而言就是经营能力。衡量执行力的标准，对个人而言是按时按质按量完成自己的工作任务；对酒店而言就是在预定的时间内完成酒店的战略目标。

🔄 管理小妙招：

> 酒店执行力对管理而言，就是完成上级的决策，并把计划目标变成实际成果；对一线的员工而言，就是要不折不扣地完成日常工作中的每一项任务。

二、执行不力的表现

在企业里所有的决策、制度、任务和指标，其最终目的都是要通过执行来完成的。然而，在现实生活中所看到的，大到国家的"上有政策、下有对策"，小到企业里的"制度挂墙、我行我素"，无不是执行力出了问题。具体来说，酒店执行力不强表现在三个方面，如图3-17所示。

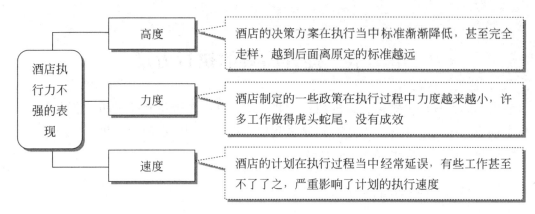

图3-17　酒店执行力不强的表现

三、执行不力的原因

落实执行为什么不力？既有思想意识的原因，也有思维方法的原因，更有管理制度的原因。具体而言，主要有以下的原因。

1.员工落实执行意识不强

执行力不强、工作不负责表现在以下方面。

（1）对下级的工作只管布置，不管检查，不做评估或对结果只听汇报，甚至不管不问，或虽然有检查，但也是应付差使，发现问题也不催促整改。更有甚者，对下级的工作连布置、检查都没有，却签字认同。

（2）接受上级布置的工作任务不爽快，拈轻怕重，挑肥拣瘦，借口推脱。

（3）对于顾客、上级、一线交办的事情，不催不干，不注重结果。

（4）遇到不喜欢、不顺心的工作就消极怠工，上级催查才行动或敷衍了事。

（5）干工作为完成而完成，工作干完后，不做自我检查，明明知道有问题，也不整改或应付了事。

（6）对顾客、一线提出的需求和困难，以不属本部门、本岗位的职责或以下班为由，不去设法满足他们的需求，解决他们的困难，甚至连信息也不向有关部门和管理者反馈。

（7）看到、听到顾客对酒店有抱怨、投诉，不能快速反馈给相关部门，甚至毫无反应。

（8）迫于上级压力检讨自己工作中的问题，而检讨完后不想办法改进。

（9）遇到无力解决的困难或需要请示的问题，向上级报告不及时，或认为报告上级就了事，不催不问，出了问题推卸责任，甚至不报告不请示。

（10）工作遇到困难，总是依赖上级或他人，自己不动脑筋去克服，甚至打退堂鼓。

（11）在工作压力大时，叫苦连天，退缩不前，或请病假事假，扔下担子当逃兵。

（12）在出现不良结果、错误结果时，习惯于解释、找借口，或归罪于他人，不检讨自己，不敢承担责任。

（13）工作中出现不良和错误结果，只管处罚了事，不分析原因，不采取对策，不力争好的整改结果。

（14）接受上级的批评十分勉强，甚至强词夺理，即使主管是对的，也不快速整改，或无动于衷。

（15）工作中好大喜功，报喜不报忧，隐瞒劣质事件，甚至弄虚作假。

（16）看到他人和别的部门工作有差错不指出、不反馈，甚至视而不见。

（17）遇到顾客和员工询问或求助时，以不是自己分内的工作、不清楚为借口，给予推脱。

（18）与他人和别的部门合作，态度消极，一等二靠三推诿，不当头、不出头，拈轻怕重。上级催办时，总是责怪他人不组织、不配合。

（19）明知工作不能按时完成，或没达到质量标准，也不想办法使工作保质保量完成。

（20）要求上报的材料上报后，不等上级验收和反馈信息便离岗下班，一走了事。

（21）将情绪带到工作中去，情绪不好就请假或消极怠工。

（22）在休息、出差时，对自己岗位和所管辖的工作不闻不问，甚至关掉手机中断联系，停止指挥。明知需要到岗也不返回。

（23）明知上级工作有困难，却不能为上级分忧分压。当上级分配给任务时，却以不属本部门、本岗位的职业为由，拒绝接受。

（24）干工作没有目标和奋斗方向，不敢自我加压，制定更高更新的目标责任制，即使制定了，也没有切实的步骤和行动，缺乏开拓创新、创造新事物的进取精神。

2.企业内部缺乏有效的落实执行机制

不落实执行或落实执行不力的另一个重要的原因，是酒店内部缺少有效的保证落实执行的机制。这主要表现在图3-18所示的三个方面。

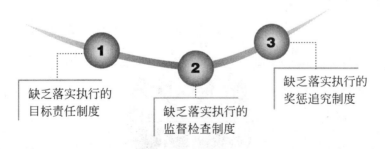

图3-18　企业内部缺乏有效的落实执行机制的表现

（1）缺乏落实执行的目标责任制度。有效的落实执行机制必须是任务到人、责任到人。但许多酒店却缺乏这种有效的落实执行机制，因此，布置工作责任不明确、不细化，不能到岗到人；干工作推诿扯皮、敷衍塞责，"甲计乙处理，乙叫丙合计，丙请丁斟酌，丁等甲审批"；检查工作也是走马观花一样，甚至是只部署、安排，不检查，干好干坏一个样，结果，落实执行成了一句空话。

（2）缺乏落实执行的监督检查制度。有些部门工作任务虽然安排了，但是否完成、完成得怎么样却没有人检查、没有人监督。一些管理者习惯于坐在办公室里进行"遥控"指挥，而不深入现场去检查、监督，落实执行任务的人完全处于放任自流的状态。这都是缺乏监督检查制度的表现。

（3）缺乏落实执行的奖惩追究制度。落实执行的奖惩追究制度是保证落实执行的有效手段。如果缺乏这种机制，任务落实执行得好的人，由于得不到褒奖，会挫伤了他们工作的积极性；落实执行任务不好的人，由于没有受到惩处、追究，会助长他们工作的消极性。道理是非常明显的。但在实践中，有的酒店却缺乏这种机制；有的酒店虽然制定了相关的制度，但却不能有效地执行。对不干事、干不成事的人不问责、不追究、不惩处；对能干事、干成事的人不褒奖，结果，影响了工作任务的落实执行。

3.组织成员缺乏落实执行的工作技巧

古人云："善走需得途"。落实执行或抓落实执行也需要掌握一定的工作方法和技巧，善于区别轻重缓急，把握主次矛盾。但是在实践中，有许多管理者缺乏这种工作技巧，有的抓不住主要矛盾和矛盾的主要方面；有的不分轻重缓急，眉毛胡子一把抓；有的思路不多，方法不对头，措施不得力，结果是力气没少下，效果却不明显，落实执行也到不了位。

四、提升执行力的措施

执行力在酒店是贯彻落实领导决策并及时有效解决问题的能力，也是酒店决策在实施过程中原则性和灵活性相互结合的重要体现。对于酒店来说，再伟大的目标与构想，再完美的经营方案，如果不能强有力地执行，最终也只能是纸上谈兵。酒店可以采取图3-19所示的措施来提升执行力。

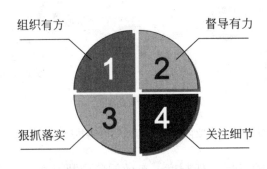

图3-19　提升执行力的措施

1.组织有方

组织即宣传、培训、下达和贯彻的过程。所谓组织有方，其含义如图3-20所示。

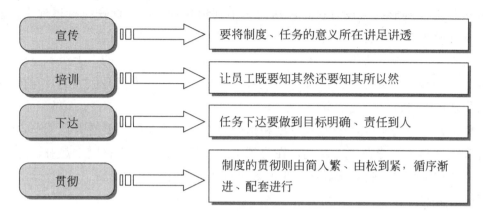

宣传	➡	要将制度、任务的意义所在讲足讲透
培训	➡	让员工既要知其然还要知其所以然
下达	➡	任务下达要做到目标明确、责任到人
贯彻	➡	制度的贯彻则由简入繁、由松到紧，循序渐进、配套进行

图3-20　组织有方的含义

组织阶段不但不能忽视省略，而且还要多花些时间和精力，认真按以上要求去做。只有组织阶段举轻若重了，才可能在执行中做到举重若轻、事半而功倍。

比如，某商务酒店长期以来只是要求部门经理每周参加一次例会，而且无须上交文字材料。新到任的总经理准备在部门经理中推行一项新的制度：要求部门经理每天上交工作日记并参加每日一次的工作例会。这一制度推行之前，新任总经理不遗余力地向部门经理宣传这一制度的种种好处，同时不急于要求大家一步到位，先是一周的三次早会（其中一次还作为一周的工作计划会），日记写多写少、写好写差不予评说。执行了一段时间，大家慢慢养成了写日记的习惯，一个季度之后全面走向正轨。有了工作日记，总经理可以对日记中反映的某些问题或在晨会前即作指示，或安排于晨会后另开专题会解决，这样每一天晨会的内容只涉及三个必须：必须强调、必须通报和必须在会上协调的，大大缩短了晨会时间，还克服了过去那种会上每人轮流发言、大家陪听甚至互相扯皮的现象。

在组织阶段还必须借助企业文化的影响作用。企业文化体现了企业的群体价值观和企业所推崇的精神理念，通过各种载体诸如制度、政策、口号（也包括总经理在员工大会的发言）、主题活动等来引领员工的思想潮流和意识形态。在组织阶段，大力宣扬"执行文化"和"责任文化"，让员工明白：酒店重用和提拔对酒店的制度、任务执行得力和努力完成的人，奖赏和信任工作踏实、认真负责的人，反对急功近利、浮躁虚伪、懒散松垮、说得比做得好等不良作风。

🔧 管理小妙招：

　　酒店要通过文化建设提升员工参与酒店发展、做贡献的积极热情，激活人的主观能动性，让文化在酒店焕发特色和光彩。

2.督导有力

制度、程序、规范、标准等的贯彻执行，任务工作的布置开展，倘若放任自流，很可能被执行走样变形甚至没有执行，从而达不到预期目标。因此在执行过程中，监督、指导就成了管理人员特别是基层管理人员日常工作的主要职责和内容。

实践表明，要求下级做到的上级首先必须做到；要求下级会的，上级本身应当先学会；要求下级努力完成任务，上级则必须身先士卒。榜样的力量是巨大的，身体力行的管理人员才可能在督导中说话有力。

当然，督导有力不仅在于监督频度和指令力度，更重要的还要看管理人员自身的专业素养和人格魅力。专业素养越高，在员工中的威信也越高；人格魅力越强，越能获得员工的信任和佩服，这些对督导所产生的效果自然都会有极大的影响。

3.狠抓落实

制度规范实施乃至日常工作布置，其执行结果如何？效果是否达到预期？需要抓落实。这如同上发条、旋瓶盖，没有拧紧到位，最后还可能松懈而前功尽弃。之所以有人说"做酒店累"，很有可能是以下几个方面的原因。

（1）制度、程序都在执行中，但执行走样。

（2）规范、标准都已颁布，但执行不严。

（3）工作任务做了布置，但不是进度达不到，就是脱节出纰漏。

因此，许多管理人员下班时间已过，但仍不敢离开岗位。不是他们不想洒脱，也不是他们能力不足，而实在是因为酒店工作环节多、涉及人员多、变化因素多，只要一个环节松脱，一个员工马虎，或出现一个突发事件，都有可能导致一连串的失败。各级管理人员要想放得下心，先要狠得下心，对工作中的关键部位、关键环节决不放过，勤于走动检查，一旦发现问题，立即追踪整改，直至落实。

因不抓落实而导致服务质量下降甚至严重事故发生的事例不胜枚举。

比如，某酒店在安全管理方面不可谓没有制度："动火"制度建立了（如规定工程部在车间以外电焊必须由安保部到场检查并采取防范措施后方可施工），消防培训演练制度也有了，然而实际执行情况如何呢？某日工程部对正在营业的客房电焊维修窗户，没有人落实"动火"制度，工程部没按程序要求报安保部，安保部无人到场监督指导，结果电焊火花飞溅引发火灾。发生火灾还因为安保部对新员工消防培训演练制度没有执行落实，火灾发生时，楼层服务员虽然在慌乱中找到了灭火器，但又因平时缺乏训练而不懂使用。

4.关注细节

如何衡量执行力度？主要看执行后的结果是否完美。执行力差，出现的问题必然多。这里所说的问题往往还表现在细节上。为了提高执行力度，最后还必须时常关注工作中的细节。

"细节决定成败",现实中不乏其例,尤其是在对客服务方面。对客服务的程序、规范乃至标准,各家酒店不但都会向标杆酒店学习,甚至比追赶超,定得既细又严,但执行者有时对关键细节就是不认真执行,导致一场接待或一次服务的失败,轻则受到客人投诉表示不满,重则酒店还要为此付出经济代价。

比如,接待客人入住时,没有请客人在"贵重物品和现金请寄存"通知栏上签名,而客人在酒店丢失了贵重物品,公安部门认定系酒店安全措施不力所致,判定由酒店赔偿;接受客人叫醒要求,却忘记复述确认,致使叫醒失误,由此造成客人因行程变更所产生的经济损失由酒店承担。

造成这些后果的原因无不是原定程序的重要细节执行出现疏漏。为此,各级管理人员在培训指导时要强调细节,在监督检查时要落实细节,唯有如此,才可能使得制度、程序、规范、标准执行到位,工作任务以及重大接待活动圆满完成。

五、提升执行力的关键

提高酒店的执行力要从管理上得以体现,用管理的方法来形成酒店的整体风格和氛围,使整个酒店和人员都真正具备这种执行能力。那么,如何才能强化酒店执行力呢?酒店可从图3-21所示的五个方面进一步把握提高员工执行力的关键。

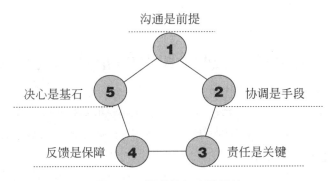

图3-21 提升执行力的关键

1.沟通是前提

有好的理解力,才会有好的执行力。好的沟通是执行成功的一半。通过沟通,群策群力、集思广益,可以在执行中把准方向、用好方法,分清主次和轻重缓急,适合的才是最好的。通过自上而下的齐心合力,促使酒店各级各部门执行更顺畅。

2.协调是手段

执行必须要协调好酒店内部资源。好的执行往往需要合理调配资源,充分利用资源,还需要尽量挖潜资源。酒店的人力、财力、物力、时间、信息、知识、市场、形象八大资源,无一例外都是有限的,好的执行力能够把有限的资源发挥出最大的效能。通过内部合理的协调,才能做到既不浪费宝贵的资源,又能达到事半功倍的效果。

3.责任是关键

酒店的战略需要通过有效执行和绩效考核来实现。通过公开、公正、公平的考核奖惩制度，监控人员的执行，进而管理酒店执行力。通过完善的制度来明确各级各部门的责任，同时强化全员的责任意识和敬业精神，通过业绩、态度、能力、责任心等各方面的考评，发现人才，实行优胜劣汰，从而达到促进整体执行力提高的目的。

4.反馈是保障

执行离不开反馈，反馈越及时越能及时纠正偏差，适时改进和调整。反馈有来自内部和外部的，也有正面和反面的，对于执行来讲都非常重要，切不可偏听偏信，只听正面不听反面。执行就像拉车，不能只顾埋头拉车不抬头看路，执行中必须学会观察来自前后左右、上下内外的各种反馈，必须把握好执行的分寸、节奏和力度，因为过度和超速未必能取得好的效果。

5.决心是基石

犹豫不决、左顾右盼、瞻前顾后、顾虑重重都是执行的障碍，只要是正确的、酒店已经决定了的，下属就应该立即执行！坚决执行！不折不扣地执行！没有足够的决心，就很难有强有力的执行。员工的决心大小在于管理者、领导者的决心大小，往往管理者的决心就是下属执行的最大动力。

第四节　建设和谐的企业文化

企业文化是酒店的灵魂，是品牌、理念、形象的高度集中，是市场经济下企业的核心竞争力，企业文化的塑造和培育是酒店的战略大计。企业文化是引领精细化管理的灵魂，精细化管理是企业文化的体现。

一、酒店企业文化的内涵

1.企业文化的概念

企业文化是企业在长期的生产经营管理实践活动中，通过企业领导者主动倡导和精心培育并为全体员工所认同和遵守，具有本企业特色的价值观念、道德规范、企业精神、行为准则、传统习俗、员工文化素质，以及蕴含于企业形象、企业制度、企业产品之中的某些物化精神的总和。

2.酒店企业文化的概念

酒店企业文化是指酒店以组织精神和经营理念为核心，以特色经营为基础，以标记性的文化载体和超越性的服务产品为形式，在对员工、客人及社区公众的人文关怀中所形成的共同的价值观念、行为准则和思维模式的总和。主要表现在图3-22所示的几个方面。

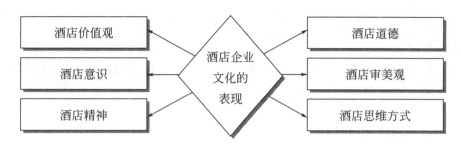

图3-22　酒店企业文化的表现

二、酒店企业文化的特征

酒店企业文化具有图3-23所示的特征。

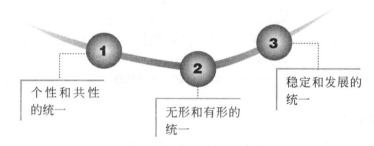

图3-23　酒店企业文化的特征

1.个性和共性的统一

酒店企业文化是酒店中人和人之间的行为活动不断进化集聚而成，有酒店就有酒店企业文化，酒店企业文化扎根于酒店、依附于酒店，它具有鲜明的目的性，紧紧围绕酒店自身并为其终极目标服务，由于酒店企业文化的形成与实践的主体是该酒店的员工，其中决策者的个人人格力量具有主导性的影响，不同的酒店其成长环境、市场定位、经济效益的发展阶段不同，所以不同的酒店企业文化都具有自己的独特个性。

2.无形和有形的统一

酒店企业文化所包含的各种精神、道德规范等因素，作为一种文化标志、文化氛围是看不见、摸不着的，无法量化的，是软性的，但当我们有意实施一些与这些核心价值观念和标准相抵触的策略或经营项目时，就会感受到酒店企业文化那实实在在的坚强力量。酒店企业文化被称之为"第二只无形的手"。

另外，酒店企业文化又通过酒店的员工、设施设备、产品等为载体，实实在在地为宾客所感知，如体贴入微的服务、风格各异的环境。因而，有形是对无形的识别，通过有形把握无形。

3.稳定和发展的统一

酒店企业文化一旦形成，就对酒店和员工的行为产生影响和约束，必须具有一定的稳定性，否则令人无所适从，也不利于酒店文化的深入、巩固。

但是随着时代的发展，时代的要求在发生变化，酒店作为一个开放性的企业，不可避免地受到社会观念的影响，所以酒店企业文化也应该按照时代的要求赋予新的内容，反映时代要求，体现时代精神，不断向前发展。

三、酒店企业文化的构成

酒店企业文化是由图3-24所示的几个方面构成的。

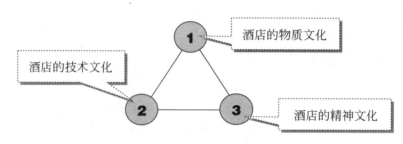

图3-24　酒店企业文化的构成

1.酒店的物质文化

酒店的物质文化是构成酒店企业文化的重要因素之一，它并不是简单地指酒店本身的物质构成，而是指酒店内外物质环境与产品的文化特色以及顾客对它们的审美体验与文化感受，是指酒店通过可视的一切客观实体所表达和折射出来的文化特点与内涵。它是酒店企业文化的最外层，是形成其他两个层面文化的条件。同时，它又受技术文化和精神文化的规范与制约。

酒店物质文化是酒店在社会上的外表形象，同时也是酒店文化结构中最活跃、最生动的层面，主要包括图3-25所示的内容。

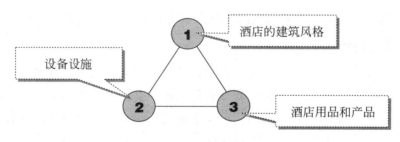

图3-25　酒店物质文化包含的内容

2.酒店的技术文化

酒店的技术文化由制度文化与服务文化组成。酒店制度文化主要体现在领导体制、酒店组织机构、规章制度三个方面。酒店服务文化是酒店所特有的文化，是指酒店员工在服务当中所表现出来的服务意识和服务观念。如图3-26所示。

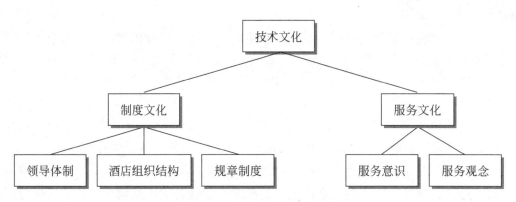

图3-26 酒店技术文化的组成

服务文化是无形的，它能赋予组织活力、产生凝聚力，是赋予组织鲜明个性的导向系统。酒店只有将经营理念与员工的行为融会贯通，员工在企业文化的熏陶下，将规范服务转化为一种习惯和本能，服务理念才能在员工的行为中得以提炼和升华，形成其独特的服务竞争力。

3.酒店的精神文化

企业精神文化是企业文化的核心层，在企业文化系统中起着中心作用，它主导并决定着技术文化和物质文化的变化和发展方向。企业精神文化是一股无形的力量，能对企业员工的精神面貌产生持久的作用，以此来促进企业物质文化和技术文化的发展。

酒店企业精神文化往往需要长时间的培养和塑造才能形成，主要包括图3-27所示的观念形态，在这些具体的观念形态中都隐含着企业的核心价值观。

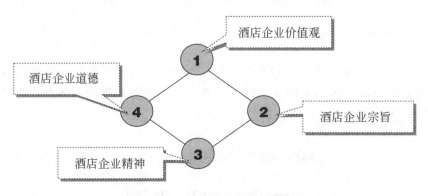

图3-27 精神文化包含的内容

（1）酒店企业价值观。所谓酒店企业价值观，是指酒店全体成员共同认可的价值标准和价值取向，它为酒店内部提供一种走向共同目标的指导性意识，也为酒店员工的通常行为规范提供方向性前提，因而它是一个酒店产生持久的向心力和凝聚力的精神源泉，是酒店精神、酒店道德的思想基础。

管理小妙招：

成功的酒店经常因为他们的员工对价值观的认同、信奉和实践，从而获得巨大的支撑力。

（2）酒店企业宗旨。所谓酒店企业宗旨，是指酒店领导和员工认识并尊重客观规律的结果，是酒店主观态度的反映，酒店企业宗旨阐明酒店应该怎么做、奉行什么原则、采用什么方法去实现酒店使命的要求，它是酒店精神文化的一个组成要素。

（3）酒店企业精神。酒店企业精神是酒店发展到一定阶段的产物，是逐步形成的员工信念、意志、风格、准则的综合体现，是推动酒店经营的团队精神，是酒店价值观念的综合体现，是酒店的精神支柱。企业精神可以概括成几个字、几句话，用标语、口号、企业歌曲等形式表达出来。

（4）酒店企业道德。它是调节酒店与社会、酒店与员工、员工与员工之间相互关系的基本准则。酒店企业道德的灵魂是"以人为本"，就是以顾客为本，以员工为本。

如某酒店的企业文化如下：

核心价值观——共同拼搏、共同努力、共同成就、共同分享。

企业宗旨——服务无缺陷，流程无缝隙，管理无漏洞。

企业道德——五心服务，顾客至尊。

企业精神——汇聚人文，追求卓越。

酒店的精神文化既是每一位职工又是全社会精神文明的重要组成部分，酒店以精神文化为核心，以物质和技术文化为配合，并结合酒店自身的特点，去指导酒店的全面经营管理工作，就形成各酒店互不相同、各具特色的酒店企业文化。

四、酒店物质文化的建设

酒店的物质文化最先被顾客所感知，在很短的时间内消费者可以从酒店的建筑、装饰、摆设等形成对酒店的初步印象，初步印象的好坏成了消费者选择酒店的第一关。酒店物质文化的塑造可从图3-28所示的几个途径来进行。

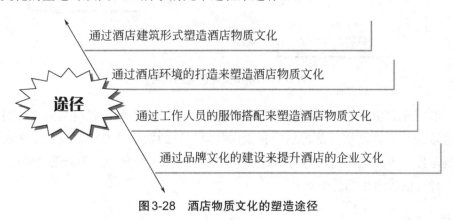

图3-28　酒店物质文化的塑造途径

1.通过酒店建筑形式塑造酒店物质文化

酒店建筑总是存在于一定的人文环境中，因此，有必要通过建筑形式让旅客感知形成它们的文化背景、历史传统、民族思想感情和人文风貌。这就要求酒店在最初设计时必须吃透本民族、本地方历史文化的传统精髓，理解时代精神，否则，一味照搬而无自己的特色，只能使人感到单调乏味。因此，酒店如需用建筑形式来表现文化内涵，就必须挑选最富特征的建筑符号来表现文化与传统，从而使酒店更富有历史文化的人文美，传递更为丰富的文化信息与内涵。

管理小妙招：

将酒店建筑形式与地方历史文化传统联系起来，这是一种更高层次的美学追求，它能给旅客在心灵上带来深沉的震撼。

2.通过酒店环境的打造来塑造酒店物质文化

酒店的环境对于顾客的影响是最为直接的，从酒店的环境氛围中顾客能够感受到其企业文化。因此，想要建设酒店的企业文化，首先应该从打造优雅环境开始做起，根据酒店自身的经营特色，选择合适的装修材料，在图案的设计方面也是应该重点考虑的，通过这些来营造一个优雅的酒店环境，这样顾客在进餐的同时心情愉悦，有利于酒店回头客的培养。

比如中国古典餐厅，根据传统的进餐心理，要求灯火辉煌、喜气洋洋，可通过中国宫灯和富有民族装饰风味的灯饰及中式家具、盆景陈设，结合室外中国式庭院景色，让顾客感受到浓郁的中国风味。在中餐厅中使用富有民族特色的竹器、瓷器及台布、菜单都可使宾客感受到餐厅浓郁的文化情调。客房可以通过客房内设施的选配、室内的装饰、色彩淡雅协调等充分体现出不同的文化组合和文化情趣。

3.通过工作人员的服饰搭配来塑造酒店物质文化

服饰本身就是一种文化，它伴随着历史文化的发展而演变。酒店员工的制服是酒店的一种标志物，是一种象征，它不仅能表现员工的精神气质，而且还可体现出酒店的文化内涵。

员工的制服必须依据酒店活动领域、岗位特征，设计出与酒店整体企业形象能融为一体的制服款式来。酒店在自己的特色餐饮区域，若选择与餐厅特色相应的服饰，则会对经营起到推波助澜的作用。

比如，让女服务员身着具有"东方女服之花"美誉的旗袍，可恰到好处地体现出中国饮宴文化特有的神韵，同时给客人一种雅致端庄、体态婀娜的美感和特殊的服饰文化享受。

如果说服饰的美观大方带给客人的是悦目的感觉，那么服饰所表达出的精神与文化内涵带给客人的则是一种悦心的感受。

4.通过品牌文化的建设来提升酒店的企业文化

品牌文化的竞争是最高层次的竞争，也是国际酒店业的发展趋势。酒店品牌是酒店的商标，是酒店品质的标志，也是酒店企业文化的体现。在市场经济条件下，品牌是酒店的立足之本，一个好的品牌能给酒店带来不可估量的财富，如酒店特许经营权的转让就是最好的例证。不仅如此，品牌也是酒店的招客之宝，国内一些著名的酒店以及一些外国酒店管理集团管理的酒店，如"香格里拉""假日""喜来登"等，其平均房价和客房利用率均在当地同类酒店中名列前茅，这不能不说是一种品牌效应。

在建设酒店的品牌文化时，必须抓好图3-29所示的四个要点。

要点一	必须注意品牌名称，这是酒店品牌的标记。酒店品牌的名称既可以是整体品牌，即整个酒店乃至整个集团的品牌，也可以是具体产品的品牌。酒店的品牌名称必须做到独特性、恰当性和可记性，并必须加强商标的注册和保护
要点二	必须注意稳定的质量，这是品牌的基础。酒店及服务要成为一种品牌，前提必须深受客人之喜爱，而要这样，稳定的质量则是基本条件。所以，酒店品牌建设必须从服务产品的设计、提供到评定、反馈建立一套科学严密的服务质量控制体系
要点三	必须注意鲜明的个性，即超凡脱俗、与众不同、独树一帜，这是品牌的生命。酒店的个性关键在于独特的酒店文化即酒店业务活动中的文化氛围和内涵，这主要体现在有形的物质文化和无形的精神文化两个方面
要点四	必须注意品牌的传播，这是树立品牌的必要途径。酒店必须通过各项活动和各种媒介努力宣传自己的酒店，以使酒店在客人中乃至整个社会产生极大的影响，如北京长城酒店的"总统答谢宴会"、北京香格里拉酒店的"名人新闻发布会"等 均是成功的示范

图3-29　建设酒店品牌文化的要点

五、酒店技术文化的建设

酒店技术文化包括酒店的制度文化及服务文化。

1.酒店制度文化建设

制度文化是连接物质文化与精神文化的中介体，既是精神文化的产物，又是物质文化的工具，既是适应物质文化的固定形式，又是塑造精神文化主要机制的载体。是企业在长期生产、经营和管理实践中生成和发展起来的，以提高企业经济效益为目的的，以企业规章制度为载体的文化现象，是企业精神在企业制度上的体现，并对企业文化的奠定、弘扬与变革提供有力的组织保证。它强调了企业管理工作的理性化、程序化与标准化。主要包括领导体制、组织机构、规章制度等。酒店制度文化建设的对策如图3-30所示。

对策一 ▶ 加强领导体制文化建设。企业领导体制是企业领导方式、领导结构、领导制度的总称。在企业制度文化中，领导体制影响着企业组织机构的设置，制约着管理的各个方面，所以企业领导体制是企业制度文化的核心内容

对策二 ▶ 促进企业组织机构文化建设。企业组织机构是指企业为了有效地实现企业目标而建立的企业内部组成部分及其关系。酒店企业应采用职能性组织，即将从事着相似的工作和具有相似技能的人分配到同一部门，员工们集中在一起从事特定的工作

对策三 ▶ 健全规章制度文化。酒店内制定的各类规章制度都是酒店文化最直接、有力的体现。在酒店众多的制度中，《员工手册》是酒店最典型的例子，它是每个酒店必备的根本大法与行动指南

图3-30 酒店制度文化建设的对策

2.酒店服务文化建设

酒店不同于一般的企业，其提供的主要产品就是酒店的服务，酒店服务的产品质量和产品的差异性直接影响着酒店的品牌形象及酒店是否可以在激烈的竞争中脱颖而出。酒店服务可以分为酒店服务的硬件设施，如客房用品、饭菜、仪表仪容、酒店的整体环境和设施运行状况等，这些都是酒店企业文化中物质层的体现。而酒店服务的软件，如服务的主动性，服务人员态度、语言、办事有效率、服务技能技巧等来源于酒店企业文化的技术层与精神层。

企业文化是提升酒店服务的有效手段，同时酒店服务质量的提升也可以促进酒店企业文化的建设，因此酒店企业文化的建设应将提升服务质量放在一个重要的位置上。酒店的服务对象为消费者，服务的目的是为了满足客人对酒店服务的欲望和期待，总的来说可采取图3-31所示的几个对策来完善酒店的服务文化。

对策一 ▶ 感情的交流促进服务文化的和谐

对策二 ▶ 打造有中国特色、有自身特色的酒店服务

对策三 ▶ 酒店竞争要立足于研究服务对象，树立针对顾客所需的市场意识，树立同业双赢意识

图3-31 酒店服务文化建设的对策

（1）感情的交流促进服务文化的和谐。中国传统文化的优势在于重视人与人之间的感情交流，将这种感情融入到服务当中去，可以收到事半功倍的效果。比如，服务员的拉门和上茶不是一个可有可无的动作，而是充分体现了中国人民的热情友好，宾客就是在这两个细微的动作中体会到了中华民族特有的深情厚谊。

以充满感情交流的"人"的服务来代替高度电子化、自动化的服务，这正是中国酒店文化的重要特征之一。

（2）打造有中国特色、有自身特色的酒店服务。所谓有中国特色的酒店服务文化，是在继承有特色的、优秀的华夏文化的基础上，吸收国际上先进的管理服务文化，将二者融入酒店服务建设中，进而形成的一种独特的服务文化。

（3）酒店竞争要立足于研究服务对象，树立针对顾客所需的市场意识，树立同业双赢意识。优胜劣汰，这是竞争的一个基本法则，而要达此目的，就必须立足于研究我们的服务对象——客人。研究客人，其实质就是研究客人的需求，真正做到把客人的需要作为酒店经营活动的出发点，把满足客人的需要、提高客人的满意程度作为酒店经营活动的宗旨，才能使客人流连忘返、乐于消费，使酒店企业生意兴隆、财源茂盛。

六、酒店精神文化的建设

酒店精神文化为酒店企业文化的核心内容，如何领会及利用酒店精神文化的精髓应成为酒店企业文化建设的重要环节。具体措施如图3-32所示。

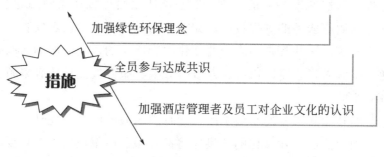

图3-32　酒店精神文化建设的措施

1.加强绿色环保理念

通过绿色环保和绿色服务来创建绿色酒店已经是当今酒店的一种时尚，更是一种必然趋势。所谓绿色酒店，是指运用环保健康理念，坚持绿色管理，倡导绿色消费，保护生态和合理使用资源的酒店。其核心是在为顾客提供符合环保、健康要求的绿色客房、绿色餐馆的基础上，在经营过程中减少对环境的污染，节能降耗，实现资源利用的最大化。

绿色环保是现代酒店精神文化建设的新理念，是酒店提升形象、塑造酒店企业文化的重要方法之一。

2.全员参与达成共识

酒店精神文化的培育不是酒店管理者的一己之事，它需要全体酒店成员的共同参与。只有精神文化的内涵被全体成员所理解、认同，才能真正形成一种精神文化的氛围，企业的经营理念、企业的精神、企业的道德才能落到实处。所以，全员参与并达成共识是企业精神文化建设的一个重要并行之有效的手段。

要做到全员参与，应满足图3-33所示的两个条件。

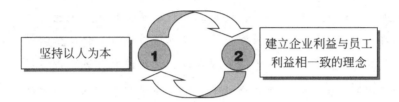

坚持以人为本

1　2

建立企业利益与员工利益相一致的理念

图3-33　全员参与达成共识的条件

◆ **管理小妙招：**

酒店要建立与员工利益相一致的理念，这样才会调动员工的积极性和主动性，使员工全身心地投入到工作中，这样才会培育出优秀的精神文化。

3.加强酒店管理者及员工对企业文化的认识

要解决酒店业人士对建设酒店文化的认识问题，应做到以下两点。

（1）要解决酒店管理者的认识问题。管理者必须首先自己接受本企业的文化，成为本企业价值观的忠实信徒。管理者认识越深、修养越高，对酒店文化的创建、传播、贯彻实施也就越好，只有保证了酒店领导者具备先进的文化管理观念，才能解决酒店员工的认识问题，进而达成共识。

（2）要使酒店企业文化得到广大员工的普遍认同。优秀的酒店企业文化最终要靠全体员工去体现、去执行，唯有获得员工的广泛认同，酒店企业文化才会具有持久的生命力。

在实际经营过程中，酒店由于自身文化建设滞后，使得一些优秀的管理人员或员工尽管工资待遇并不低，但最终还是跳槽离去，这样的例子并不少。酒店不妨推行家园式的管理，切实关心人、信任人、培养人，让员工感受到家庭的温暖，因为只有愉快的员工才能给客人创造真正的家外之家。

◆ **管理小妙招：**

酒店企业文化是酒店的无形价值，只有将这种无形的价值不断地建设完善，才能让其在实践中转化为实际价值，酒店管理人员应该从各个方面来提高酒店的企业文化，促进酒店的发展。

 **相关链接**

如何让企业文化服务于企业发展

1.以学为要，学以致用

企业的文化终究是人的文化，需要集众人的力量来培养和营造出优秀的企业文化氛围，通过加强对规范文化的学习，让员工知晓、领会和体悟企业文化。但只是存在于表面的学习培训还远远不够，只有让员工自觉地将规范文化的精髓融入到本职岗位上来，以规范的标准要求自我，才能实现规范文化建设的初衷和最终目标。因此，在企业文化建设初期的学习、引导和培训活动中，需要创新形式、丰富内容，采取员工们喜闻乐见的方式，寓教于乐，广泛学习。

2.软硬兼施，统筹进行

企业文化的建设是一项复杂的系统工程，仅仅在硬件上投入了往往会使得企业文化建设流于形式，静止在表面。因此，在开展规范文化建设过程中，我们还要在夯实和完善配套的硬件制度、设备、器材等的同时，注重规范文化的融入。

比如，在制作企业宣传标语牌时，不妨注入一些诸如温馨提示的话语，或是在制作宣传橱窗时，不妨设立一块员工学习园地，登载若干反映员工工作、生活的小散文或是诗歌等，营造出企业规范亦人性化的一面。这是企业文化发挥热量的一种表现，可以增强员工对于企业的归属感。

3.立足实际，放眼长远

规范文化建设与企业日常工作不是脱节的，而是紧密联系着的，因此，企业文化的建设要与企业的中心、重点工作结合起来，与工作开展实际结合起来。

比如企业管理体系的建设、岗位工作流程的修订与完善，这些工作实际上仍然是与我们推进规范文化建设同步的，体系建设的落脚点是规范工作流程，强化全员履职。同时，企业文化的建设还需要领导决策层"风物长宜放眼量"，在规范文化建设中做到"两手抓"，既抓大局也重细节，着眼企业的长远发展和前景，以深入推进企业文化建设作为增强企业核心竞争力的重要举措。

第四章
宾客服务精细化

导言

　　精细化服务是新形势下相对于传统型服务的一种更为专业化、系统化、全面化的新型服务。酒店应着手于"精细"并着重于"服务"，以提高顾客满意度和忠诚度为核心，提供个性化、人性化的高品质、创新式服务，从而树立良好的企业形象。

第一节　端正服务态度

　　服务态度是反映酒店服务质量的基础，优质的酒店服务是从优良的服务员服务态度开始的。客人到酒店接受服务，他所接触的服务人员的态度在很大程度上会影响他对整个酒店服务的印象，并成为他评价酒店服务质量的重要因素。

一、员工与客人的关系

　　酒店员工与客人之间，由于各自在社会与经济中的角色特征，存在着如图4-1所示的丰富的多元关系，这些关系也从不同的角度阐释了酒店对客人应当承担的责任。

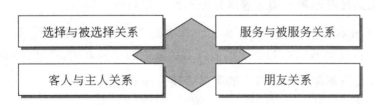

图4-1　员工与客人的多元关系

1.选择与被选择关系

　　现代酒店市场竞争非常激烈，对于客人来说，选择机会非常多。客人选择酒店都不是盲目随意的，而是有着自己的选择标准。

比如，酒店的地理位置适宜与否，酒店员工的服务态度如何，酒店所提供的服务有无特别之处等。

2.客人与主人关系

相对于客人来说，酒店就是主人，但酒店这个概念是非常抽象的，酒店的建筑物不可能被视为主人；酒店经营者、管理者虽然是酒店的法人代表、实际的投资者和最高的决策者，但在酒店服务中，他们一般并不直接出面，而只是负责一些重大事件的决策和处理工作。因此，在实际工作中客人便会把在酒店为他们提供服务的员工视为酒店的主人。

3.服务与被服务关系

客人到酒店所要购买的是酒店的服务，他不仅为得到这一服务对酒店进行了成本补偿，而且还为酒店利润的获得奠定了基础。酒店作为对客人回报的唯一途径就是为客人提供优质的服务。客人购买酒店的服务就是为了在酒店获得需求的满足，并且这种满足是高要求的。客人需要的是高素质、专业化、规范化的服务，而这种服务是通过酒店员工提供的，一般无需客人自己动手。这种服务是人与人的接触，客人在得到服务时要得到精神上的舒畅满足，通过服务感到自己是酒店最为重要、最受欢迎的客人。

4.朋友关系

客人入住酒店的过程中，酒店与客人双方通过相互间的理解与合作，经过一段时间的相处，很容易在彼此之间留下深刻的印象，结下友谊。客人不仅是酒店的消费者，也是酒店的朋友，酒店的新、老朋友多了，酒店的经营就有了非常坚实的基础。

二、服务客人的方程式

在酒店服务中，有几个简单的方程式能够帮助员工理解自己所处地位和对待客人态度的重要性。酒店员工应当认识到自己在酒店所扮演的角色，而不能简单地把自己当作一个普通的员工。

1.每个员工的良好形象 = 酒店整体良好形象，即 $1 = 100$

这一方程式所表示的是，酒店的任何一个员工都是酒店形象的代表，酒店员工对待客人的一言一行都代表着酒店的管理水平、酒店员工的整体素质、酒店的整体服务水平。

2.酒店整体良好形象 − 一个员工的恶劣表现，即 $100 − 1 = 0$

这一方程式的含义是酒店的服务形象是由一个个员工共同来决定的，即使其他员工表现出色，但只要其中任何一个员工表现恶劣都会使酒店形象受到严重的损害。

3.客人满意 = 各个服务员工表现的乘积

在这一方程式中，酒店员工表现出色、服务优质，其得分为100，表现恶劣、态度极差，得分则为零。酒店的形象并不是每个员工的表现简单相加的结果，而是一个乘积。

三、对待客人的意识

服务意识是指酒店全体员工在和一切与酒店利益相关的人或组织的交往中，所体现的为其提供热情、周到、主动服务的欲望和意识。换句话说，就是指我们平时在工作中所体现的态度。

1.客人就是上帝

客人就是上帝的含义是客人在酒店中享有至高无上的地位。时代在变，"上帝"的需求也在不断变化，"上帝"对酒店的左右力量也变得越来越强大。酒店只有在对"上帝"进行深入调查研究的基础上，深刻把握客人的需求规律，并辅之以独到的营销策略，才能吸引"上帝"，得到让"上帝"满意的机会。

2.客人永远是对的

在酒店服务中强调"客人永远是对的"，强调的是当客人对酒店的服务方式、服务内容发生误会或对酒店员工服务提出意见时，酒店员工首先站在客人的立场上看问题，从理解客人、尽量让客人满意的角度来解决问题。另外，强调客人总是对的，主要是指酒店员工处理问题的态度要委婉、富有艺术性。即使错误确实是在客人一方，或客人确实是对酒店员工的服务发生了误会时，酒店员工也应当通过巧妙的处理，使客人的自尊心得到维护，特别是有其他客人在场时则更要如此，不能让其他客人觉得某一位客人判断力有误或是非不明。当然，如果客人出现严重越轨或违法行为，那又另当别论。

 相关链接

酒店服务的"四到位"

酒店服务质量的好坏，不仅影响客人旅途情绪，而且事关酒店声誉和效益。服务质量如何，关键在于服务能否到位，能否化"有形"为"无形"，让客人在不知不觉中接受到优质的服务。服务到位涉及酒店服务的方方面面，同时也是多种因素的综合体。

1.态度到位

客人到酒店接受服务，他所接触的服务人员的态度在很大程度上会影响他对整个酒店服务的印象，并成为他评价酒店服务质量的重要因素。

（1）态度到位要求所有直接面对客人服务的人员，包括门童、行李员、前台接待人员、客房和餐饮服务人员等，服务时都必须重视客人、尊重客人，充分了解客人的心态和需求，想客人所想，帮客人所需。

（2）态度到位还强调服务时态度要诚恳，是一种自然心态的流露，同时其他员工在酒店内也不能漠视客人。

（3）当然讲到态度，不能不提到微笑，因为微笑是表现态度的一种重要的外在形式。现在我们很多酒店都在强调微笑服务，但实际上不少酒店员工服务中的微笑只是一种职业化的微笑，给客人的感觉是应付的多，发自内心的少，缺乏情感和亲和力。

（4）另外，态度到位也要求酒店服务用语要文明、礼貌，基本的要求是"请"字开头，"谢"字结尾。

2.技能到位

服务到位仅有态度还不够，还必须有技能技巧做保证，比如对外宾服务，就要求酒店员工有较高的外语水平。

技能技巧体现于酒店服务的各个方面和各个环节，不同岗位既有共性的要求，如沟通能力、协调能力、投诉处理能力、语言表达能力、预见能力、记住客人的能力等；也有个性的要求，如餐厅服务员的点菜能力、分菜能力、对食品营养的解释能力，客房服务员排除客房设备简单故障的能力、分析客人爱好的能力，前台服务员识别客人类型和察言观色的能力，安保人员的案情分析能力，商务服务人员的计算机技能等。有了这些能力，服务人员在服务时才能较好地满足客人对酒店所期望的基本要求和某些特殊的要求，从而使服务到位在实际工作当中得到有效落实。

3.效率到位

效率到位在很大程度上体现于服务人员对服务节奏的把握上。随着人们生活节奏的加快，酒店服务一样要强调速度快、高效率，以减少客人等待时间，提高客人满意度。

但服务节奏快慢也要根据客人的实际要求来进行调整，比如有一位客人在某酒店餐厅就餐时就对上菜太快深感不满，原因是那天他与久违的老朋友见面，希望餐厅慢点上菜，以便他有足够的时间和老朋友交谈、畅饮，但酒店却做不到，不到20分钟菜全上齐。因此，尽管该酒店餐饮服务效率很高，但却是服务不到位的表现。同样，如果两位情人正在默默对视时，即使他们酒杯里的酒所剩无几，服务员也要过会儿才能上去为他们服务，这就是一种对服务节奏的准确把握。

4.细节到位

高质量的酒店服务都非常关注细节，细节到位往往能给客人留下深刻的印象，为客人口口相传打下较好的基础。

比如宴会上，服务员了解到宾客中有位糖尿病患者，就主动地为他送上一碗无糖的芋头汤；确定客人中有人过生日时，就通知有关管理人员送来一个生日蛋糕，带上温馨的祝福；有客人肠胃不舒服时，服务员马上把一碗清淡的面条送至房间等，这些都是细节到位的表现。

但现在不少酒店在服务过程中对细节有所忽略，例如，当客人还在房间休息或办一些事情时，总是有服务员来敲门问房间是否需要打扫和整理，这给客人的感觉就不是很好，到位的服务就要求酒店应当尽量避免这种情况的出现。

第二节　注重服务细节

酒店属于典型的劳动密集型行业，酒店管理可以说是由大量细节组成的，细节构成了服务质量的基础。如果认识不到细节管理的重要性，在酒店经营上不仅会丢了"西瓜"，恐怕连"芝麻"也捡不到。

一、亲切迎接客人

客人经过长途旅行后抵达酒店，会显得又累又没耐心，因此，他们需要接待人员提供亲切、快速、有效的入住服务。

对酒店来说，客人与酒店人员面对面的第一次接触就是在客人抵达时。为了给客人良好的第一印象，接待人员必须具有良好的社交技巧，必须非常了解酒店内的住宿产品，对入住程序、处理客人的问题很熟练。除此之外，接待人员必须保持愉悦、真诚、热诚的态度，随时准备帮助客人，而服装仪容的整齐清洁、良好的沟通能力也是必需的。

图4-2所示的是与客人接触时应当注意的社交技巧。

技巧一	保持与客人眼神的接触。眼神的接触是很重要的，代表尊重与注意，眼神不要涣散或不集中。但很多亚洲国家，尤其是日本人，对于正面的眼神接触并不认为是有礼貌的
技巧二	与客人对话时要保持微笑。这代表一个温暖与正面的态度
技巧三	身体站直，不要倚着柜台或懒洋洋的样子。站姿非常重要，站直代表尊重与注意；倚在柜台上或懒洋洋的代表接待人员没有精神，透露出不愿被打扰的意思
技巧四	口齿清晰，语调愉悦。这样客人较易理解接待人员表达的意思，且客人会对接待人员留下深刻的印象
技巧五	保持服装仪容整洁，要注意个人与服装卫生。接待人员除了代表自身的形象外，还代表着酒店形象

图4-2　与客人接触的社交技巧

二、记住客人的名字

一位常住的加拿大客人从酒店外面回来，当他走到服务台时，还没有等他开口，前厅服务员就主动微笑地把钥匙递上，并轻声称呼他的名字，这位加拿大客人大为吃惊，由于酒店对他留有印象，使他产生一种强烈的亲切感，真正有宾至如归的感觉。

还有一位客人在服务台高峰时进店，前厅服务员突然准确地叫出："刘先生，服务台有您一个电话。"这位客人又惊又喜，感到自己受到了重视，受到了特殊的待遇，不禁增添了一分自豪感。

另外，有一位外国客人第一次前往住店，前厅接待员从登记卡上看到客人的名字，迅速称呼他表示欢迎，客人先是一惊，而后作客他乡的陌生感顿时消失，显得非常高兴。简单的词汇迅速缩短了彼此间的距离。

一位VIP（贵宾）和陪同人员来到前厅登记，服务人员通过接机人员的暗示，得知他的身份，马上称呼客人的名字，并递上打印好的登记卡请他签字，使客人感到自己受到重视，感到格外的开心。

学者马斯洛的需要层次理论认为，人们高层次的需求是得到社会的尊重。当自己的名字为他人所知晓就是对这种需求的一种很好的满足。

在酒店服务工作中，主动热情地称呼客人的名字是一种服务的艺术，也是一种艺术的服务。酒店服务人员应尽力记住客人的房号、姓名和特征，借助敏锐的观察力和良好的记忆力，作出细心周到的服务，为客人留下深刻的印象，使他在不同的场合会提起该酒店的服务，相当于做了酒店的义务宣传员。

国内许多著名的酒店规定：在为客人办理入住登记时至少要称呼客人名字三次。前厅服务人员要熟记VIP的名字，尽可能多地了解他们的资料，在到达酒店时能清晰准确地叫出他们的名字，是作为一名合格服务员最基本的条件。

💠 管理小妙招：

　　酒店可为所有住宿的客人建立历史档案记录，为客人提供超水准、高档次的优质服务，把每一位客人都看成是VIP，使客人真切感受到酒店热情周到的服务。

三、DND房作业有技巧

"DND"英文全拼为"DO NOT DISTURB"，意思为"请勿打扰"。通常情况，"请勿打扰"的房间，楼层服务员不能按正常程序清扫，防止打扰宾客。房间DND灯长期开启的原因有多种，通常是宾客按了DND灯后遗忘了取消，客房中心致电宾客后，宾客还是会要求清扫的，有时不及时清理，宾客甚至会投诉酒店。

1.DND房间的服务程序

DND房间的服务程序如下。

（1）楼层服务员在清洁房间时，见房门挂有"请勿打扰"牌或亮有"请勿打扰"灯时，在工作单上做好记录，暂不进行房间清洁。

（2）楼层服务员在14:30时再次关注该房，如已取消"请勿打扰"牌，按正常清扫房间程序进行清洁。

（3）如该房在14:30还有"请勿打扰"提示，应告知领班，由领班告知客房中心，客房中心可电话征求宾客清扫房间时间。

（4）客房中心在征求宾客意见后告知领班，领班根据宾客需要清扫房间的时间进行安排，如在17:00后领班做好相应记录，服务员也做好记录对下一班进行交接，客房中心做好记录对下一班次进行交接。

（5）该房如不接听电话，客房中心告知领班，由领班、服务员按进房程序进入房内，服务员可进房按清扫房间程序进行清洁。

早晨八点，班组例会结束后，客房服务员开始了一天的工作。他们从工作间推出了工作车，准备开始清扫客房卫生。

一名服务员看到608房间的门把手上挂着"请勿打扰"的牌子，就没有清扫，先去清扫其他的房间。608房间住的是一位日本女客人。

到了下午，服务员看到608房间的客人从房间走出来，关上门向电梯走去，服务员就推着工作车来到房间门口准备清扫，可是一看门把手上还挂着"请勿打扰"的牌子。怎么回事呢？明明是眼看着客人出去的。服务员心想：可能是客人出去时忘记了把"请勿打扰"牌摘下来。因为平时客人出去忘记摘牌的情况时常发生，客人回来一看房间的卫生还没搞，就问为什么没有打扫卫生，服务员还得马上去打扫。这回估计也是客人忘记把牌子摘下来了。反正也是自己的活儿，服务员敲了敲门，确认房间内没有客人，就用工作钥匙把门打开搞起了卫生。

过了一会儿，客人从外面回来，看到自己的房间被清扫过了，马上找到楼层领班发起了火儿。客人说："我的房间有人进来过，为什么？"领班说："对，是服务员进去为您清扫房间卫生。"客人手里拿着"请勿打扰"牌，举到领班面前："我不管服务员进来干什么，我先问你，这是什么？这是干什么用的？"领班说："对不起，服务员可能以为是您出去时忘记把牌子摘下来了。"客人说："你说的'以为'不是理由，我在房间门外挂上牌子的目的就是不让别人进去，是因为我的衣服和用品都摆在床上没有收拾起来，我私人的用品哪能让你们动呢。我的房间你们想进就进，客人在你们面前都没有隐私了，如果是这样，住在你们这里连安全都保证不了。"领班不断地向客人道歉，客人才渐渐平下气来。

上述案例中，服务员没有按照工作标准操作。客房的"请勿打扰"牌有两种作用，一是客人在房间，不希望服务员打扰；二是客人不在房间而不希望服务员进入。而案例中服务员的做法，正像客人所说的那样：客人在服务员面前都没有隐私了，连安全都保证不了。

2. 客房中心拨打DND房间电话的技巧

客房中心拨打DND房间电话需要非常讲究技巧，不是打一个电话就判断宾客不在房间或出事了。因为有时候打的时机不巧，宾客正好在洗澡时没听见，没接到第一个电话，或是宾客只是忘了取消DND指示灯，贸然进入客房会引起宾客的不满。通常进入DND房间前，客房中心应打三次电话，每次都要有一定的时间间隔。这样做的好处是，可以基本判断两种情况：其一，客房里没有人；其二，客房里的人可能出事了。这样做后楼层管理人员代表酒店上去查房也理直气壮，因为是为宾客的安全考虑。宾客若质问时可以说之前打过几次电话，在无人接听的情况下来查看是否有情况，这时宾客都会理解的。

3. 做夜床的注意事项

做夜床时如客人挂出"请勿打扰"牌，客房服务员需加以记录，于下班前（连同送回客衣）交晚班领班处理。

晚班领班每小时须去巡视一次，如牌取回则敲门入内送客衣并做夜床；如一直挂着"请勿打扰"牌，交接时请夜班领班特别注意该房间状况，并保持每小时巡视一遍，夜班领班下班时再交班给早班继续注意。

四、客人有过失时要维护其自尊

有一天某客人离开酒店时，把房间内的一块浴巾带走了，服务员发现后报告大堂副理小A。小A在大堂收银处找到这位客人，很自然地把他带到旁边一处不显眼的地方，并婉转地说："×先生，服务员在做房时发现您房间少了一条浴巾。"客人面色有些紧张，但为了维护面子，矢口否认拿走了浴巾。小A不予点破，给他一个台阶："请您回忆一下，是否有您的亲朋好友来过，顺便带走了？"（潜台词：如果您不好意思当众交出浴巾，可以找个借口，把浴巾买下）客人说："我住店期间根本就没有亲朋好友来拜访。"（言下之意，他不愿花50元买这东西）小A又给客人一个台阶："您回忆一下，是否把浴巾拿出浴室，用完后放在什么地方？"（弦外之音："您可以顺着这个意思回一下住房，拿出浴巾随便放在什么地方，说是浴巾没有少"）可是客人还是没有理解。小A干脆就给他一个明确的暗示："以前我们也曾发生过一些客人用过的浴巾不见了，但他们后来回忆起来是放在床上给毯子遮住了。您是否能上去看看，会不会也发生类似情况呢？"这下客人领会了，马上就提着提箱上楼。一会儿他下来了，见了小A便故做生气状："你们服务员太不仔细了，浴巾明明在沙发后面吗。"看来客人已经把浴巾拿出来了。小A很高兴，但很真诚地说了一句："欢迎您下次来还住我们酒店。"同时热情地和他握手道别。整个过程结束了，双方皆大欢喜。

对于有过失的客人，要小心地维护他们的自尊心，绝不能"战胜"他们。在上述案例中，小A给客人一个个台阶下，保住了客人的脸面，维护了酒店的利益，同时体现了委婉的说话艺术。在酒店服务中，服务员只有经过刻意追求和磨炼，才能把委婉言语表达到位。

五、以客人的视线来清洁客房

客人入住酒店，在客房内逗留的时间占整个酒店逗留时间的80%以上。为了让客人住得舒心，客房必须是舒适、清洁、安全和卫生的。

"站在客人的立场考虑问题"，这是所有服务工作的总则。它要求服务员能设身处地去想去做，有时也可以把自己设定为客人。对于清洁卧室和卫生间镜子的要求，就是要把镜子擦得非常光亮，没有一点污迹。可是那么大的镜子要擦得完美无缺是非常困难的，最大的盲点就出现在视线的差异上。服务员总是习惯从正面擦，一直擦到最后，尽管眼睛睁得像铜铃，眼珠的位置仍然停留在镜子的正面。

实际上，客人从侧面看镜子的机会很多，比如，客人开门进房，很容易看见的是卫生间门口的大衣镜和写字台前化妆镜的侧面。客人在卫生间坐在马桶上，放松地环视卫生间的四周，在这样的情况下，镜子上哪怕是小小的灰尘都很容易进入客人的视线里，因为从侧面看到的灰尘比想象中的要显眼得多。

同样，浴缸边沿高处的墙壁、天花板和浴帘靠浴缸的一面都是清扫的盲点。因为在做浴缸卫生时，服务员会集中精力注意浴缸内不要留下污垢、毛发等。可实际上，客人在淋浴时，可以不费劲地看到天花板、墙壁和浴帘。

管理小妙招：

客房清扫必须在短时间内高效率地完成，每做一间客房都须从客人的角度来观察是不太现实的，这就需要领班在查房时特别注意。领班查房不是沿着服务员的清扫路线重新摸一遍灰尘，而是注意一些细节的问题。

服务员在做卫生时不仅需要站着、蹲着，更需要跪在地板上。跪下来做卫生是为了确认针头线脑儿、玻璃碎片或头发等不容易发现的细小灰尘有没有藏在地毯中。若是站着从上往下看，就不会看得这么真切，不跪下来，不用自己的手摸一摸不会弄明白的。而且做完卫生站起来的时候，自己的裤腿几乎无灰尘才算是真本领。

总之对酒店来说，客房是酒店最重要的商品，服务员清洁房间不仅是打扫卫生，而且是制作新的商品。因而不能光靠操作程序来规范服务工作，更要以客人的视线，站在客人的角度来清洁客房，追求人性化的服务，因为客人追求服务质量的标准是无止境的。

六、整理房间不要乱动客人东西

8月6日晚服务员在清理518房间时，把所有的垃圾都收走了。晚22:02分王先生回房间后反映，他花费了好长时间才收藏的一个可口可乐瓶子被服务员当垃圾收走了。这引起了王先生的极度不满。酒店向客人道了歉，主管去垃圾站找回收藏品，并和总值班经理一同送到客人房间，而且再次向客人赔礼道歉，并做了升值服务，以消除顾客不满。

在对客人服务中不仅要讲究房间打扫干净，给客人创造一个整洁、干净的住宿环境，还要给客人以享受，这就包括心理上的享受。除了整理好房间之外，还要给客人营造一种家的感觉。这要靠服务员的用心，在工作过程中要注意客人的一切，包括喜好、习惯，比如说可乐瓶子，服务员知道518房间里多日来放着许多可乐瓶子，种类还不一样，在工作时就应该多注意一下这方面，多想想为什么会出现这种情况，若早就注意到这个特殊信息的话，就可以知道客人的爱好并多加注意了，更不会去扔掉客人辛辛苦苦攒的东西了。所以服务员在日常工作中还要注意留心客人的一切信息，掌握客人的信息，再加上好的服务理念，并配以及时、快速的行动，就可以很好地为客人提供个性化服务。

同时，服务员在清理房间过程中一定要谨慎，对于客人的东西不能乱动，该清理的要清理掉，遇到自己拿不准的应该及时请示主管或经理，不可擅作主张，以免引起客人不必要的误会和不快，同时也会使酒店工作处于被动。

七、客人迁出的查房要悄悄进行

西南某酒店。一位三十来岁的客人彭先生提着旅行包从607房间匆匆走出，走到楼层中间拐弯处服务台前，将房间钥匙放到服务台上，对值班服务员说："小姐，这把钥匙交给您，我这就下楼去前台结账。"却不料服务员小杨一边不冷不热地告诉他："先生，请您稍等，等查完您的房后再走。"一边即拨电话召唤同伴。彭先生顿时很尴尬，心里很不高兴，只得无可奈何地说："那就请便吧。"这时另一位服务员小罗从工作间出来，走到彭先生跟前，将他上下打量一番，又扫视一下那只旅行包，彭先生觉得受到了侮辱，气得脸色都变了，大声嚷道："你们太不尊重人了！"小罗也不搭理，拿了钥匙径直往607号房间走去。她打开房门，走进去不紧不慢地搜点：从床上用品到立柜内的衣架，从冰箱里的食品到盥洗室的毛巾，一一清查，还打开电视柜的电视机开关看看屏幕。然后她离房回到服务台前，对彭先生说："先生，您现在可以走了。"彭先生早就等得不耐烦了，听到了她放行的"关照"更觉恼火，待要发作或投诉，又想到要去赶火车只得作罢，带着一肚子怨气离开酒店。

服务员在客人离店前检查客房的设备、用品是否受损或遭窃，以保护酒店的财产安全，这本来是无可非议的，也是服务员应尽的职责。然而本例中服务员小杨、小罗的处理方法是错误的。在任何情况下都不能对客人说"不"，这是酒店服务员对待客人的一项基本准则。客人要离房去前台结账，这完全是正常的行为，服务员无权也没有理由限制客人算账，阻拦客人离去。随便阻拦客人，对客人投以不信任的目光，这是对客人的不礼貌，甚至是一种侮辱。正确的做法应该如下。

（1）楼层值台服务员应收下客人钥匙，让他下楼结账，并立即打电话通知前台：××号房间客人马上就要来结账。前厅服务员则应心领神会，与客人结账时有意稍稍拖延时间，或与客人多聊几句，如："先生，这几天下榻酒店感觉如何？欢迎您提出批评。""欢迎您下次光临！"或查电脑资料放慢节奏，如与旁边同事交谈几句，似乎在打听有关情况；或有电话主动接听，侃侃而谈等。

（2）客房服务员也应积极配合，提高工作效率，迅速清点客房设备、用品，重点检查易携带、供消费的用品，如浴巾、冰箱内的饮料、食品等，随即将结果告诉楼层服务台，值班服务员则应立即打电话转告楼下前台。

（3）前厅服务员得到楼上服务台"平安无事"的信息，即可与客人了结离店手续。

八、尽量避免延迟账的情况出现

客人有时使用服务或设备的费用没有及时入账，例如：餐饮中心的餐饮费账单可能在客人结账后才转到收银员。如果发生这种情况时，酒店很难向客人收取这类的款项。

为了减少这类费用带来的损失，收银员在结算客人账单时就应该了解是否有这类的费用要加入账单中。收银员可先询问客人是否有饮用冰箱内的饮料、是否有客房服务、是否有餐点费用等。

酒店意外停电，一位客人来退房，前台收银员小张帮这位客人退房，核对夜审打印的宾客余额表给客人进行手工结账，因宾客余额表是夜审在夜间过账后打印的，该客人的部分电话（一般在凌晨）计费无法统计。客人因为要赶飞机，很急。但考虑到要尽可能挽回酒店的损失，小张礼貌地向客人解释并请客人自诉估计打了多少个电话、通话时间多久。经客人自诉和通知总机核对，很快办理了退房手续，也没有误飞机时间……这事件客人是没有丝毫错的，如果等待恢复用电再给客人退房，客人除了等待、抱怨外，肯定会投诉，而且还会耽误客人赶飞机时间。下次，酒店有可能失去该位客人。

小张的做法一方面考虑到电话费用的问题，为酒店减少了损失；另一方面也为客人争取了时间。

但要发现这种来不及入账的费用并不容易，这种情况除了带给已经结账的客人不方便之外，也会额外增加收银员的工作。在很多酒店都有因为不及时入账的费用而减少收益的情况出现，尤其是冰箱里面被客人消费的饮料费用。为了避免这些情况在客人离店后发生，在客人离店前准确地了解其离店时间及与其他各部门进行联系核实就非常重要。

九、创造美好的最后印象

客人在入住时酒店服务人员必须给客人第一个好印象，相对的，在离开时也必须给客人留下一个完美的印象。因为如果前厅服务员在服务中不够亲切和真诚，会让客人感受到没被尊重或不受欢迎，如果客人有这样的感觉时，就不会再次入住这家酒店。下面就是如何留给客人最后一个好印象的方法。

（1）必须正确快速地处理账单，错误的账单会延迟客人退房时间，这样会导致客人觉得前厅效率低。

（2）前厅收银员必须经过严格的收银技巧训练，有纯熟的社交技巧，对退房程序非常熟悉，这样才能快速地帮助客人退房。收银员对工作要娴熟、快速且稳重，不要手忙脚乱，否则会让客人误以为不受欢迎。

（3）有时客人对他们账单里面的费用产生怀疑或者提出抱怨，收银员必须心平气和地为客人解答，使客人满意。客人如果抱怨，收银员应该耐心倾听；如果客人希望能减少账单内的金额时，收银员应婉转拒绝；如果情况比较严重，或已超出自己的权限范围，则请前厅经理给予协助。

某酒店前台。收银员小杨正在给1806房间的客人办理离店手续。

闲聊中，那位客人旁顾左右，将下手指上的一枚戒指偷偷塞到小杨手里，低声道："我下星期还要来长住一个时期，请多多关照。"

收银员小杨略一愣，旋即镇定自若地捏着戒指翻来覆去地玩赏一会儿，然后笑着对客人说道："先生，这枚戒指式样很新颖，好漂亮啊，谢谢您让我见识了这么个好东西，不过您可要藏好，丢了很难找到。"

随着轻轻的说话声，戒指自然而然地回到了客人手中。

客人显得略有尴尬。

小杨顺势转了话题："欢迎您光顾本酒店，先生如有什么需要我帮忙的，请尽管吩咐，您下次来本酒店，就是本店的长客，理应享受优惠，不必客气。"

客人正好下了台阶，忙不迭地说："谢谢啦，谢谢啦。"

客人转身上电梯回房。

第三节　实现智能服务

随着科技的发展、节能环保形势的严峻、客人的消费舒适度概念的提升、酒店管理意识的提高，酒店智能化已经成为日益热门的话题。酒店应不断提高自身的智能化水平，以便给客人带来科技及人性化的体验。

一、自助入住机的使用

酒店业的竞争十分激烈，酒店想要走得更远，就要让客人入住舒适，享受到更好的服务，而酒店自助入住机就能让入住更舒适。如图4-3所示。

图4-3　客人正在自助办理入住手续

1.自助入住机的特点

酒店自助入住机是一种无人值守、操作简单、查询方便快捷的人机交互设备，具有服务完整性、可视性、系统化和可维护性，是酒店自动化处理业务的有效保证。

2.自助入住机的优势

自助入住机使酒店入住智能化，客人通过显示屏上的功能模块提示进行操作，便可轻松地办理入住和退房等业务，无需像以往一样在服务区排队等待，除节省客人的时间外，更大大提高了服务的水平和效率。酒店使用自助入住机，具有图4-4所示的优势。

| 对酒店来说 | 酒店自助入住设备无需人员值守，完全可以代替工作人员为客人提供服务，这就减少了酒店的运营成本。集发卡、充值、读卡、打印、支付等功能于一体，让酒店自助入住机成为了众多酒店青睐的对象 |
| 对客人来说 | 站在客人的角度，排队等待办理开房无疑会影响入住的体验。酒店自助入住机就可以为客人提供更多的选择，自助入住为客人带来便捷的同时也给客人提供了更多的私人空间，在自助入住机上办理可以在线选择房型，进行快速入住，客人入住更舒适 |

图4-4　自助入住机的优势

3.自助入住机的功能

目前，市面上已出现不同公司研发的多款自助入住机，其外形稍有差异，但功能大抵相同，一般都具有图4-5所示的功能。

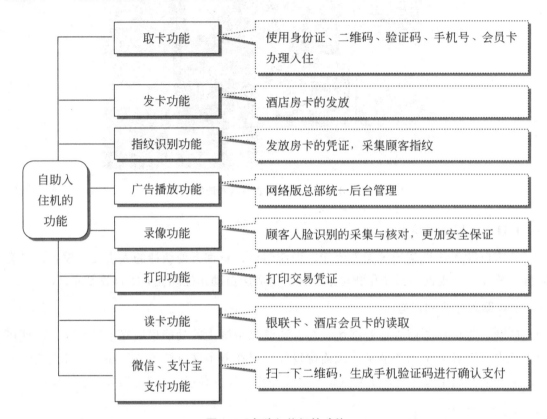

图4-5 自助入住机的功能

4.自助入住业务流程

客人办理自助入住时，需自己刷身份证、确认订单、添加入住人、支付、取房卡、取入住单。具体流程如图4-6所示。

二、人脸识别技术的应用

出于酒店公共安全方面的考虑，国内住宿接待场所无论大小都需要对旅客进行实名身份核验。然而现实情况下，大多数酒店在办理旅客入住手续时，仅仅是要求旅客出示身份证件，通过肉眼粗略辨别，根本无法保证持证人身份的准确性。不过随着人脸识别技术逐渐成熟，目前已有部分酒店开启了刷脸模式，借助人脸识别技术，提升酒店实名认证的效率及其准确性。如图4-7所示。

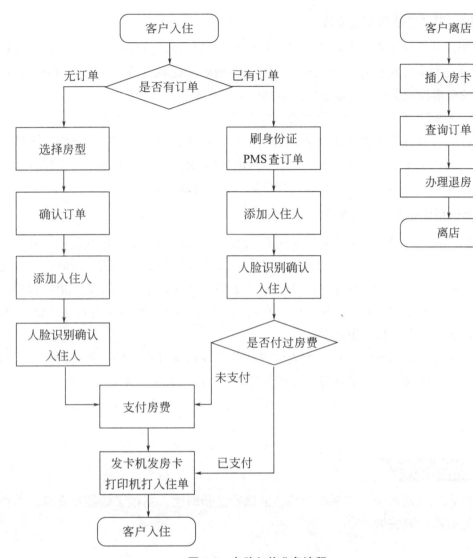

图4-6 自助入住业务流程

图4-7 酒店人脸识别

1. 人脸识别助力酒店安全管理

近年来，由于部分酒店在旅客身份核验环节的不严谨，致使冒用他人证件或者持假身份证件登记的事件频频发生，此类事件不仅对酒店其他客人的人身财产构成了潜在威胁，且在安全事件发生后，也给公安办案制造了追查障碍。

而酒店人脸识别系统，要求旅客必须实名实人实证，人证一致方可入住。用户在进行实名认证时，需在设备终端放置本人身份证件，系统摄像头将实时捕捉用户现场人脸图像，并将其传送至后台与用户身份证件上的照片比对，若使用非本人身份证件，系统则会出现相应的预警提示，协助酒店人员在第一时间发现安全隐患。

2. 人脸识别优化旅客入住体验

除了提升安全等级，酒店人脸识别系统的另一大功能自然是优化旅客入住体验。当前台工作人员进行肉眼比对时，目光不可避免地需要在旅客脸上停留一段时间，难免令人产生抵触心理。而人脸识别的非接触性、非强制性就显得整个验证流程更加自然，且系统验证的速度明显高于人工验证，整个登记流程行云流水，提升旅客入住体验的同时，又能提高酒店前台人员的工作效率。

在提供刷脸入住服务的酒店，客人仅仅需要完成扫描身份证件、上传面部照片和验证电话号码三个步骤，即可拿到房卡顺利入住，整个过程甚至不需要一分钟。

与传统人工办理需要在前台交证件、交押金、签单据等烦琐程序相比，"刷脸"的自助入住显而易见会更加便捷。

> **管理小妙招：**
>
> 人脸识别认证合一识别系统开启了酒店安全新时代，引领了验证新变革，为酒店安全把好第一道关卡。

三、智能机器人服务

一直以来酒店行业都存在着基层员工培训成本高、员工流动性大的问题。随着人工智能技术的发展，最先被应用到酒店行业中的就是一系列的机器人，可以代替人工为客户办理入住、接待、送餐等基本酒店服务。全国有部分酒店已经引入了机器人服务，但还没能达到全面普及的状态。

比如，苏州洲际酒店、徐州皇冠假日酒店、舟山威斯汀度假酒店、舟山喜来登绿城酒店、海口希尔顿酒店等选择就出奇的一致，他们都引入了同一款人工智能服务机器人，通过人工智能服务机器人为客人带来了不一样的体验，成功地吸引了客人的目光。在OTA的酒店评价中，引入机器人的酒店其评论的活跃性和评论分值都有很大的提高。如图4-8所示。

图4-8 客人评价截图

1.采用智能机器人服务的好处

从酒店的长远利益来说，采用智能商用服务机器人可谓一举四得，具体如图4-9所示。

好处一	帮助提高员工的满意度。人和机器人协作，能提高人的服务效率，减轻工作负担，将人从一些简单、重复、费时的工作中释放出来，做一些更有价值的事情
好处二	帮助提高用户满意度，提升客人对于酒店的忠诚度。全新的体验带给客人不一样的心理感受，机器人送物保护了客户的隐私，为酒店带来了独特的记忆点，加深了客户对酒店的印象
好处三	帮助节约人力成本。中国人口红利逐渐消失，人力成本不断升高，智能服务机器人能节约配送及物料成本，7×24小时不间断工作更是人无法比拟的，而且机器不用交五险一金，成本进一步降低
好处四	帮助提升品牌美誉度。各大引入了机器人的酒店的OTA评价就是实例

图4-9 采用智能机器人服务的好处

　　人工智能改变了传统的住宿体验及体验方式。从长远来看，其效率与体验度将愈加提高，客人在这种充满乐趣的互动中，获得了高科技带来的炫酷体验。同时人工智能的助力也将大大提高酒店运营的效率，并且和传统的互动方式相比，酒店能快速、准确、全面地了解用户的需求、喜好等大数据，并由此制定自己的产品与服务策略，提供更加个性化的服务。

2.智能机器人的功能

　　随着科技的不断发展，越来越多的智能机器人不断涌现。机器人的作用就是对客服务。目前，机器人还无法胜任太复杂的工作，但登记入住、退房、在吧台递送饮料、结账收银或看门这样简单的工作，机器人是绝对可以完成的。如图4-10所示。

图4-10　××酒店的智能机器人

酒店机器人为客房可以实现图4-11所示的功能。

功能一	酒店宣传推广，播放预制的酒店宣传资料
功能二	可以和客人互动聊天，播放网络歌曲、讲故事、听新闻、听百科、叫早服务、日程提醒等；具有强大的学习功能等
功能三	为客人递送所需物品
功能四	配合员工进行 mini 吧的补给

图4-11　客房机器人的功能

酒店机器人可以在楼层实现图4-12所示的功能。

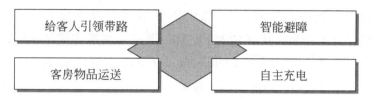

图4-12 楼层机器人的功能

 相关链接

机器人服务彰显魅力

如今,机器人已成为人工智能的代言人。希尔顿在2016年和IBM Watson合作测试了机器人前台;喜达屋旗下的Aloft品牌已开始用机器人Botlr为客房递东西;洲际旗下的皇冠假日酒店也有类似功能的机器人,海航酒店集团旗下有7家酒店开始使用智能机器人开展服务,而且这位智能机器人的服务更加全面,它可以为客人房间运送物品,如浴巾、吹风机、儿童用品、客房用餐等。机器人可以和客人简单聊天、日常问好、讨论天气,引领有需要的客人前往公共区域卫生间、会议室、健身房等场所。此外,机器人还能顺路插播一下酒店的各种活动和促销。人工智能将通过最精准的运算能力和平台优势,帮助酒店实现精准决策、精准服务、精准营销、精准管理,将成为传统收益管理的核心技术支撑或者重新谱写收益管理的方法论。

酒店行业人员流失率高,培训成本也高,人工智能在酒店行业应用是必然趋势。中国目前有200多家酒店在使用机器人服务,已经超越世界上任何一个国家的应用数量。随着服务型机器人和人工智能技术的不断突破与应用,酒店行业作为服务业劳动力较密集的代表领域,将成为服务型机器人进军的重点行业。现阶段服务型机器人进入酒店主要是为酒店增添亮点,为客人带来新鲜的体验感。

服务型机器人目前能够应用在酒店领域的主要包括迎宾引导机器人、自助入住机器人、客房情感机器人、自主运送物品机器人、安防巡更机器人、商品售卖机器人、自助行李存取机器人、餐厅服务机器人等十余个工作岗位的机器人。每款机器人都有着独特的工作技能来胜任不同的工作岗位需求。

在线旅游企业也在推进人工智能与酒店业的结合。2017年8月,携程宣布其客服机器人能在平均一秒到两秒时间内回复消费者提出来的关于酒店预订等方面的"入门问题",已累计服务超过1亿人次。人工客服也从重复性咨询等解放出来,进而能够为消费者提供更加高质量的服务。

四、VR/AR 技术的应用

虚拟现实技术（Virtual Reality，简称 VR）是 20 世纪发展起来的一项全新的实用技术，囊括计算机、电子信息、仿真技术于一体，其基本实现方式是计算机模拟虚拟环境从而给人以环境沉浸感。增强现实（Augmented Reality，简称 AR）是一种实时地计算摄影机影像的位置及角度并加上相应图像的技术。

随着 VR/VR 技术的飞速发展，它改变了人们生活的方方面面，不仅在游戏、娱乐、媒体等领域增加了这些技术带给人们的体验，而且现在也渗透到人们的衣食住行中。酒店业也不例外。

1.预定更高效，选择更直接

传统酒店网站制作简单，仅提供一些酒店外观或客房图片，缺乏宾客想了解的更深入的酒店详细信息，如房间设施、房间大小、服务标准、酒店服务设施等；另外，酒店网站仅支持浏览功能，缺乏与客户互动的平台和渠道，客户无法通过网站相关信息进行高效的选择。

但是借助 VR/AR 技术，客户可以通过网络仿真体验酒店给客人提供的酒店内部以及客房服务设施的三维实景信息，让客人能提前了解酒店的室内外分布，更有室内实景 AR/VR 效果展示，实现全景看房功能，不仅能让用户身临其境地了解室内设施，直观了解酒店房间内的各个细节情况，还能一键切换四季昼夜场景，看到客房内光照效果的同时也能欣赏到客房外昼夜景观和场景，进而满足客人对光照要求、观景角度、无烟层等各种个性化需求，更直接地选择心仪的楼层和房间，让选择的过程也变成一种享受。

2.VR 巧妙植入客房，服务更多元

客房是酒店收益的核心，将 AR/VR 产品与客房相结合形成特色 AR/VR 客房，既能满足客人服务需求，又能实现差异化经营，还可以提高酒店收益，一举多得。

（1）酒店可以根据客人身份、喜好结合 AR/VR 调节客房风格，如卡通可爱、星空房顶、虚拟海底世界等。

（2）酒店还可以根据客人基本信息及需求，在客房内设置一个 VR 客服，VR 客服是通过网络和仿真技术数字模拟的人物，可随时面对面解答客人的疑惑及入住过程的所有问题。

（3）房间内还可配备 VR 动感影院、VR 游戏设备以及 VR 景区预览服务。

独有的全沉浸式空间定位"虚拟现实"让客人可以在逼真的虚拟空间内自由行走交互，在客房内即可享受到有趣的数字化娱乐时光。

3.打造 VR 活动场景，会议宴会承办更到位

酒店会议和宴会活动是酒店服务的重要模块，将 AR/VR 技术与场景相结合打造 AR/VR 酒店会议室、宴会厅，可以自由调解切换会议、宴会的风格以及分割会场，适应不同

活动对场地的需求，为客户提供更多的选择。这样可以为酒店节省成本，丰富服务内容，提升酒店消费档次。

（1）会议设施采用AR/VR技术，洽谈双方可以实现三维立体式全息投影方式的跨空间会谈，结合立体声和立体显示技术、环境建模技术，打造专业"一站式"VR会议及宴会服务。

（2）在举办婚宴或是大型会议时，酒店可以利用AR/VR全景拍摄技术记录下婚宴或会议现场。

◆ 管理小妙招：

将活动素材存储到AR/VR里面，让酒店的销售人员随时带在身边，向客户展示时，可以充分营造出现场体验感。

4.员工培训更具实效，让服务质量再升一级

AR/VR被用于员工培训已经不是第一次了，酒店培训管理是酒店人力资源管理的重要组成部分，酒店培训管理水平对酒店经营有着重大影响，因此培训问题在酒店管理中不可忽视，传统的培训系统需要很多的空间和资金，通过AR/VR进行培训可以更加高效并降低成本。

（1）用于客房部员工培训。酒店客房的一致性和客房清洁是客房服务的首要任务，细节决定成败，小小的细节问题对于酒店员工而言其实是极大的考验。利用AR/VR技术可以模拟出一个较为"混乱"的环境测试学员们的能力，以识别出哪些地方不合格，哪些东西的位置不正确，以及锻炼他们整理客房的速度，这都是VR可以做到的。

（2）用于餐饮部员工培训。对于一个餐厅员工而言，最担心的场面无非就是在客流量大时的手忙脚乱。AR/VR设备可以通过模拟餐厅用餐时的繁忙场景来帮助培训服务员。培训任务可以包括服务不同类型的虚拟客户，在（虚拟）繁忙的餐馆里解决多个任务，同时设置出一些紧急状况去测试员工面对突发情况的能力。

（3）用于礼宾部员工培训。礼宾部面对的最头疼的问题应该是面对国际客人时候的语言问题，因此语言学习成为礼宾部培训的主要内容，语言学习主要在于多听多说，结合VR模拟出不同的语言情境直接创造对话，从而更好锻炼员工的口语交际能力。

5.会员维护更"新鲜"，服务更全面

在酒店服务这个核心任务中，会员和协议客户服务是核心中的核心，部分酒店每年都要投入大量的资金和人力对酒店的会员进行持续性的维护，这期间可能要花费不少的人力物力，而将VR应用于会员和协议客户的回馈服务及酒店特色服务，如VR活动直播，将极大提高与客户的互动性。AR/VR引入会员服务，一方面投入相对较低，另一方面体验性强，可以给会员带来别开生面的体验，从而在一定程度上能够提高会员的黏度

和忠诚度。

管理小妙招：

　　长久以来没有新意的服务体验很容易给客人带来审美疲劳，相信AR/VR所特有的崭新特性会给会员维护注入新鲜的血液。

第四节　提供增值服务

　　在同质化竞争日益激烈的今天，如果自己的酒店与其他酒店提供的服务和产品一模一样，毫无新意，怎么能获得客人认可呢？更别提为酒店在外面讲好话，为酒店带来更多客户了。因此，"增值服务"成为了酒店突破同质化竞争的必然道路。

一、提供增值服务的原则

　　酒店的增值服务是以优良的设施设备、舒适的消费环境和优良服务产品为依托，在使用价值方面以满足客人的物质和心理需求为目标，以提供客人规范化服务为前提条件，是在酒店服务过程程序化、服务行为规范化、服务管理制度化、服务结果标准化的基础上给客人创造的一种意料之外的惊喜和体验。因此，酒店应把握增值服务要适度的原则。具体如图4-13所示。

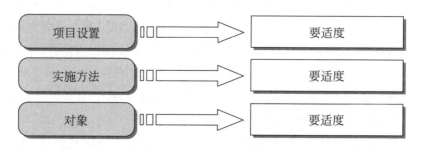

图4-13　提供增值服务的原则

1.项目设置要适度

　　酒店是社会经济的一部分，酒店要满足客人需求，提升客人满意度，在实施增值服务时就不能违反社会精神文明，提供一些赌博、色情、伤风败俗的服务项目，否则就会影响酒店声誉，增值服务也就失去了方向。

2.实施方法要适度

　　增值服务项目必然要与酒店等级规格相适应，而且要做到数量合理，以满足客人的多层面需求为目标，但不能为了少数客人的偶尔冲动盲目过多地浪费，更不能以破坏生态环境为代价。

3.对象要适度

增值服务的目的是提升客人满意度，酒店提供的增值服务可以是其他酒店所没有的，也可以是超出客人意料之外的，或是与众不同的服务，但酒店提供的服务不能有失客人的身份或者违背客人意愿，而应凸显和提升客人的身份和地位。因此，针对不同客人应提供不同的增值服务项目，使增值服务更具有针对性，更能提升客人满意度。

 **相关链接**

酒店常见的增值服务项目

（1）酒店提供免费WiFi。现在外出住酒店的没有几个人敢说自己能百分之百脱离手机的，如此一来，流量告急的时候，WiFi就成了必需品。

（2）分清VIP客户的接待

① 给予入住套房或豪华间的客人提供水果或其他增值服务。

② 给予夜间入住的客人增设开夜床服务。

③ 客人入住时也可以在不影响客人的前提下为客人烧壶热开水，沏杯茶。

④ 夏天或冬天客人入住前五分钟为客人打开冷热空调。

⑤ 接到协议单位的订房，要提前准备好房卡，并询问订房人入住人是否是VIP，是否需要摆放鲜花或水果，这些费用可以让订房人另外支付。如果客人自带水果，要帮忙清洗好或切好，尽可能不提供刀具给客人。要把握好准备水果的时间，防止水果变色或腐烂。如果有特别重要的客户入住，还可以随同订房人一起在酒店大门口迎接，安排专用电梯，直至送入客房。

（3）政府行为的公务人员也可以按第二条标准接待。但要注意保卫工作。

（4）明星或名人下榻宾馆，在征得经纪人同意的情况可以提前制作欢迎条幅或×架，尽量征得合影机会，造了势的同时也可以为酒店提高知名度并利于酒店推广。

（5）酒店大门口有电子屏的也可以利用起来，为欢迎客人造势。

（6）下雨天为客人打伞送至车上或接到酒店，客人在店时醉酒，搀扶客人，提供热毛巾或温开水、醒酒茶等。

（7）特殊客人群体要特殊照顾，老弱病残孕一般都会有家人或专人陪伴，我们积极协助陪伴人即可，比如帮忙按电梯等。

（8）当客人租用酒店客房作为婚房时，需对客房进行简单的房间布置，如加些喜庆的气球、玫瑰花、大红喜字，换上红色的床单、枕套，房间的灯光也可以适当更换成彩灯。

（9）生日当天的客人入住酒店时，可适当进行房费打折或赠送水果、蛋糕，让客人感觉到惊喜和酒店的用心，建议一般由店长或者经理亲自送到客房，这样不仅拉近了与客人的距离，也让客人感受到自己受到重视，这种增值服务俨然会成为今后与客人转换成为朋友的砝码。

（10）长住房客人，也称之为月租房或包月房，这种客人是酒店最稳定的客户。对待这类客人，一方面要让客人有回家的感觉，如摆放饮水机，有晾晒衣物的场所，有指定的停车位。酒店如果有闲置的套房，也可以适当为客人免费升级，让客人享受酒店优质服务和体现尊贵身份。

（11）常住房客人也就是酒店的常客，大多数都是会员客，这些客人经常下榻酒店，酒店前台要清楚地认识客人，客人来的时候，亲切地跟客人打称呼：×先生，您来啦！也要大致了解这些常客消费的习惯，安排他喜欢的房型，有些客人喜欢住不同的房间，也有客人喜欢固定的房间，因人而异。前台要学会登记常客的个人习惯：有无早起或晚睡的习惯，有没有睡到下午才离店，不喜欢早上被服务员敲门等习惯。有些客人不喜欢使用酒店一次性的洗漱用品，买一瓶一次用不完，随身携带又不方便，酒店可以帮常住客人代保管其洗漱用品，就像酒吧存酒一样。

（12）如有团队入住，会务房是整个团队的根本，拿多少房或最后的买单结账都是由这间房的主人掌握。所以，能否完成一次完美的团队接待，对待会务房显得尤为重要。建议为这类房间提供免费升级，派送一份水果或赠送几张折扣抵金券（限下次入住使用）等增值服务。会务人员有时候没有时间吃饭，可以适当地赠送会务人员一个员工餐，成本不高，但是可以让会务人员享受到酒店的这份真心实意。

（13）OTA或前台散客入住时尽可能询问客人喜好，如房号数字有无忌讳、对朝向有无要求，虽然不能全部满足每一位客人的要求，但是你抢在客人提问前询问，就占据了主动服务意识的优势，接下来也可询问是否要叫醒或叫出租车等增值服务。

二、增值服务的好处

在成本增加和利润下降的双重压力下，盲目地打价格战显然已不是企业的明智之举，所以寻找新的营销策略成为企业新的发展之路。在这种情况下，酒店可以采用以较低的成本向客人提供大量增值服务的策略，使客人获得超值的认同价值，以此抵御来自竞争者的价格压力。与此同时，客人在享受增值服务时加强了对酒店的认同感和归属感，从而提高了品牌忠诚度，更加有利于酒店的长期生存和发展。提供增值服务的好处体现在

图4-14所示的几个方面。

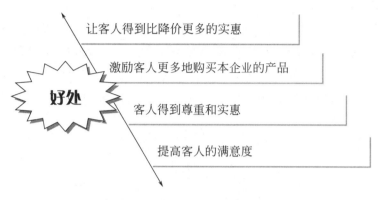

图4-14 提供增值服务的好处

1. 让客人得到比降价更多的实惠

客人享受酒店提供的增值服务是免费的，与之相反，客人如果在市场购买同样的服务则需要付费，因此，客人在享受酒店提供的一次增值服务时，实际上获得了他所认同的该次服务的等同价值。由于服务的多样性、长期性和连续性，客人在单位时间内（一年、一个月或一周）可以多次享受各种类型的服务，得到一个累计价值，这个累计价值的数值完全有可能大于降价给客人节省的支出。

2. 激励客人更多地购买本企业的产品

"客人增值服务"存在多样性和差异性，高端客人（消费额更高的客人或经常入住本酒店的客人）可以比低端客人享受更多的或者更高层次的增值服务项目，因而激励客人在消费同类产品时，尽可能选择入住本酒店。

3. 客人得到尊重和实惠

客人享受酒店提供的增值服务，得到消费折扣、贵宾待遇或参加各种活动，不仅仅得到经济上的实惠，同时也得到了"面子"和更多的社交机会，即获得了更多的尊重和社会认可，进而对酒店产生认同感和归属感，因而强化了对于酒店的品牌忠诚度。

4. 提高客人的满意度

随着我国市场经济的发展壮大，酒店之间的竞争变得越来越激烈，无差异化的服务已经不能有效地吸引客人。增值服务的选择是以更好地为客人提供服务需要为中心，以便为客人带来经济上的实惠和社会地位的满足感。这非常有利于培养客人的满意度，同时也能够吸引更多的新的客人来选择我们的服务。

三、增值服务策略

对于酒店都在提供的"延迟退房、睡前牛奶"服务，已然成为了当下酒店的标配，客户对于这些赠送，基本没有感觉。如果酒店提供的增值服务是"锦上添花"，那么这个服务就不会获得客户的认可，要做到让客人尖叫的增值服务，就必须要做"雪中送炭"的增值服务。

比如，客人入住时，前台人员发现客人感冒了，为客人送上一杯可乐姜丝，这叫"雪中送炭"的增值服务；为客人提供延迟退房服务，这叫作"锦上添花"服务。

那么，酒店要如何做到"雪中送炭"的服务呢？具体策略如图4-15所示。

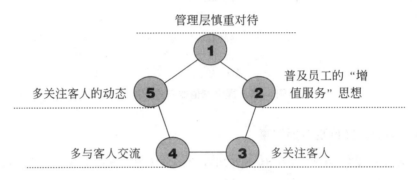

图4-15　完善增值服务的策略

1.管理层慎重对待

作为酒店管理人员，不仅要去引导前台员工为客人提供增值服务，还应将"个性化服务"或"增值服务"作为酒店长期的政策，时刻提醒基层员工，为客人提供极致周到的服务。

2.普及员工的"增值服务"思想

一是要在会议上多强调，在一个月召开一次的员工大会上，总经理要强调酒店为客人提供极致周到服务的理念，前台领班或是主管要在交班会上对员工进行思想的洗涤，让大家思想统一，有这个心思。

二是要重奖那些做出了"让客人尖叫"服务的基层员工，让其他所有员工都看到，只要提供足够好的服务，是可以受到重大奖励的。

3.多关注客人

当客人到前台时，注意客人3个方面的情况。

（1）注意客人本身的情况，比如面容、身体等方面是否有异样。

（2）注意客人的言行，从客人的言行中判断，是否有可以为客人做的事情。

（3）从客人随行人员和物品来判断，看他的朋友情况、他带的行李情况，是否有可以为客人提供的极致周到服务。

4.多与客人交流

当发现客人有需求时，委婉地多问客人一句话。

比如，发现商务客人背着笔记本电脑包，可以顺便问下是否需要送网线给您，并告知商务中心有打印服务，这些细小的动作，都能够让客人倍感舒适。

在与客人的沟通交流中，可以发现更多的客人需求，从而为客人提供"雪中送炭"的服务。

5.多关注客人的动态

如果你与客人是微信好友，可以看到他的朋友圈，这样你可以多关注客人的日常动态，关注到客人某个点时，就可以为客人提供"雪中送炭"的服务了。

◆ 管理小妙招：

"雪中送炭"式的极致服务不能强求，不要刻意去为客人提供这样的服务，那样显得做作。提供此类服务需要看时机，不是每天都可以提供，有可能几个月才能够提供一次。但这一次的服务，有可能就此感动客人，他从此就会成为酒店的忠诚客户，永远在酒店消费。

第五节　处理客人投诉

客人对服务的需求是多种多样、千差万别的，不管酒店的档次有多高、设备设施有多么先进完善，都不可能百分之百的使客人满意。因此，客人的投诉是不可能完全避免的。但关键是酒店要善于把投诉的消极面转化成积极面，通过处理投诉来促使自己不断提高服务质量，以防止投诉的再次发生。

一、处理投诉的意义

酒店投诉是指酒店顾客在使用酒店设施设备及享受酒店服务过程中或过程后对酒店的出品不满意而向有关人员诉说、抱怨。对于酒店来说，应积极地处理客人投诉。

1.从管理角度来看

顾客投诉是对酒店所提供的产品和服务的信息反馈，是对酒店设施设备、服务质量的变相检测，可引起酒店有关人士的注意，有利于酒店当局及时有针对性地改善经营管理，填漏补缺；有利于员工吸取经验教训，提高服务技能，从而增强企业竞争力。

2.从营销角度来看

从营销角度来看，客人投诉表明其在意酒店，在酒店的消费是有意识的。妥善处理好投诉，可改善顾客与酒店的长期关系，使顾客成为酒店的好顾客、常客；处理不好，则失去的不仅是该位客人或该几位客人，还有可能是他们身后的亲友、同事、上下级等潜在顾客。因为坏的口头宣传一般比好的口头宣传传得快、传得远。美国有关调查表明，吸引新顾客所花成本是保持老顾客所花成本的5倍。

所以，许多酒店都很重视客人投诉。可以说，星级、档次越高越重视客人投诉。

二、客人投诉的类型

客人投诉往往是因为酒店工作上的过失，或酒店与客人双方的误解，或不可抗力以及某些客人的别有用心等因素造成的。就客人投诉内容的不同，可分为以下几种。

1.对酒店工作人员态度的投诉

对服务员服务态度优劣的甄别评定，虽然具有不同消费经验、不同个性、不同心境的客人对服务态度的敏感度不同，但评价标准不会有太大差异。尊重需要强烈的客人往往以服务态度欠佳作为投诉内容，具体表现如图4-16所示。

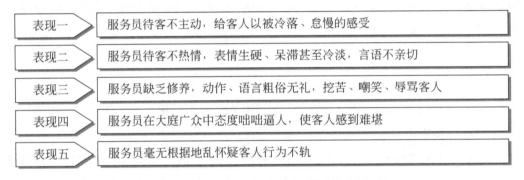

表现一	服务员待客不主动，给客人以被冷落、怠慢的感受
表现二	服务员待客不热情，表情生硬、呆滞甚至冷淡，言语不亲切
表现三	服务员缺乏修养，动作、语言粗俗无礼，挖苦、嘲笑、辱骂客人
表现四	服务员在大庭广众中态度咄咄逼人，使客人感到难堪
表现五	服务员毫无根据地乱怀疑客人行为不轨

图4-16 由工作人员服务态度引起的投诉表现

2.对酒店某项服务效率低下的投诉

这类投诉往往是针对具体的事件而言的。

比如，餐厅上菜、结账速度太慢；前台入住登记手续烦琐，客人等候时间太长；传真送达迟，耽误客人大事等。

在这方面进行投诉的客人有的是急性子，有的是要事在身，有的确因酒店服务效率低而蒙受经济损失，有的因心境不佳而借题发挥。

3.对酒店设施设备的投诉

因酒店设施设备使用不正常、不配套，服务项目不完善而让客人感觉不便，也是客人投诉的主要内容。

比如，客房空调控制、排水系统失灵，会议室未能配备所需的设备等。

4.对服务方法欠妥的投诉

因服务方法欠妥而对客人造成伤害，或使客人蒙受损失。

比如，夜间大堂地面打蜡时不设护栏或标志，以致客人摔倒；客人延期住宿前台催交房费时，客人理解为服务员暗指他意在逃账；因与客人意外碰撞而烫伤客人等。

5.对酒店违规行为的投诉

当客人发现酒店曾经作出的承诺未能兑现，或货不对板时，会产生被欺骗、被愚弄、不公平的愤怒心情。

比如，酒店未实现给予优惠的承诺，某项酒店接受的委托代办服务未能按要求完成或过时不复等。

6.对商品质量的投诉

酒店出售的商品主要表现为客房和食品。客房有异味，寝具、食具、食品不洁，食品未熟、变质，怀疑酒水为假冒伪劣品等，均可能引起投诉。

7.其他

服务员行为不检；违反有关规定（如向客人索要小费）；损坏、遗失客人物品；服务员不熟悉业务，一问三不知；客人对价格有争议；对周围环境、治安保卫工作不满意；对管理人员的投诉处理有异议等。

三、客人投诉的原因

就投诉的原因而言，既有酒店方面的原因，也有客人方面的原因。

1.酒店方面的原因

因酒店自身原因引起的投诉主要表现如图4-17所示。

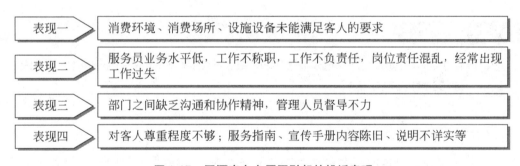

表现一	消费环境、消费场所、设施设备未能满足客人的要求
表现二	服务员业务水平低，工作不称职，工作不负责任，岗位责任混乱，经常出现工作过失
表现三	部门之间缺乏沟通和协作精神，管理人员督导不力
表现四	对客人尊重程度不够；服务指南、宣传手册内容陈旧、说明不详实等

图4-17　因酒店自身原因引起的投诉表现

2.客人方面的原因

客人方面的原因表现为对酒店的期望要求较高，一旦现实与期望相差太远时，会产生失望感；对酒店宣传内容的理解与酒店有分歧；个别客人对酒店工作过于挑剔等。

四、处理投诉的原则

对于客人的投诉，酒店在处理时应遵循图4-18所示的原则。

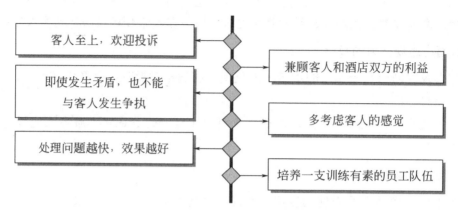

图 4-18　处理投诉的原则

1.客人至上，欢迎投诉

即坚持"客人至上"的服务宗旨，对客人投诉持欢迎态度，不与客人争吵，不为自己辩护。

接待投诉客人、受理投诉、处理投诉这本身就是酒店的服务项目之一。代表酒店受理投诉的工作人员应真诚地听取客人的意见，表现出愿为客人排忧解难的诚意，对失望痛心者应好言安慰、深表同情；对脾气火暴者豁达礼让、理解为怀，争取圆满解决问题，这本身就是酒店正常服务质量的展现。如果说投诉客人都希望获得补偿的话，那么在投诉过程中酒店若能以最佳的服务态度对待客人，这对通情达理的客人来说，也算得上是某种程度的补偿。

> **管理小妙招：**
>
> 处理投诉时，管理人员要特别注意控制自己的面部表情、言语和动作，以免引起误会，使投诉处理陷于僵局。

2.兼顾客人和酒店双方的利益

工作人员在处理投诉时，是酒店的代表，代表酒店受理投诉，因此不可能不考虑酒店的利益。但只要受理投诉，只要仍然在此岗位工作，工作人员也就同时成为了客人的代表。因而工作人员既是代表酒店，同时也是代表客人去调查事件的真相，给客人以合理的解释，为客人追讨损失赔偿。客人直接向酒店投诉，这种行为反映了客人相信酒店能公正妥善解决当前问题。为了回报客人的信任，以实际行动鼓励这种"要投诉就在酒店投诉"的行为，工作人员必须以不偏不倚的态度公正地处理投诉。如何在一般性投诉处理上，兼顾客人和酒店双方的利益，这是投诉处理的技巧问题。

投诉处理要注意立足于调查，以事实为据，不偏听偏信。一些投诉涉及经济赔偿的，处理时尤为慎重。在不能确定责任方时，不要轻易下结论或给客人以赔偿承诺。当然，一旦能确定事故是人为的，酒店负有全部责任时，应诚恳地给客人致以道歉和合理赔偿。

　　一位东北客人住进了上海的某酒店。一天他在客房内使用电话与国内的客户联系工作。他翻开床头柜上的酒店服务指南，"电话使用说明"提示："国内直拨"先拨"80"再拨地区号和电话号码。该客人照此办理，果然对方接电话了，但传来的却是一位小姐一连串的英语。他即挂断了电话，重拨号码，又听到小姐的一串英语。"怎么搞的，难道我拨错了？"他心想着又重新仔细地看一遍"电话使用说明"，没错，他又照此拨号，还是传来这位小姐的声音，一连5次听到的都是莫名其妙的英语，于是不得不挂上话筒。

　　当客人离开酒店结账时，服务员对他说："先生，这是您5次加拿大国际电话费的账单。"客人大吃一惊："什么加拿大电话？我没打过。"服务员说："电脑是这样显示的，没错！"客人说："怎么没错？我没有加拿大朋友，根本不需要打加拿大电话，肯定是你们的电脑出问题了。"服务员说："电脑是不会出差错的。"客人恼火了："电脑也会出差错的，这钱我是不付的。"服务员也急了："明明是您打了5次国际电话，怎么可以赖账？"客人怒气冲冲地说："我赖账？你们简直不讲道理，我要找你们总经理评理！"双方争执越演越烈。

　　当争吵声传到前厅部办公室，罗经理马上意识到问题又出在"0"上。"使用说明"规定先拨"80"，再拨地区号和电话号码，但没有说地区号前的"0"不需再拨，而东北客人恰恰重复了这个"0"，显然酒店方面负有一定的责任，应承担一定经济损失，但另一部分的费用怎样才能让这位客人支付呢？这位前厅部经理曾在东北生活过十多年，通过长期的接触，深知东北人具有朴实豪爽的性格特点。仔细倾听了客人诉说，充分了解客人身份和事情经过后，罗经理很诚恳地对客人说："很对不起，刚才服务员对您的指责是不应该的，我向您表示歉意。我曾经在东北生活过十多年，十分了解你们东北人，东北人热情、豪爽又通情达理。我知道您并不是打了电话不肯付钱，也不是付不起这些电话费，而是您根本没有拨打国际电话的念头，拨到加拿大完全是您无意的。我们酒店的电话使用说明有问题，我们酒店有一定的责任，我们的电话使用说明今后一定修改。"罗经理实事求是的态度深深感动了东北客人。客人说："你说得对，说出了我的心里话。"罗经理又说："尽管您没有拨国际电话的动机，但由于您的动作而5次接通了加拿大电话，产生了费用问题，我们酒店应承担一部分费用，是否请您承担另一部分费用呢？"客人马上说："您说得有道理，既然您实事求是，那我也应该实事求是，另一部分费用我付。"这样便妥善解决了这个矛盾。事后这位东北客人认了前厅部经理半个老乡，以后每次来上海总住那里。

3.即使发生矛盾，也不能与客人发生争执

　　我们的目的是为了倾听事实，进而寻求解决之道，争论只会妨碍我们聆听客人的观点，不利于缓和客人的不良情绪。

　　权威人士指出："98%～99%的客人都确信自己的批评是正确的"。因此，争论谁对

谁错，一点意义都没有，只会激化矛盾，让已经不满意的客人更加不满，我们的职责是拉回那些已经产生不满的客人。

4.多考虑客人的感觉

客人进行投诉，说明我们有做得不对或者不好的地方，所以必须对客人多一些理解。要让他们觉得：他们是在自己的酒店入住，享有充分的自由；他们是主人，酒店只是为他们服务的人。

特别是当他们受到了各种压力时，更要尽量认同客人的感觉，以此来缓和客人的烦躁和不满，为我们下一步圆满地处理好问题打下良好的感情基础。

5.处理问题越快，效果越好

服务失误发生后，要在第一时间处理，时间越长，对客人的伤害就越大，客人的忠诚度就会受到严重的影响。所以必须制定相应的制度，加强对投诉处理的管理。

比如，一家国外餐饮酒店采用了"四制"办事原则，即：一般性问题，必须三天内答复制；复杂性问题，必须一星期内答复制；未予解决的书面答复制；延误日期的20元一天罚款制。

6.培养一支训练有素的员工队伍

酒店运作始于"人"也终于"人"，人的问题占酒店问题的80%以上，酒店要树立"员工第一"的观念。一线员工是服务的化身，员工与客人接触程度最高，员工的行为会直接影响客人所感受到的服务品质，进而影响整个酒店的信誉，因此一定要善待员工。

员工的教育培训处于核心地位，教育内容的选择要重在员工的心理建设，训练应重于实践，两者缺一不可。只有这样，才能慢慢培养起广大客人的忠诚度，使他们认同你的服务理念：客人第一，客人至上。如此，在未来的竞争中，酒店才会有备无患，无往不胜。

五、投诉处理程序

不同性质的投诉，在处理程序上有繁简之分，在处理速度上有快慢之分。这种区别主要体现在：对厨房出品质量、客房设施设备失灵等投诉处理要求快速；而一些因手续不全、不清而引起的纠纷，或投诉内容带有浓厚主观色彩，或重大案件则难以在短时间内做出处理。

1.对投诉的快速处理程序

（1）专注地倾听客人诉说，准确领会客人意思，把握问题的关键所在。确认问题性质可按本程序处理。

（2）必要时察看投诉物，迅速做出判断。

（3）向客人致歉，作必要解释，请客人稍微等候，自己马上与有关部门取得联系。

（4）跟进处理情况，向客人询问对处理的意见，作简短祝辞。

2.对投诉的一般处理程序

倾听客人诉说，确认问题较复杂，应按以下程序处理。

（1）请客人移步至不引人注意的一角，对情绪冲动的客人或由外地刚抵达的客人，应奉上茶水或其他不含酒精的饮料。

（2）耐心、专注地倾听客人陈述，不打断或反驳客人，用恰当的表情表示自己对客人遭遇的同情，必要时做记录。

（3）区别不同情况，妥善安置客人。对住宿客人，可安置于大堂内稍事休息；对本地客人和离店客人，可请他们留下联系电话或地址，为不耽误他们的时间，请客人先离店，明确地告诉客人给予答复的时间。

（4）着手调查，必要时向上级汇报情况，请示处理方式，做出处理意见。

（5）把调查情况与客人进行沟通，向客人作必要解释，争取客人同意处理意见。

（6）向有关部门落实处理意见，监督、检查有关工作的完成情况。

（7）再次倾听客人的意见。

（8）把事件经过及处理方式整理成文字材料，存档备查。

六、投诉处理技巧

1.用理解、关心取得客人的谅解

客人在遇到不满的事情时，人性的某些弱点就会暴露，为此，工作人员必须懂得宽容和设身处地为客人着想。只有充分理解客人的角色特征，掌握客人心理特点并给予理解、宽容，酒店才能打动客人的心而赢得客人的谅解。对表4-1所示的几种情况可以采取此种方法处理。

表 4-1　用理解、关心取得客人的谅解

序号	客人类型	处理技巧
1	爱表现自己高明的客人	在投诉的客人中，有的爱表现自己的高明，他的投诉可能只是为了表现自己，显得自己很高明和很重要。领班必须迎合他的这种心理，给他提供充分表现自己的机会，帮助客人表现其长处，维护并隐藏客人的短处，从而使客人在酒店中获得更多的自豪感和成就感
2	希望被特别关注的客人	还有的客人希望被特别关注，领班必须像对待自己的朋友一样给予足够的关注，耐心倾听客人的要求，提供真心诚意的帮助，让客人感到领班的关心是真诚的
3	爱面子的客人	客人大多是爱面子的，往往以自我为中心，思维和行为大都有情绪化的特征，对酒店往往带有很大的主观性，即以自己的感觉加以判断。这类客人在投诉时，领班首先要肯定客人的投诉，承认酒店的失误，应注意给客人面子。对于客人无理取闹的行为，也应给以宽容理解。只有将心比心理解客人，设身处地为客人利益着想，想客人之所想，急客人之所急，才能赢得这类客人的理解

绾蝥りり

序号	客人类型	处理技巧
4	爱发号施令的客人	还有一类客人具有领导的某些特征，表现为居高临下、发号施令，习惯于使唤别人。为此，在处理投诉时，必须像对待领导一样对待他，切忌怠慢、忽视客人。对于客人的无理要求或无端指责，领班同样要注意艺术，采取引导和感化的方法，甚至可让他参与投诉的处理决策，使客人感受到正确使用权力的快乐

2.用恰当的方式处理客人投诉

用恰当的方式处理投诉可以化干戈为玉帛，反之则会因小失大。一般要掌握投诉者的投诉心理，然后找到恰当的处理方式。

对表4-2所示的几种情况可以采取此种方法处理。

表4-2　用恰当的方式处理客人投诉

序号	客人类型	处理技巧
1	急于解决问题的客人	这类客人往往通过电话或口头方式提出投诉。处理这类投诉事例的原则是，尽快解决客人急于要解决的问题。第一，要注意与当事人的口头交流，讲究语言方式。第二，要及时采取补救措施。对短时间内无法解决的事情要给客人明确回复，说明酒店对这件事的重视程度，使客人在心理上得到满足
2	给酒店提建议的客人	这类客人大都对酒店有良好的印象，对服务及管理中出现的问题他们会提出书面建议。对这类信函应由部门经理亲自处理，视情况回信给客人（已离店的）或约客人当面交流，告知其改进的措施和杜绝此类事件发生的方法
3	恶意投诉的客人	个别客人提出非分要求，无理取闹，行为、语言粗鲁，虽经耐心解释但仍发生投诉，即为恶意投诉。酒店服务员在面对这类客人时，应及时向上级汇报，由安保人员或更高一层的管理人员出面再次进行劝阻，或者劝其离开现场，以免给其他客人造成不良影响和干扰正常工作，情节十分严重者，应通知当地派出所，以维护酒店的正当权益
4	对酒店有成见的客人	极个别对酒店反感的客人，往往采取比较偏激的方法来提出投诉，大吵大闹。服务员在与客人的冲突中，始终处于不利的地位，因为客人和服务员的地位是不平等的。因此，那些故意找碴儿的客人，对这一点了解得非常清楚。在面对这类客人时，要用正确方法控制自己的情绪和言行，要始终坚持有理、有利、有节、有礼貌地处理问题，平息投诉者的怒气，避免在公众场合处理问题。无论客人提出的问题是否符合事实，都必须认真倾听，从容大度地对待投诉者，待其怒气平息后再共商解决问题的办法

对投诉的处理方式最终还要因人因事而异，尽量争取使每位投诉者都满意。

3.真诚听取客人投诉意见

倾听是一种有效的沟通方式，对待任何客人的投诉，不管是鸡毛蒜皮的小事情还是复杂棘手的事件，受理投诉的工作人员都要保持镇定、冷静，认真倾听客人的意见，要表现出对客人的礼貌与尊重。接到客人投诉时，要用真诚、友好、谦和的态度，全神贯注地聆听，保持平静，虚心接受，不要打断客人，更不能反驳与辩解。

（1）保持冷静的态度，设法使客人消气。处理投诉只有在"心平气和"的状态下才能有利于解决问题。因此，在接待投诉客人时，要冷静、理智，先请客人坐下，然后请他慢慢讲。此时重要的是让客人觉得很在乎他的投诉，不要急于辩解，否则会被认为是对客人的指责和不尊重。

另外，工作人员要与客人保持目光交流，身体正面朝向客人以示尊重；先请客人把话说完，再适当问一些问题以了解详细情况。说话时要注意语音、语调、语气。

（2）同情和理解客人。当客人前来投诉时，工作人员应当把自己视为酒店的代表去接待，欢迎他们的投诉，尊重他们的意见，并同情客人，以诚恳的态度向客人表示歉意，注意不要伤害客人的自尊。对客人表示同情，会使客人感到你和他站在一起，从而减少对抗情绪，有利于问题的解决。

比如，工作人员可以这样说："这位先生（女士），我很理解你的心情，如果是我可能会更气愤。"

（3）对客人的投诉真诚致谢。尽管客人投诉有利于改进酒店服务工作，但由于投诉者的素质水平、投诉方式不同，难免使接待者有些不愉快。不过假若客人遇到不满的服务，他不告诉酒店而是讲给其他客人或朋友听，这样就会影响酒店的声誉，所以当客人投诉时，酒店不仅要真诚地欢迎，而且还要感谢客人。

管理小妙招：

在认真听取客人投诉的同时要认真做好记录，一方面表示酒店对他们投诉的重视，另一方面也是酒店处理问题的原始依据。记录包括客人投诉的姓名、时间、内容等，尤其是客人投诉的要点，讲到的一些细节要记录清楚，并适时复述，以缓和客人的情绪。

4. 及时采取补救或补偿措施

客人投诉最终是为了解决问题，因此对于客人提出的投诉，不要推卸责任，而应区别不同情况积极想办法解决，在征得客人同意后作出恰当处理。为了避免处理投诉时自己陷入被动局面，不要把话说死，一定要给自己留有余地，也不要随便答应客人自己权限外的某种承诺。

对一些明显是酒店方面的过错，就应马上道歉，在征得客人同意后作出补偿性处理。

刘先生是西安客商。他说前晚睡觉前向总台服务员预约了"叫醒服务"，时间定在早上9:00。然而昨天一觉醒来，时间已过上午10:00，房间内的"叫醒服务"却从未启动。刘先生因此错过了与新近牵手的西安生意伙伴的商务答谢活动。"这让我在合作伙伴面前失约，丢了诚信！"刘先生随后找酒店方理论。

对此，酒店贵宾服务部王经理出面调解。王经理表示，经查，客人刘先生的确预约过"叫醒服务"，夜班人员记录此信息并输入电脑。但昨天早晨不知是机器故障还是人为疏忽，导致"叫醒服务"失灵。王经理代表酒店郑重向客人道歉，并提议以减免费用和下次入住免费的方式作为补偿，刘先生于是表示谅解。

对于一些较复杂的问题不应急于表态或处理，而应礼貌、清楚地列出充分的理由说服客人，并在征得客人同意的基础上作出恰当的处理。

一位客人离店结账时发现有国际长途话费，可自己没打国际长途啊！客人非常恼怒，找大堂副理大发雷霆，拒不付费。大堂副理耐心倾听客人诉说，又将该客人应付的长途话费单详细查询。然后他礼貌地请客人回忆有没有朋友进过房间，是不是他们打的。经过回忆核实确属客人朋友所为，最终客人按要求付费，并致以歉意。

对一时不能处理好的事，要注意告诉客人将采取的措施和解决问题的时间。如客人夜间投诉空调坏了，恰巧赶上维修工正忙于另一维修任务，需要半小时后才能过来修理。这时服务员就应让客人知道事情的进展，使客人明白他所提的意见已经被酒店重视，并已经安排解决。

5.要及时追踪处理投诉结果

一位客人深夜抵酒店，行李员带客人进客房后，将钥匙交给客人，并对客房设施设备作了简单的介绍，然后进入卫生间，打开浴缸水龙头往浴缸内放水。客人看到行李员用手亲自调试水温。几分钟后，行李员出来告诉客人，水已放好，请客人洗个澡，早点休息。客人暗自赞叹该酒店服务真不错。

行李员走后，客人脱衣去卫生间洗澡，却发现浴缸里的水是冰凉的，打开热水龙头，同样是凉水，于是打电话到前台，听到的回答是："对不起，晚上12:00以后，无热水供应。"客人无言以对，心想，该酒店从收费标准到硬件设备，算是星级酒店，怎么能晚上12:00以后就不供应热水呢？可又一想，既然是酒店的规定，也不好再说什么，只能自认倒霉。"不过，如果您需要的话，楼层服务员为您烧一桶热水送到房间，好吗？"还未等客人放下电话，前厅小姐又补充道。

"那好啊，多谢了！"客人对酒店能够破例为自己提供服务表示感激。

放下电话后，客人开始等待。半个多小时过去了，客人看看表，已经到了凌晨1:00，可那桶热水还没送来，可又一想，也许楼层烧水不方便，需要再等一会儿。又过了半个小时，电视节目也完了，还不见有热水送来，客人无法再等下去了，只好再打电话到前台。

"什么，还没有给您送去？"前台服务员表示吃惊，"我已经给楼层服务员说过了啊！要不我再给他们打电话催催。"

"不用了，我还是自己打电话问吧。请你把楼层服务台的电话告诉我！"客人心想，既然前台已经通知了，而这么久还没有送来，必定有原因。为了避免再次等候，还是亲自问一问好。于是，按照前台服务员提供的电话号码，客人拨通了楼层服务台的电话，回答是："什么，送水？酒店晚上24:00以后就没有热水了！"

在上述案例中，其实客人并非一定要洗澡，只是酒店已经答应为客人提供热水，才使客人白等了一个多小时，结果澡没洗成，觉也没睡好，还影响了第二天的工作。问题就出在服务员虽然答应为客人解决问题，但没有对解决过程和解决结果予以关注。

接待投诉客人的并不一定是实际解决问题的人，因此客人的投诉是否最终得到了解决，仍然是个问号。事实上，很多客人的投诉并未得到解决，因此必须对投诉的处理过程进行跟踪，对处理结果予以关注。现在不少酒店对客人的投诉采用"到我为止"的方法，即第一位接待客人投诉的人就是解决问题的主要责任人，他必须将处理客人投诉和客人需求的事情负责到底，直到事情圆满结束。

所以接获投诉后，应主动与客人联系，反馈解决问题的进程及结果。首先要与负责解决问题的人共同检查问题是否获得解决，当知道问题确实已获得解决时，还应询问客人是否满意；如果不满意，还要采取额外措施去解决。

05

第五章
绩效考核精细化

导言

管理出效益。酒店在绩效考核中，如果能实施精细化管理模式，立足于"精、准、细、严"的核心原则，把握考核管理中的关键环节和指标，对影响酒店效益的关键要素进行严格控制，利用完善的考核制度，规范的考核流程，必能推进酒店可持续发展，提高竞争力。

第一节　设计绩效管理体系

绩效管理规划是绩效管理流程中的第一个环节，发生在新的绩效期间的开始。绩效规划要解决以下几个问题。

谁参与——确定绩效管理的参与者。

考核什么——确定合适的绩效考核指标。

谁来考核——选择合适的考核者。

怎样考核——确定绩效考核的方法。

何时考核——确定绩效考核的时间和周期。

只有把这些项目确定下来，后续的工作才不会像无头苍蝇一样盲目。

一、确定绩效管理的参与者

有许多人认为绩效管理是人力资源部门的事，其实这是一种误解。绩效管理不仅仅是人力资源部门的事情，更重要的是酒店各部门、各级管理者及全体员工的责任。只有全员参与了，才可能达到绩效管理的效果。如图5-1所示。

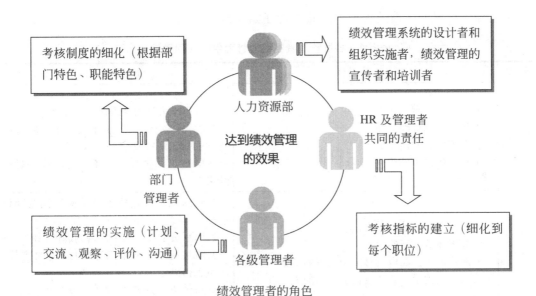

绩效管理者的角色

图5-1　绩效管理者的角色

1.相关部门在绩效管理中的分工

图5-2所示为相关部门和人员在绩效管理过程中的分工。

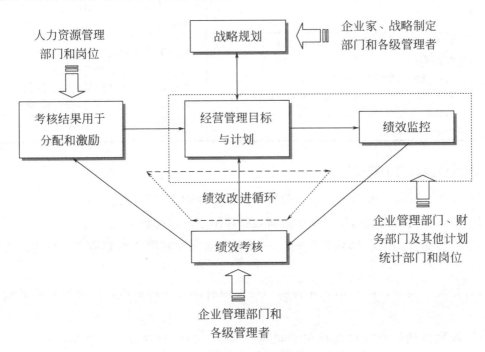

图5-2　相关部门在绩效管理中的分工

2.绩效管理是企业各层管理者的共同责任

企业各层管理者在绩效管理中的共同责任如表5-1所示。

表5-1　各层管理者在绩效管理中的共同责任

类别	主管的责任	主管的能力
行为	1.保证员工有工作做 2.按要求的标准去做 3.在规定时间内完成 4.使工作趋于熟练化	1.分析工作的要求和员工能力 2.分析个人能力是否达到工作要求 3.向员工阐明工作的要求，必要时传授具体的知识和技能 4.检查工作过程，给予支持，评价最后结果
结果	1.保证目前的绩效令人满意 2.分析绩效下降的原因 3.激发员工提高自身技能和水平的动机 4.为员工的学习和发展创造更多的机会	1.明确规定所期望的员工应达到的绩效水平 2.诊断员工在工作中出现问题的原因 3.通过提供正确的支持和适度的挑战，使员工得到学习 4.和员工一起总结经验，使他们从中获取最大的益处
职业	1.挖掘员工个人职业发展的潜力 2.对员工在职业生涯的抉择提出建议 3.帮助员工作出最适当的选择 4.支持员工达到预期目的	1.了解员工内在需求和动机 2.如实地评价其职业发展愿望与自身能力是否相称 3.在本组织内和广阔的就业市场中，为他们的职业生涯发展设计最佳途径和制定实施策略
生涯	1.弄清楚问题的实质及其对员工个人和组织绩效的影响 2.协调员工个人和组织的利益 3.策划如何帮助员工达到预期生活目标的方案 4.在适当的时候，用感情表达方式，表明自己对员工的支持	1.倾听和了解员工的需求 2.弄清楚自己所能提供帮助的边界 3.让员工思考他们所面临的问题 4.帮助员工找出他们自己认为自理这些问题的最佳方法

3.人力资源部门的管理责任

（1）设计、试验、改进和完善绩效管理制度，并向有关部门建议推广。

（2）在本部门认真贯彻执行企业的绩效管理制度，以起到示范作用。

（3）宣传企业员工的绩效管理制度，说明贯彻该项制度的重要意义、目的、方法与要求。

（4）督促、检查、帮助本企业各部门贯彻现有绩效管理制度，培训实施绩效管理的人员。

（5）收集反馈信息，包括存在的问题、难点、批评与建议，记录和积累有关资料，提出改进方案和措施。

（6）根据绩效管理的结果，制订相应的人力资源开发计划，并提出相应的人力资源管理决策。

4.员工在绩效管理中的责任

（1）明确自己的绩效责任与目标（做什么、为什么做、结果是什么）。

（2）参与目标、计划的制定（组织的要求、目标必须达成的理由）。

（3）寻求上司的支持与所需资源（责权、费用、工具、渠道等）。

（4）及时获取评价、指导与认同（好不好、是否满意、如何改进偏离）。

（5）获取解释的机会（消除误解、解释原因）。

二、确定合适的绩效考核指标

绩效管理中最重要的环节是绩效评价，而绩效评价是通过考核绩效指标来体现的。绩效考核是用来衡量企业、部门或员工绩效的标准，它同时还指明应该从哪些方面对工作进行衡量或评估。

1.绩效考核指标的地位

指标由战略而来，指标分解的过程也就是战略分解的过程。有效的指标分解过程是绩效管理系统执行企业战略的关键，所以绩效管理工作的重要组成部分就是分解指标的过程。具体流程可见图5-3。

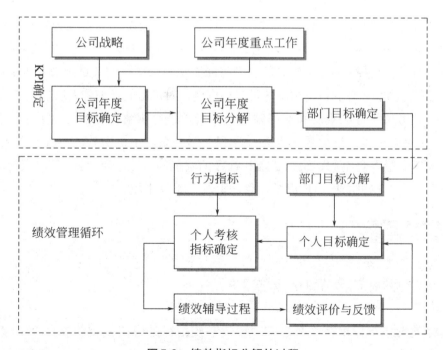

图5-3 绩效指标分解的过程

由图5-3可知，绩效管理的一切工作都是围绕指标来进行的，它在绩效管理框架中处于核心地位。建立科学、合理的绩效指标体系是有效开展绩效考核等工作的前提。

2.绩效考核指标的特征

绩效考核指标具有图5-4所示的几个特征。

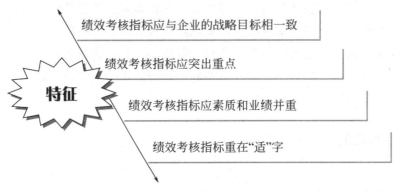

特征

绩效考核指标应与企业的战略目标相一致

绩效考核指标应突出重点

绩效考核指标应素质和业绩并重

绩效考核指标重在"适"字

图5-4　绩效考核指标的特征

（1）绩效考核指标应与企业的战略目标相一致。在绩效考核指标的拟定过程中，首先应将企业的战略目标层层传递和分解，使企业中每个职位被赋予战略责任，每个员工承担各自的岗位职责。绩效管理是战略目标实施的有效工具，绩效管理指标应围绕战略目标逐层分解而不应与战略目标的实施脱节。只有当员工努力的方向与企业战略目标一致时，企业整体的绩效才可能提高。

（2）绩效考核指标应突出重点。抓关键不要空泛，要抓住关键绩效指标。指标之间是相关的，有时不一定要面面俱到，通过抓住关键业绩指标，将员工的行为引向组织的目标方向，指标一般控制在5个左右，太少可能无法反映职位的关键绩效水平；但太多太复杂的指标只能增加管理的难度和降低员工满意度，对员工的行为是无法起到引导作用的。

（3）绩效考核指标应素质和业绩并重。重素质、重业绩二者不可偏废。过于重"素质"，会使人束手束脚，过分重视个人行为和人际关系，不讲实效，而且妨碍人的个性、创造力的发挥，最终是不利于组织整体和社会的发展的。过于重"业绩"，又易于鼓励人的侥幸心理，令人投机取巧、走捷径、急功近利、不择手段。

◆ **管理小妙招：**

　　一套好的考核指标，必须在"业绩"和"素质"之间安排好恰当的比例。应该在突出业绩的前提下，兼顾对素质的要求。

（4）绩效考核指标重在"适"字。绩效考核指标是根植在企业本身"土壤"中的，是非常个性化的。不同行业、不同发展阶段、不同战略背景下的企业，绩效考核的目的、手段、结果运用是各不相同的。绩效考核指标要收到绩效，关键并不在于考核方案多么高深精准，而在乎一个"适"字。现在的"适"，不等于将来永远"适"，必须视企业的发展，视企业的战略规划要求，适时做出相应调整，才能永远适用。

3.绩效考核指标的设计原则

鉴于上述特征，绩效考核指标的设定必须符合SMART原则，具体如图5-5所示。

S	Speciflc	指绩效考核指标设计应当细化到具体内容，即切中团队主导绩效目标的，且随情景变化而变化的内容
M	Measurable	指绩效考核指标应当设计成员工可以通过劳动运作起来的，结果可以量化的指标
A	Attainable	指绩效考核指标应当设计为通过员工的努力可以实现的，在时限之内做得到的目标
R	Reaitstic	指绩效考核指标应当设计成"能观察，可证明，现实的确存在的"目标
T	Time-bound	指绩效考核指标应当是有时间限制的，关注到效率的指标

图5-5　绩效考核指标的设计原则

4.绩效考核指标的框架

绩效考核指标的框架如图5-6所示。

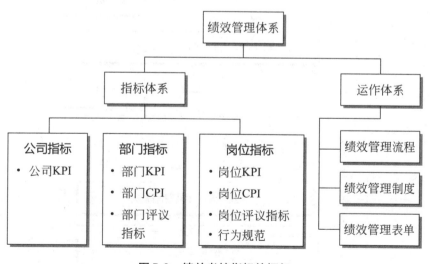

图5-6　绩效考核指标的框架

（1）绩效指标的分类。绩效指标的分类如表5-2所示。

表 5-2　绩效指标的分类

序号	类别	具体说明
1	KPI	KPI（Key Performance Indicator）又称关键业绩指标，指的是对企业战略目标具有重大影响的绩效指标。KPI指标的类型从时间角度来分有年度和月度之分；从性质来看有机械型、改进型和挑战型之分
2	CPI	CPI（Common Performance Indicator）又称一般业绩指标，用以反映企业制度、流程和部门职能执行情况的绩效指标
3	API	API（Appraise Performance Indicator）又称评议指标，用以反映员工工作态度和能力的绩效指标
4	BPI	BPI（Behaviour Performance Indicator）又称行为规范指标，是对员工响应企业道德准则的奖惩

（2）绩效指标的关系。公司层KPI直接来源于公司战略，部门KPI来源于公司战略和年度重点或改进工作。部门CPI指标主要履行部门基本职责，评议指标衡量部门对外服务态度和能力情况。岗位KPI部分来源于部门KPI，部分源于重点工作或改进工作。API衡量岗位对外服务态度和能力情况。BPI评价是对员工响应企业道德准则的奖惩。这三个层次指标间的关系如图5-7所示。

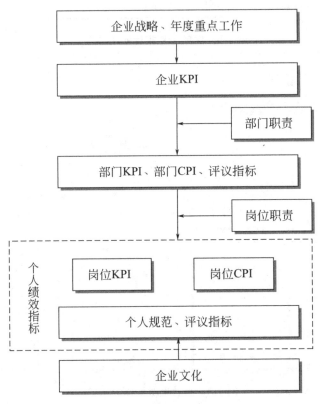

图5-7　三个层次指标间的关系

5.绩效考核指标的设计步骤

绩效考核指标的设计步骤如图5-8所示。

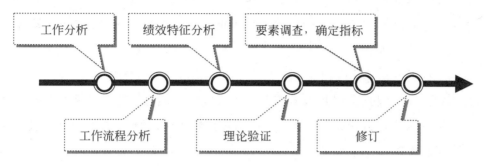

图5-8 绩效考核指标的设计步骤

（1）工作分析。根据考核目的，对被考核对象岗位的工作内容、性质以及完成这些工作所具备的条件等进行研究和分析，从而了解被考核者在该岗位工作所应达到的目标、采取的工作方式等，初步确定绩效考核的各项要素。

（2）工作流程分析。绩效考核指标必须从流程中去把握，根据被考核对象在流程中扮演的角色、责任以及同上游、下游之间的关系，来确定其工作的绩效指标。此外，如果流程存在问题，还应对流程进行优化或重组。

（3）绩效特征分析。可以使用图示标出各指标要素的绩效特征，按需要考核程度分档，如可以按照非考核不可、非常需要考核、需要考核、需要考核程度低、几乎不需要考核五档对上述指标要素进行评估，然后根据少而精的原则按照不同的权重进行选取。

（4）理论验证。依据绩效考核的基本原理与原则，对所设计的绩效考核要素指标进行验证，保证其能有效可靠地反映被考核对象的绩效特征和考核目的要求。

（5）要素调查，确定指标。根据上述步骤所初步确定的要素，可以运用多种灵活方法进行要素调查，最后确定绩效考核指标体系。在进行要素调查和指标体系的确定时，往往将几种方法结合起来使用，使指标体系更加准确、完善、可靠。

（6）修订。为了使确定好的指标更趋合理，还应对其进行修订。修订分为两种，如图5-9所示。

考核前修订	考核后修订
通过专家调查法，将所确定的考核指标提交领导、专家会议及咨询顾问征求意见，修改、补充、完善绩效考核指标体系	根据考核及考核结果应用之后的效果等情况进行修订，使考核指标体系更加理想和完善

图5-9 修订的分类

三、选择合适的考核者

1.考核者的组成

绩效的考核应由以下五类人员组成考核小组：直接上级、同事、被考核者本人、被考核者下级和外部人员（用户等）或人力资源部门人员。有时候需要由几个方面的人共同或分别对相同的对象作出考核。上述五类人员各有其参加考核的优势。

（1）直接上级。直接上级是被考核者的上级领导，他对被考核者承担直接管理与监督责任，对下属人员是否完成了任务等工作情况比较了解，而且对被考核者也较少顾忌，能较客观地进行考核。

（2）同事。同事通常与被考核者共同处事，密切联系，比上级更了解被考核者，但他们的考核常受人际关系状况影响。

（3）被考核者本人。员工对自己进行评价，抵触情绪少，但通常不客观，会出现自夸现象。

（4）被考核者下级。下级对上级评价因为怕被打击、记恨，通常都只会说好话，客观性不强。

（5）外部人员。外部人员可以包括供应商、中间商、消费者或上下游部门等，对与之有业务关系的员工进行评价。

2.怎样确定考核人员

具体考核人员由哪些人组成，取决于三种因素：考核的目的、考核的标准、被考核人的类型。

四、确定绩效考核的方法

绩效考核的方法有很多，具体选用哪种方法要看所在企业是属于哪个行业、规模多大等。下面主要介绍几种适用于酒店的绩效考核方法。

1.目标管理考核法

目标管理法是相对成熟的一种绩效考核方法。它是以目标的设置和分解、目标的实施及完成情况的检查、奖惩为手段，通过员工的自我管理来实现企业经营目的的一种管理方法。其优缺点如图5-10所示。

2.360度全方位绩效考核体系

360度全方位绩效考核体系是由与考核者有密切关系的上级领导、下属、同级同事和外部客户分别匿名评价。分管领导再根据评价意见和评分，对比被考核者的自我考核向被考核者提供回馈，以帮助被考核者提高其能力水平和业绩。其优缺点如图5-11所示。

优点：通过目标制定和分解使个人及部门的责、权、利明确，促进分工和协作，提高工作效率和业绩；通过上下沟通，促进了全员参与；通过上下级共同制定评价标准和目标，能够客观、公正地考核绩效和实施相应的奖惩

缺点：管理者进行考核时通常会忽视一些不受员工控制的因素对员工绩效的影响，如经济周期对销售业绩的影响；没有对工作绩效的所有重要方面进行客观衡量，如考核销售员时只重视业绩；客观上引导员工将重心放在业绩中会被评价的那些方面而忽视了其他方面的改进和完善；反馈信息不明

图 5-10 目标管理考核法的优缺点

优点：360 度全方位绩效考核体系分别考核了员工的任务绩效、周边绩效，其结果更加客观和公平；可以引导员工加强上下级之间、同级之间、内外部之间的沟通，促进组织的和谐健康发展

缺点：当考核者与被考核者有利益冲突时，考核者就会考虑个人利益得失，考核结果就有可能出现失真。此外，360 度全方位考核法需要收集来自不同方面考核者的大量评价信息，操作比较耗时，而且如何正确筛选和处理这些信息也存在一定的难度

图 5-11 360 度全方位绩效考核体系的优缺点

3.强制分布法

强制分布法根据正态分布规律和二八原则以群体的形式对员工进行归类。这种方法要求管理人员将一定比例的员工放入事先定好的各种不同种类中去，例如卓越、优秀、达标、还需改进、很差等。其优缺点如图 5-12 所示。

优点：容易设计和使用，具有一定的科学性；可以有效地避免过分严厉或过分宽容的误差，克服平均主义

缺点：主观性强；无法与组织的战略目标联系在一起；缺乏反馈机制；强制分布法会促使管理者根据分布比例的要求而不是员工的绩效表现来归类

图 5-12 强制分布法的优缺点

4.行为锚定等级考核法

行为锚定等级考核法是一种通过建立与不同绩效水平相联系的行为锚定来对绩效进行考核的方法。它通过收集大量代表工作中的优秀和无效绩效的关键事件来确定每一关键事件所代表的绩效水平的等级，以此作为员工绩效的锚定标准。其优缺点如图5-13所示。

可以向员工提供企业对于他们绩效的期望水平和反馈意见，具有良好的连贯性和较高的可信度；绩效考评标准比较明确

设计锚定标准比较复杂，而且考核某些复杂的工作时，特别是对于那些工作行为与效果的联系不太清楚的工作，管理者容易着眼于对结果的评定而非依据锚定事件进行考核

图5-13　行为锚定等级考核法的优缺点

5.绩效考核的方法选择

通常来说，酒店在选择绩效考核方法时，可以从以下角度进行考虑。

（1）从绩效考核方法本身特性的角度来考虑。强制分布法强行将员工的绩效分为好、中、差几个等级，在人数越多的企业或部门中效果越好。

（2）从不同岗位的特征来考虑。通常来说，基层的工作岗位工作内容比较稳定，工作职责比较简单，绩效标准比较清晰，宜采用目标管理法或者强制分布法来考核。

（3）从绩效考核的操作成本来考虑。量化评价的考核方法的成本通常要高于定性评价的方法，但定性评价又会因为信息传递过程中的失真较大而增加管理运作成本和组织成本。

（4）绩效考核的成本跟酒店规模的大小也有一定的关联。

五、确定绩效考核的时间和周期

通常在确定考核周期时，要考虑考核目的、考核对象的职务、奖金发放的周期等因素，只有综合考虑到各类因素，才能设计出符合企业实际的考核周期。

1.根据考核目的来确定

不同的考核目的其考核间隔的时间是不一样的，如表5-3所示。

表 5-3　不同考核目的的考核周期

序号	考核目的	考核周期
1	试用期满转正	以试用周期为准，如试用期为一年，则周期为一年，若试用期为三个月，则周期为三个月
2	绩效薪酬的发放	可分一年、一季、一月
3	检查奖励资格	与奖励周期一致
4	能力开发调动配置	按年连续考核
5	续签聘用合同	在合同期限内综合每年考核

2.根据员工的职务类型来确定

（1）对基层操作类员工，其绩效结果有时当天就可以看到，所以考核的周期相对要短一些。

（2）对于管理类和技术类的员工，他们出成果的周期相对长一些，所以考核的周期相对长一些。

3.根据考核的工作量来确定

如果考核的工作量非常大，那么考核周期短，其质量就很难保证，这时考核周期宜长一些；反之，如果工作量不大，则周期可以短一些。

4.根据薪酬的发放周期来确定

如果企业每半年或每一年分配一次奖金，那么绩效考核的周期与奖金发放的时间要相对应。

第二节　建立关键业绩指标库

建立业绩指标库的目的是实现对绩效指标的管理。因为，实际工作中的考核指标会随着工作重点的变化而不断变化，需要通过指标库对这些信息进行管理，指标库是当期考核指标的备选库。企业不能在每个周期考核的时候才制定指标，而下个周期修改后旧指标就丢弃不要了。应该对指标进行持续管理，追踪指标的变化情况和实际完成业绩。

一、确定关键成功因素

在制定绩效指标前，应明确为什么要考核这个指标。因此，应该先找到关键业绩领域或关键成功因素。选择关键业绩领域和关键成功因素的标准通常是，对酒店利润影响较大的，或酒店行业工作业绩波动较大的，或该业绩领域改善潜力较大的，或与同行业或同级部门相比绩效差距较大的。主要工作职责是关键业绩领域的主要来源，因此，确定关键成功因素时，应从该岗位的主要职责出发。

二、确定指标名称

在找到关键领域或关键成功因素后，就可以使用格利·波特四分法来编写指标名称，也就是从"时间、数量、质量、成本"四个角度编写业绩指标名称，如图5-14所示。

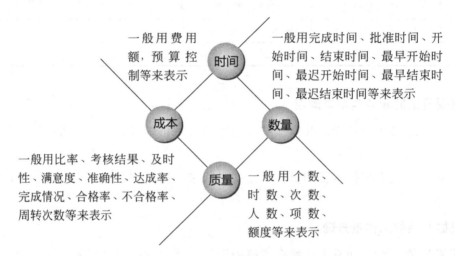

图5-14　四个角度的绩效指标的提炼

对于这四个角度分别可以列出很多的指标，例如，对于酒店效果进行考核，在质量方面可以有"考试及格率""考试优秀率""考试不及格人数"等几个考核指标，这里面最容易完成的是"考试及格率"，最容易考核和计算的是"考试不及格人数"。当"考试不及格人数"已经不能满足考核要求，需要提升考核难度的时候，就会考虑采用"考试优秀率"等指标，从而达到提升培训绩效的目的。

三、定义考核指标

指标的名称与定义互相关联，但不可混淆。如某一指标的名称是"完成时间与计划相差天数"，而该指标定义为"完成日期－计划日期"。定量的指标要描述计算公式；而定性指标，则要描述具体考核的行为标准，具体如图5-15所示。

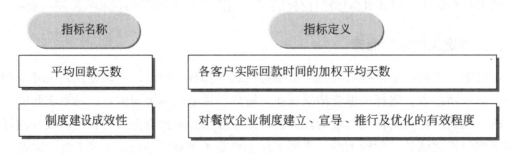

图5-15　具体考核的行为标准示例

四、确定考核周期

考核周期要视需要考核工作的具体内容而定，如果是一个能完成的工作，自然要按季度考核。有些工作既可以月度考核，又可以在季度考核的时候，把握以最有利于被考核者的原则。对于基层岗位，若考核周期过长，反馈不及时，对于被考核者的激励作用就会明显削弱。而对于高层岗位，由于其形成工作成果需要较长的周期，则考核周期要长一些。

区分考核周期的方式如表5-4所示。

表 5-4 区分考核周期的方式

序号	方式	具体说明
1	每期考核	一般以一个月为标准。适用于 （1）一年内每期的目标计划相对比较平衡、波动比较小、内部可控的项目 （2）绩效数据跨期比较少的项目
2	滚动考核	在对下期目标进行考核时，同时将上期的数据进行平均处理，一般以季度或者半年为滚动期。适用于 （1）考核项目跨度较长的项目 （2）制订计划时不确定因素较多的项目
3	叠加考核	是对滚动考核方式的延伸，一般以年为考核周期，以避免计划不准确导致的误差。将全年的数据进行叠加，计算最后的目标完成情况

五、分级设定考核目标

1.目标的分级

（1）最低目标的设立。最低目标是组织的最低期望，出现这个数值时企业绩效将会受到较大的损害，当绩效结果低于这个数据时，该项考核得分为0。

（2）最高目标的设立。最高目标是现实中有可能实现的目标，但难度非常大，当绩效结果高于这个数据时，该项考核得分为配分的120%或150%。

（3）考核指标的设立。考核指标是组织的正常期望，并且70%的人通过正常努力可以达到的指标，当绩效结果等于这个数据时，可以得到该项配分的100%。

2.确定项目目标的方法

（1）内部历史数据法。

（2）外部竞争数据法。

（3）假设求证法。

3.需要考虑的因素

（1）分解企业目标数据。

（2）同行数据。

（3）国家标准或法律法规。

（4）企业目前所处的现状。

（5）顾客的要求。

（6）企业的现有资源情况。

六、确定业绩考核计算方法

接下来要确定业绩考核的计算方法，计算的方法如表5-5所示。

表5-5　计算方法

序号	方法	要点描述	优点	不足	适用情景
1	倒扣型	不需要考虑太多的其他因素，发现一次扣一次	（1）操作简便（2）数据来源直观	（1）偶然性大（2）增分的可能性小，易挫伤积极性	（1）重大、禁止发生的项目（2）发生较小或统计成本太高的项目
2	统计型	（1）将结果统计，形成一个数值（2）绩效目标与计算结果往往是一个数值	列出数据收集范围与统计方式即可，易操作	不易体现实际完成与目标之间的比例关系	（1）绝对值比相对值更有考评价值的项目（2）运用比例型和数据收集难的项目
3	比例型	（1）实际完成值与预计期值之比（2）绩效目标与计算结果往往是一个百分比值	（1）通过公式计算，结果比较精确（2）强调实绩与目标的比例，更能体现责任者的完成程度	（1）公式不易列准确（2）分子、分母数据收集难度大	（1）数据性较强的项目（2）数据来源稳定的项目（3）强调完成率的项目（4）数值绝对值较大的项目

七、标明考核数据来源

最后一个环节，需要每个指标均标明数据来源部门和文件，以便于考核时向对口部门索取数据。解决数据来源问题，注意以下四点。

（1）避免绩效数据来源与考核对象为同一人或同一部门，防止考核数据做假。

（2）分子分母的每一个数据都应有具体的来源，以便于及时发现存在的问题，进而采取针对性的措施进行改善。

（3）数据来源于多个岗位或部门要甄别。

（4）多个部门相互提供绩效数据要验证。

下面提供几份酒店不同部门和岗位关键业绩指标的范本，仅供参考。

酒店各部关键业绩指标

××酒店前厅部关键业绩指标

序号	考核指标	数据提供	指标说明
1	客房营业额	财务部	考核期内酒店中客房营业额总计
2	对客结账差错率	财务部	$\dfrac{\text{对客结账出现差错次数}}{\text{当期所有结账次数}} \times 100\%$
3	预订信息差错率	前厅部	$\dfrac{\text{预订信息出现差错次数}}{\text{当期所有预订次数}} \times 100\%$
4	分房准确率	前厅部	$\dfrac{\text{准确分房数}}{\text{分房总数}} \times 100\%$
5	迎送工作	质检部	确保以规定标准为客人服务，并且热情、周到、到位
6	行李运送与保管差错率	前厅部	$\dfrac{\text{客人行李运送与保管出现差错次数}}{\text{当期行李运送与保管总次数}} \times 100\%$
7	行李搬运准确率	质检部	$\dfrac{\text{搬运行李总数} - \text{损坏、丢失件数}}{\text{行李总数}} \times 100\%$
8	行李寄存服务准确率	质检部	$\dfrac{\text{寄存行李总数} - \text{损坏、丢失件数}}{\text{行李总数}} \times 100\%$
9	客人有效投诉数	前厅部	考核期内客人对前厅工作有效投诉数量
10	紧急事件处理速度	前厅部	$\dfrac{\text{考核期内紧急事件处理总时间}}{\text{考核期内解决的紧急事件总数}} \times 100\%$
11	金钥匙服务	前厅部	按客人的要求为客人提供金钥匙服务的响应速度和态度
12	叫醒服务准确率	前厅部	$\dfrac{\text{正确叫醒次数}}{\text{总叫醒次数}} \times 100\%$
13	叫醒服务完成率	前厅部	$\dfrac{\text{实际叫醒电话}}{\text{应叫醒电话}} \times 100\%$
14	电话开线、关线完成率	前厅部	$\dfrac{\text{实际开关电话}}{\text{应开关电话}} \times 100\%$
15	电话开线、关线准确率	前厅部	$\dfrac{\text{正确开关电话}}{\text{总开关电话}} \times 100\%$
16	工作记录完整率	前厅部	$\dfrac{\text{实际记录项数}}{\text{应记录项数}} \times 100\%$

缩蝥りり

序号	考核指标	数据提供	指标说明
17	接转电话正确率	前厅部	$\dfrac{接转电话正确数}{接转总数}\times100\%$
18	前厅工作记录差错率	前厅部	$\dfrac{前厅工作记录出现差错次数}{前厅工作记录总次数}\times100\%$
19	受理客人意见处理率	前厅部	$\dfrac{实际处理件数}{受理客人意见总数}\times100\%$
20	宾客满意率	前厅部	$\dfrac{非常满意+100\%+满意\times90\%+基本满意\times70\%+不满意\times50\%}{被调查总数}\times100\%$

××酒店客房部关键业绩指标

序号	考核指标	数据提供	指标说明
1	客房营业额	财务部	考核期内客房营业额总计
2	部门GOP值	财务部	部门营业收入−部门营业支出
3	部门GOP率	财务部	$\dfrac{营业利润}{营业收入}\times100\%$
4	经营成本节约率	财务部	$\dfrac{经营成本节省额}{经营成本预算额}\times100\%$
5	对客服务设备设施完好率	工程部	$\dfrac{完好设备设施总数}{设备设施总数}\times100\%$
6	客人满意度	客房部	接受随机调查的客人对服务满意度评分的算术平均值
7	投诉解决率	客房部	$\dfrac{解决的投诉事件数}{投诉总数}\times100\%$
8	卫生服务达标率	总经办	$\dfrac{当期检查中存在卫生死角的次数}{对客房卫生检查的总次数}\times100\%$
9	衣物收发准确率	客房部	$\dfrac{应收发件数−遗漏及破损未发现件数}{应收发衣物总件数}\times100\%$
10	洗涤合格率	客房部	$\dfrac{应洗涤总件数−未洗净、损坏件数}{应洗涤总件数}\times100\%$
11	布草收发准确率	客房部	$\dfrac{定额收发量−遗漏量}{定额收发量}\times100\%$

緬鳌りり

序号	考核指标	数据提供	指标说明
12	物品发放失误率	客房部	$\dfrac{发放失误量}{发放总量}\times100\%$
13	废旧布草利用率	客房部	$\dfrac{废旧布草再利用价值}{领用废旧布草价值}\times100\%$
14	布草收发准确率	客房部	$\dfrac{定额收发量-遗漏量}{定额收发量}\times100\%$
15	布草收发及时性	客房部	在（ ）小时之内完成布草收发
16	布草收发漏检率	客房部	$\dfrac{布草收发不合格量}{布草收发总量}\times100\%$
17	布草分类放置率	客房部	$\dfrac{实际分类放置件数}{应分类放置件数}\times100\%$
18	布草洗涤分类率	客房部	$\dfrac{实际分类洗涤件数}{应分类洗涤件数}\times100\%$
19	洗涤合格率	客房部	$\dfrac{洗涤总件数-未洗净、损坏件数}{洗涤总件数}\times100\%$
20	加急洗衣	客房部	确保加急洗衣服务在规定时间内准时完成
21	客人洗衣投诉率	客房部	$\dfrac{投诉次数}{客衣洗衣人数}\times100\%$

注：GOP 是 Gross Operating Profit 的简称，即营业毛利。

××酒店餐饮部关键业绩指标

序号	考核指标	数据提供	指标说明
1	餐饮营业额	财务部	考核期内餐饮部所辖各餐厅营业额之和
2	部门GOP值	财务部	部门营业收入－部门营业支出
3	部门GOP率	财务部	$\dfrac{营业利润}{营业收入}\times100\%$
4	经营成本节约率	财务部	$\dfrac{经营成本节省额}{经营成本预算额}\times100\%$
5	菜品出新率	餐饮部	$\dfrac{实际新菜品每月收入}{计划新菜品每月收入}\times100\%$
6	客人有效投诉件数	总经办	客人有效投诉总数

緬蝥りり

序号	考核指标	数据提供	指标说明
7	餐厅卫生清洁达标率	总经办	$\dfrac{\text{当期检查中存在卫生死角的次数}}{\text{对客房卫生检查的总次数}} \times 100\%$
8	退菜发生率	餐饮部	$\dfrac{\text{考核期内退菜发生次数}}{\text{考核期内卖出菜品总次数}} \times 100\%$
9	菜点质量（色、香、味、形）合格率	餐饮部	$\dfrac{\text{菜点合格数}}{\text{菜点检查数}} \times 100\%$
10	餐、茶、酒具化验合格率	总经办	$\dfrac{\text{化验合格数}}{\text{餐、茶、酒具化验数}} \times 100\%$
11	餐、茶、酒具破损率	餐饮部	$\dfrac{\text{破损餐具数}}{\text{餐具总数}} \times 100\%$
12	食品化验合格率	总经办	$\dfrac{\text{化验合格数}}{\text{食品化验数}} \times 100\%$
13	上座率、开台率、翻台率	餐饮部	$\dfrac{\text{来店人数}}{\text{总餐位数}} \times 100\%$
14	月平均上座率	餐饮部	$\dfrac{\text{月业店人数}}{\text{总餐位数} \times 2\text{餐} \times 30\text{日}} \times 100\%$
15	开台数	餐饮部	餐桌使用次数
16	开台率	餐饮部	$\dfrac{\text{餐桌使用次数}}{\text{总台位数}} \times 100\%$
17	月平均开台率	餐饮部	$\dfrac{\text{月餐桌使用次数}}{\text{总台位数} \times 2\text{餐} \times 30\text{日}} \times 100\%$
18	每日餐位翻台率	餐饮部	$\dfrac{\text{餐桌使用次数} - \text{总台位数}}{\text{总台位数}} \times 100\%$
19	月平均翻台率	餐饮部	$\dfrac{[\text{月餐桌使用次数} - (\text{总台位数} \times 2\text{餐} \times 30\text{日})] \times 100\%}{\text{总台位数} \times 2\text{餐} \times 30\text{日}}$
20	宾客满意率	总经办	$\dfrac{\text{非常满意} \times 100\% + \text{满意} \times 90\% + \text{基本满意} \times 70\% + \text{不满意} \times 50\%}{\text{被调查总数}} \times 100\%$

××酒店康乐部关键业绩指标

序号	考核指标	数据提供	指标说明
1	康体娱乐业务营业额	财务部	考核期内康乐部所辖各营业场所营业额之和
2	部门GOP值	财务部	部门营业收入－部门营业支出
3	部门GOP率	财务部	$\dfrac{营业利润}{营业收入} \times 100\%$
4	经营成本节约率	财务部	$\dfrac{经营成本节省额}{经营成本预算额} \times 100\%$
5	客人稳定率	康乐部	$\dfrac{考核期内固定客人(会员)数}{考核期内客人总数} \times 100\%$
6	客人有效投诉件数	康乐部	客人有效投诉总数
7	宾客投诉率	康乐部	$\dfrac{投诉总量}{客户总量} \times 100\%$
8	节目翻新情况	康乐部	确保每月有新的节目出现来吸引客人
9	宾客满意率	康乐部	$\dfrac{非常满意\times100\%+满意\times90\%+基本满意\times70\%+不满意\times50\%}{被调查总数} \times 100\%$

××酒店营销部关键业绩指标

序号	考核指标	数据提供	指标说明
1	销售总收入	财务部	即总的营业收入
2	部门GOP值	财务部	部门营业收入－部门营业支出
3	部门GOP率	财务部	$\dfrac{营业利润}{营业收入} \times 100\%$
4	销售收入定额完成率	财务部	$\dfrac{销售收入实际完成数}{定额完成数} \times 100\%$
5	预订房间数字	财务部	以是否达到预订目标来考核业绩
6	销售任务	财务部	确保达到酒店拟订的客房销售指标
7	客房销售率	财务部	$\dfrac{已出租客房数}{可出租客房数} \times 100\%$
8	客房销售收入	财务部	指客房产品的出租收入
9	餐饮收入	财务部	指餐饮产品的销售收入
10	会议收入	财务部	指会议服务方面的收入
11	应收账款回款率	财务部	$\dfrac{赊销收入净额}{应收账款平均余额} \times 100\%$

序号	考核指标	数据提供	指标说明
12	销售金额增长率	财务部	（本月实际销售额−去年同期销售额）×100%
13	销售目标达成率	销售部	$\dfrac{实际销售额}{目标销售额} \times 100\%$
14	销售增长率	销售部	$\dfrac{本月实际销售额−去年同期销售额}{去年同期销售额} \times 100\%$
15	品牌认知度	市场部或调查机构	$\dfrac{受访的认知人数}{受访总人数} \times 100\%$
16	应收账款周转天数	财务部	$\dfrac{\dfrac{当月销售金额}{当月平均应收账款}}{\dfrac{当月天数}{应收账款周转率}}$
17	销售费用控制率	财务部	$\dfrac{销售费用总额}{收入总额} \times 100\%$

××酒店工程部关键业绩指标

序号	考核指标	数据提供	指标说明
1	设备完好率	工程部	$\dfrac{技术性能完好设备台数}{全部设备} \times 100\%$
2	计划维修的完成率	工程部	$\dfrac{已完成的维修数}{计划维修数} \times 100\%$
3	客房巡查检修次数	工程部	按计划巡查检修，保证客房设备完好，不影响出租
4	日常维修的到位率（维修任务单）	相关部门	$\dfrac{到位维修数}{维修任务数} \times 100\%$
5	监控接收天线工作状态达到清晰度	相关部门	确保客房电视的清晰度
6	闭路电视录像节目更换	工程部	确保及时更换闭路电视录像节目
7	闭路电视录像节目播放时间准确率	工程部	$\dfrac{实际准时播放次数}{应准时播放次数} \times 100\%$
8	背景音乐音量、内容、音色的合格率	工程部	$\dfrac{实际合格次数}{应合格次数} \times 100\%$
9	临时会场音响设备的合格率	工程部	$\dfrac{临时会场音响设备实际合格次数}{总的临时会场音响设备使用次数} \times 100\%$

続き

序号	考核指标	数据提供	指标说明
10	电梯安全运行率	工程部	$\dfrac{安全运行天数}{运行天数}\times100\%$
11	冷热水供应	工程部	确保及时地、稳定地供应冷热水
12	客人对设备的投诉不超过____次	工程部	保证各项设备完好，不影响客人使用
13	备品备件的账物相符率	工程部	$\dfrac{账物相符笔数}{储存备品备件总笔数}\times100\%$
14	备品备件的库存量低于____元	工程部	保证不会有太多的库存积压资金
15	客房设备的巡检率	客房部	$\dfrac{实际巡检次数}{计划巡检次数}\times100\%$
16	设备建档率	总经办	$\dfrac{已建档的设备数}{应建档的设备总数}\times100\%$
17	房间监测指标、水箱化验合格率	工程部	$\dfrac{房间监测指标、水箱化验合格数}{房间监测指标、水箱化验总数}\times100\%$
18	计量检测合格率	工程部	$\dfrac{计量设备检测合格数}{计量设备检测总数}\times100\%$

××酒店保安部关键业绩指标

序号	考核指标	数据提供	指标说明
1	接受上级安全检查合格率	保安部、总经办	$\dfrac{上级安全检查合格数}{安全检查总次数}\times100\%$
2	安全设备完好率	工程部	$\dfrac{安全设备完好数}{安全设备总数}\times100\%$
3	消防报警系统完好率	工程部	$\dfrac{消防报警系统完好数}{消防报警系统总数}\times100\%$
4	保证安全通道畅通	保安部	及时巡逻，保证安全通道没有任何障碍物
5	安全门完好率	保安部	$\dfrac{安全门完好数}{总的安全门数}\times100\%$
6	客房门锁安全完好率	保安部、客房部	$\dfrac{客房门锁安全完好数}{总的客房门锁数}\times100\%$
7	对入店人员（访客门、员工门）的控制合格率	保安部	$\dfrac{符合规定的入店人员数}{总的入店人员数}\times100\%$

序号	考核指标	数据提供	指标说明
8	24小时巡逻的到位率	保安部	$\dfrac{巡逻的到位数}{总的巡逻次数}\times100\%$
9	重点部位巡查次数达到1次／天	保安部	确保重点部位的安全
10	店内秩序管理状况	保安部	确保酒店财产和客人的财产安全，维护酒店治安秩序
11	突发事件处理及时率	保安部	$\dfrac{突发事件处理及时数}{突发事件总数}\times100\%$
12	案件侦破率	保安部	确保配合公安机关侦破发生在酒店内的各类案件，$\dfrac{案件侦破数}{总的案件数}\times100\%$
13	重大活动意外事件发生率	保安部	$\dfrac{意外事件发生次数}{总的重大活动数}\times100\%$
14	治安档案完整率	保安部	$\dfrac{治安档案完整数}{总的治安档案数}\times100\%$
15	店内安保人员资格证持有率	人力资源部	$\dfrac{持有资格证的安保人员数}{总的安保人员数}\times100\%$
16	安保人员业务技能达标率	人力资源部	$\dfrac{业务技能达标的安保人员数}{总的安保人员数}\times100\%$

××酒店财务部关键业绩指标

序号	考核指标	数据提供	指标说明
1	结算延迟天数	财务部、相关部门	考核财务部门财务结算时效和日常单据处理的能力，结算延迟天数以规定的结算完成日计算
2	支出审核失误率	审计	$\dfrac{不当支出金额}{支出总额}\times100\%$
3	资金调度达成率	财务部	$\dfrac{资金调度完成金额}{经核准的资金需求总额}\times100\%$
4	财务数据及时、准确反馈率	财务部	$\dfrac{及时、准确反馈数据次数}{反馈总次数}\times100\%$
5	财务分析报告完成率	财务部	$\dfrac{已完成报告的数量}{每季度应完成的报告数量}\times100\%$
6	会计业务电子化率	财务部	$\dfrac{已用的电子化会计业务种类}{会计业务种类之和}\times100\%$

续登りり

序号	考核指标	数据提供	指标说明
7	计划预算控制完成率	财务部、各部门	$1-\dfrac{\text{计划预算超支部门数}}{\text{部门总数}}\times100\%$
8	资金筹措落实到位及时率	财务部	$\dfrac{\text{根据规定制度和流程资金按时到位的次数}}{\text{根据规定制度和流程资金应按时到位的总次数}}\times100\%$
9	收款计划完成率（应收账款降低率）	财务部	$1-\dfrac{\text{考核期应收账款余额}}{\text{期初应收账款余额}}\times100\%$
10	现金净流量完成率（库存资金降低率）	财务部	$\dfrac{\text{全年营运资金总流入}-\text{全年营运资金总流出}}{\text{年度利润总额}}\times100\%$
11	提供财务数据和分析报告	财务部	要及时、准确、完整地提供
12	费用预算计划控制率	财务部	$\dfrac{\text{报告期实际费用支出}}{\text{报告期计划费用额}}\times100\%$
13	报表的及时率	财务部	报表汇总
14	月成本统计准确率	财务部	$\dfrac{\text{统计出错次数}}{\text{统计总次数}}\times100\%$

××酒店人力资源部关键业绩指标

序号	考核指标	数据提供	指标说明
1	员工自然流动率	人力资源部、各部门	$\dfrac{\text{离职人数}}{\text{在编的平均人数}}\times100\%$
2	人员需求达成率	人力资源部、各部门	$\dfrac{\text{经试用合格人数}}{\text{需求人数}}\times100\%$
3	培训计划达成率	人力资源部、各部门	$\dfrac{\text{培训计划执行总时数}}{\text{培训计划总时数}}\times100\%$
4	员工内部流动率	人力资源部	$\dfrac{\text{实际流动的内部职工人数}}{\text{计划流动人数}}\times100\%$
5	要职要员考察计划完成率	人力资源部	$\dfrac{\text{已考核要员数}}{\text{计划考核数}}\times100\%$
6	员工职业生涯规划完成率	人力资源部	$\dfrac{\text{已设计的职业生涯的员工数量}}{\text{计划需进行职业生涯规划的员工总数}}\times100\%$

缩蝥りり

序号	考核指标	数据提供	指标说明
7	薪资总量预算安排达成率	人力资源部	$\dfrac{\text{实际发生成本}}{\text{计划成本}} \times 100\%$
8	招聘费用预算达成率	人力资源部	$\dfrac{\text{实际发生招聘费用}}{\text{计划招聘费用}} \times 100\%$
9	培训费用预算达成率	人力资源部	$\dfrac{\text{实际发生培训费用}}{\text{计划培训费用}} \times 100\%$
10	员工工资出错率	人力资源部	$\dfrac{\text{错误发放的工资次数}}{\text{发放的工资次数}} \times 100\%$ $\dfrac{\text{错误发放的人数}}{\text{发放的工资人数}} \times 100\%$
11	员工绩效计划的按时完成率	人力资源部	$\dfrac{\text{按时完成的绩效考核数}}{\text{绩效考核总数}} \times 100\%$
12	员工绩效考核申诉处理及时性	人力资源部	$\dfrac{\text{按时完成的考核申诉}}{\text{考核申诉的总数}} \times 100\%$
13	招聘空缺职位所需的平均天数	人力资源部	$\dfrac{\text{空缺职位总数}}{\text{招聘空缺职位所用的总天数}}$
14	人员编制控制率	人力资源部	$\dfrac{\text{实际人数}}{\text{计划编制人数}} \times 100\%$
15	员工四险一金办理的及时性和计算出错率	人力资源部	$\dfrac{\text{错误办理的福利次数}}{\text{办理的福利次数}} \times 100\%$ $\dfrac{\text{错误办理的人数}}{\text{办理的工资人数}} \times 100\%$ $\dfrac{\text{按时完成的人数}}{\text{应办理的总人数}} \times 100\%$
16	公司员工培训完成率	人力资源部	$\dfrac{\text{按时完成的培训数量}}{\text{培训计划总量}} \times 100\%$
17	员工对培训的满意度	人力资源部	对员工进行培训满意度调查的算术平均值
18	劳动合同的管理	人力资源部	员工劳动合同签订时间－按规定签订时间（未签订劳动合同的员工÷应签订劳动合同的员工）×100%
19	员工入职、离职手续的办理	人力资源部	员工实际办理入（离）职时间－员工应按规定办理入（离）职时间
20	人才档案的完整性及数据更新的及时性	人力资源部	$\dfrac{\text{已归档人数}}{\text{应归档人数}} \times 100\%$

缁鳌りり

序号	考核指标	数据提供	指标说明
21	部门培训完成率	人力资源部	$\dfrac{部门培训实际完成情况}{计划完成量} \times 100\%$
22	部门员工培训参加率	人力资源部	$\dfrac{实际参加培训数量}{应参加培训总量} \times 100\%$

前厅部经理绩效考核表

岗位：前厅部经理　　　被考核人：　　　　　考核时期：年　　月

项目	序号	考核项目	基准目标	分值	达成情况	考核分数
KPI（70%）	1	对客结账差错率	0	10		
	2	预订信息差错率	0	10		
	3	分房准确率	100%	10		
	4	行李运送与保管差错率	0	10		
	5	客人有效投诉数	小于2次/月	10		
	6	紧急事件处理速度	达到酒店规定标准	10		
	7	部门协作满意度	非常满意	10		
工作态度（10%）	1	责任感	工作责任感总是很强，且愿意承担责任	3		
	2	仪容、仪表	严格遵守酒店仪容、仪表要求，完全符合本酒店标准	2		
	3	礼节、礼仪	严格遵守酒店礼节、礼仪规范，没有出现不礼貌的行为	2		
	4	工作效率	任何工作都按时保质、保量完成，且从无怨言、牢骚	3		
工作能力（20%）	1	协作	对部门或他人的工作请求从无怨言、牢骚、畏难	5		
	2	培训	总是能给予下属必要的培训和指导	5		
	3	沟通	总是虚心聆听他人意见，工作上从未造成误解	5		
	4	执行力	总是能把上司的意愿变为现实	5		
总计考核得分						

被考核人确认：　　　　　　　　　　考核人确认：

接待领班绩效考核表

岗位：接待领班　　　被考核人：　　　　　　考核时期：　　年　　月

项目	序号	考核项目	基准目标	分值	达成情况	考核分数
KPI（50%）	1	入住登记手续合格率	100%	7		
	2	房间房卡分发	无差错	7		
	3	客房营业日报表	1次/日	6		
	4	落实预订房间准确率	100%	6		
	5	建立客房档案	100%	6		
	6	建立VIP客人档案	100%	6		
	7	客人投诉率	0.04%	6		
	8	上岗员工外语合格率	80%	3		
	9	环境卫生检查合格率	80%	3		
工作态度（20%）	1	出勤纪律	无迟到、早退、请假、离岗、串岗、旷工现象	5		
	2	仪容、仪表	完全符合本酒店仪容、仪表标准	5		
	3	礼节、礼仪	完全符合酒店礼节、礼仪规范，无不礼貌的行为	5		
	4	工作效率	任何工作都按时保质、保量完成，且从无怨言、牢骚	5		
工作能力（30%）	1	主动性	总是能够积极主动、精神饱满地去工作	5		
	2	学习能力	按时参加酒店、班组的培训，且培训期间无违纪现象	5		
	3	团队协作	对部门或他人的工作请求从无怨言、牢骚、畏难	5		
	4	业务技能	熟练掌握岗位业务技能知识，符合或超越本酒店的岗位职责标准	5		
	5	培训	总是能给予下属必要的培训和指导	5		
	6	沟通	总是虚心聆听他人意见，工作上从不造成误解	5		
总计考核得分						

被考核人确认：　　　　　　　　　　考核人确认：

接待员绩效考核表

岗位：接待员　　被考核人：　　　　考核时期：　　年　月

项目	序号	考核项目	基准目标	分值	达成情况	考核分数
KPI（50%）	1	接待服务工作	在（　　）分钟内完成接待	7		
	2	对客服务工作	按客人要求分房、制作房卡、分房准确率95%以上	7		
	3	保管登记单	登记单按（　　）要求填写；在（　　）整理并妥善保管登记单，无丢失现象	6		
	4	入住登记手续合格率	100%	6		
	5	客人投诉率	0.04%	6		
	6	建立客房档案	100%	6		
	7	建立VIP客人档案	100%	6		
	8	外语合格率	80%	6		
工作态度（25%）	1	出勤纪律	没有迟到、早退、请假、病假、离岗、串岗、旷工现象	6		
	2	仪容、仪表	严格遵守酒店仪容、仪表要求，完全符合本酒店标准	7		
	3	礼节、礼仪	严格遵守酒店礼节、礼仪规范，没有出现不礼貌的行为	6		
	4	工作效率	任何工作都按时保质、保量完成，且从无怨言、牢骚	6		
工作能力（25%）	1	主动性	总是能够积极主动、精神饱满地去工作	6		
	2	学习能力	按时参加酒店、班组的培训，且培训期间无违纪现象	6		
	3	团队协作	零错误、损坏、偏离标准的行为、从不重复工作	6		
	4	业务技能	熟练掌握岗位业务技能知识，符合或超越本酒店的岗位职责标准	7		
总计考核得分						

被考核人确认：　　　　　　　　考核人确认：

第三节 制订绩效管理计划

绩效计划是由管理者和员工根据既定的绩效标准共同制订、修正绩效目标以及实现目标的过程。

一、绩效计划的内容

绩效计划是用于指导员工行为的一份计划书。简单地说，绩效计划包括两个方面的内容：做什么和如何做，如图5-16所示。

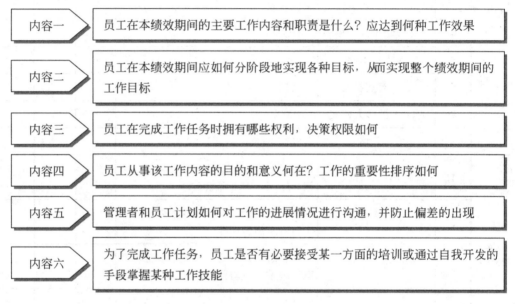

内容一	员工在本绩效期间的主要工作内容和职责是什么？应达到何种工作效果
内容二	员工在本绩效期间应如何分阶段地实现各种目标，从而实现整个绩效期间的工作目标
内容三	员工在完成工作任务时拥有哪些权利，决策权限如何
内容四	员工从事该工作内容的目的和意义何在？工作的重要性排序如何
内容五	管理者和员工计划如何对工作的进展情况进行沟通，并防止偏差的出现
内容六	为了完成工作任务，员工是否有必要接受某一方面的培训或通过自我开发的手段掌握某种工作技能

图5-16　绩效计划应包含的内容

二、制订绩效计划的准备

绩效计划通常是通过管理人员与员工双向沟通的绩效计划会议得到的，那么为了使绩效计划会议取得预期的效果，事先必须准备好相应的信息。这些信息主要可以分为以下三种类型。

1.关于组织的信息

为了使绩效计划能够与组织的目标结合在一起，在制订绩效计划前，管理者与被管理者都需要重新回顾组织目标，保证在进行沟通之前双方都熟悉了组织的目标。

2.关于部门和团队的信息

每个部门和团队的目标都是根据组织的整体目标分解下来的，不仅组织的经营性指标可以分解到生产、销售等部门，而且对于业务支持性的部门，其工作目标也必须与组织的经营目标紧密相连。

例如公司的整体经营目标是：

——将市场占有率扩展到60%；

——在产品的特性上实现不断创新；

——推行预算，降低管理成本。

那么，人力资源部作为一个业务支持性部门，在上述的整体经营目标之下，就可以将自己部门的工作目标设定为：

——建立激励机制，鼓励开发新客户、创新、降低成本的行为；

——在人员招聘方面，注重在开拓性、创新精神和关注成本方面的核心胜任素质；

——提供开发客户、提高创造力、预算管理和成本控制方面的培训。

3.关于员工个人的信息

员工个人的信息主要包括两个方面：所在岗位工作描述的信息，员工上一个绩效期间的绩效评估结果。在员工的工作描述中，通常规定了员工的主要工作职责，以工作职责为出发点设定工作目标可以保证个人的工作目标与职位的要求联系起来。工作描述需要不断地修订，在设定绩效计划之前，要对工作描述进行回顾，重新思考职位存在的目的，并根据变化了的环境调整工作描述。

三、绩效计划的沟通

绩效计划是双向沟通的过程，绩效计划的沟通阶段也是整个绩效计划的核心阶段。在这个阶段，管理人员与员工必须经过充分的交流，对员工在本次绩效期间内的工作目标和计划达成共识。

1.绩效计划沟通的方式

进行绩效计划沟通时，采用什么样的方式对绩效计划的内容达成共识，需要考虑不同的环境因素，如企业文化、员工特点以及所要达到工作目标的特点。

（1）如果希望借助绩效计划机会向全体员工做一次动员，使员工了解企业发展前景和战略目标，以激发员工的士气，那么就可以召开员工大会。

（2）如果一项工作目标需要一个部门或团队的员工密切合作才能够完成，那么就可以召集部门或团队的员工一块讨论，明确每个人在实现目标过程中的分工，有助于不同成员间的协调配合，通过讨论还可以提前发现工作中可能存在的问题。

（3）如果主要是员工个体性的工作目标，则可以采取单独沟通的方式。

2.沟通环境的准备

绩效计划沟通前，管理者和被管理者应该确定一个双方都空闲的时间用于绩效沟通，在沟通的时候应尽可能避免干扰，沟通的气氛要尽可能宽松，不要使被管理者感受到太大的心理压力。

3.绩效计划沟通的原则

在沟通之前，管理者和被管理者都应该对图5-17所示的几个问题达成共识。

| 原则一 | 管理者和被管理者在沟通中是一种相对平等的关系，是为了完成共同的目标而做计划 |

| 原则二 | 要知道，员工才是真正最了解自己所从事的工作的人，员工本人是自己工作领域的专家，因此在制定工作的衡量标准时要更多地发挥员工的主动性，更多地听取员工的意见 |

| 原则三 | 管理者主要影响员工的领域是如何使员工个人工作目标与部门工作目标乃至整个组织的目标结合在一起，以及员工如何在组织内部与其他人员进行协调配合 |

| 原则四 | 管理者应该与员工一起做决定，而不是代替员工做决定，员工自己做决定的成分越多，绩效管理就越容易成功 |

图5-17　绩效计划沟通的原则

四、绩效计划的确认

在制订绩效计划的过程中，对计划的审定和确认是最后一个步骤。

1.确认是否达成了共识

在绩效计划过程结束时，管理人员和员工应该能以同样的答案回答几个问题，以确认双方是否达成了共识。这些问题包括如下几个。

（1）员工在本绩效期内的工作职责是什么？

（2）员工在本绩效期内所要完成的工作目标是什么？如何判断员工的工作目标完成得怎么样？员工应该在什么时候完成这些工作目标？

（3）各项工作职责以及工作目标的权重如何？哪些是最重要的，哪些是其次重要的，哪些是次要的？

（4）员工的工作绩效好坏对整个企业或特定的部门有什么影响？

（5）员工在完成工作时可以拥有哪些权力？可以得到哪些资源？

（6）员工在达到目标的过程中会遇到哪些困难和障碍？管理人员会为员工提供哪些支持和帮助？员工在绩效期内会得到哪些培训？

（7）员工在完成工作的过程中，如何去获得有关他们工作情况的信息？

（8）在绩效期间内，管理人员将如何与员工进行沟通？

2.确认能否达到应有的效果

当绩效计划结束时，应达到以下的结果。

（1）员工的工作目标与企业的总体目标紧密相连，并且员工清楚地知道自己的工作目标与企业的整体目标之间的关系。

（2）员工的工作职责和描述已经按照现有的企业环境进行了修改，可以反映本绩效期内主要的工作内容。

（3）管理人员和员工对员工的主要工作任务、各项工作任务的重要程度、完成任务的标准、员工在完成任务过程中享有的权限都已经达成了共识。

（4）管理人员和员工都十分清楚在完成工作目标的过程中可能遇到的困难和障碍，并且明确管理人员所能提供的支持和帮助。

（5）形成了一个经过双方协商讨论的文档，该文档中包括员工的工作目标、实现工作目标的主要工作结果、衡量工作结果的指标和标准、各项工作所占的权重，并且管理人员和员工双方要在该文档上签字确认。

第四节　开展绩效管理培训

要保证绩效管理有效实施，绩效管理的培训不可缺少，因为如果员工对绩效管理存在认识上的偏差和误解，势必会影响绩效管理的有效实施。

一、开展绩效管理培训的目的

1.消除误解和认识上的偏差

员工对任何形式的评估都会很敏感，有的员工希望绩效评估工作公正和公平，害怕自己受到不公正的评估。有的员工平时对主管人员缺乏信任感，内心容易产生抵触情绪。有的主管人员认为绩效管理是扩充自己权力的机会，可以整一下某些人，也可以拉拢一下某些人。有的主管人员担心给某些员工打不好的分数会影响自己同他们的关系……主管人员和员工对绩效管理有这么多的误解和抵触情绪，所以通过绩效管理培训，可以使管理人员和员工对绩效管理有一个全面正确的理解，并主动积极地支持配合实施绩效管理。

2.掌握绩效管理的操作技能

绩效管理中有许多操作技能，包括如何操作绩效指标和标准、如何做好工作现场的表现记录、怎样评分、如何进行绩效沟通等。如果实施绩效管理的人不能掌握这些技能，就很难保证他们正确地运用绩效管理的管理工具，绩效管理的目的也就无法达到。

二、绩效管理培训的内容

1.绩效管理的介绍

这是大多数绩效管理的培训都有的开始性课程。对任何绩效管理课程来说，比较符合逻辑的开端是向员工解释组织为什么要使用绩效管理系统，它的目的是什么，有什么用途，以及企业中现在要使用的是一套怎样的绩效管理系统等。

本课程概要性地讲解关于绩效管理整个过程的知识。讲师将通过讲解，举一些企业中的例子让学员了解绩效管理的目的和过程，消除由于不了解绩效管理而带来的紧张和焦虑。

课前要发给学员一份绩效管理手册，内容包括以下方面。

（1）什么是绩效管理？

（2）绩效管理的方法和提供的信息有什么作用？

（3）企业中用什么样的程序来保证绩效管理的客观性和准确性？

（4）在绩效管理中使用什么工具？

2.绩效评估的介绍

讲师要与学员讨论和分享目前绩效评估中存在的影响准确性的因素，包括绩效评估方法的选择、工作描述的准确性和绩效标准设定中的问题等。

通过实际操作性的活动使学员学会如何做好工作描述。这一课程最重要的内容是关于绩效评估中的偏差，可使用角色扮演、案例分析、录像带等方法使学员认识到光环效应、趋中误差、首因效应、对比效应等评估误差以及避免的方法，使评估者了解自己在有效的绩效管理操作过程中的影响，以便更好地实施绩效管理。参加培训的人员一般为参加绩效管理的评估人员（主要是管理人员）。

3.关键绩效指标的介绍

本课程主要是为了使员工了解以下内容。

（1）关键绩效指标的定义、内容，学会设定关键绩效指标。

（2）讨论设定关键绩效指标的重要性。

（3）了解关键绩效指标的SMART原则。

（4）学会建立客户关系示意图和定义工作产出。

（5）学会设定关键绩效指标和标准。

关键绩效指标的设定是进行绩效管理的基础，讲师将与学员讨论和分享目前绩效指标设定中的问题。通过实际操作性的活动使学员学会如何运用客户关系示意图的方法定义工作产出和关键绩效指标。

4.绩效评估工具的介绍

本课程主要是为了使员工了解以下内容。

（1）绩效评估中常用的评估工具，学会正确使用这些评估工具。

（2）描述评估工具的设计。

（3）解释如何将被评估者的行为对应到评估量表中。

（4）了解不同评估者评估的差异。

本课程通过讲解、练习等方法使评估者正确掌握评估工具的使用，并了解评估者对评估结果的影响。

5.绩效反馈面谈的介绍

本课程主要是为了使员工了解以下内容。

（1）如何有效地准备绩效反馈面谈。

（2）列出绩效反馈面谈中所要做的活动。

（3）计划绩效反馈面谈的时间。

本课程通过讲解、练习等方法使评估者正确掌握如何准备绩效反馈面谈，预期在面谈中可能出现的问题，以及如何计划面谈各个环节的时间等。

6.实施绩效反馈面谈的介绍

本课程主要是为了使员工了解以下内容。

（1）如何有效地实施绩效反馈面谈，提高面谈技巧。

（2）对照有效的和无效的绩效反馈面谈技巧。

（3）描述非语言行为在绩效反馈面谈中的作用。

（4）掌握如何控制面谈的过程使之不偏离预期的轨道。

本课程通过讲解、练习等方法使评估者正确掌握如何实施绩效反馈面谈，掌握面谈中的各种技巧。

比如，如何建立双向沟通关系、如何利用非语言交流、如何控制谈话的方向等。

7.绩效改进的介绍

本课程主要是为了使员工了解以下内容。

（1）绩效中出现的问题和障碍，并学会怎样克服它们。

（2）识别员工在绩效方面存在的有关知识和技能、兴趣、动机、努力程度等方面的问题。

（3）掌握针对各种具体问题如何给予督导和帮助。对于一名合格的主管和评估者来说，教导和咨询的技能是基本必备的技能。讲师将帮助学员了解下属在绩效方面存在问题的可能原因，以及如何给下属提供一些教导和帮助。

第五节　进行绩效辅导

绩效辅导是指管理者与员工讨论有关工作进展情况、潜在的障碍和问题、解决问题的办法措施、员工取得的成绩以及存在的问题、管理者如何帮助员工等信息的过程。绩效辅导贯穿于整个的管理过程，不是仅仅在开始，也不是仅仅在结束，而是贯穿于绩效管理的始终。

一、绩效辅导的作用

绩效辅导在绩效管理系统中的作用在于能够前瞻性地发现问题并在问题出现之前解决，还在于能把管理者与员工紧密联系在一起，管理者与员工经常性就存在和可能存在的问题进行讨论，共同解决问题，排除障碍，达到共同进步和共同提高，实现高绩效的目的。绩效辅导还有利于建立管理者与员工良好的工作关系。通常来说，绩效辅导的作用如图5-18所示。

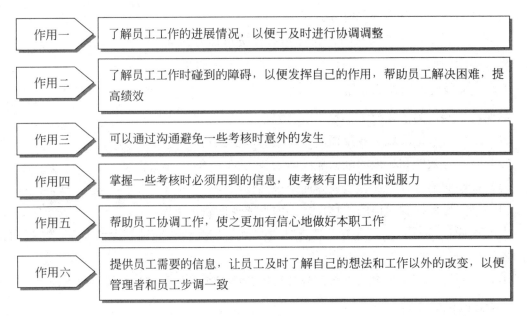

作用一 了解员工工作的进展情况，以便于及时进行协调调整

作用二 了解员工工作时碰到的障碍，以便发挥自己的作用，帮助员工解决困难，提高绩效

作用三 可以通过沟通避免一些考核时意外的发生

作用四 掌握一些考核时必须用到的信息，使考核有目的性和说服力

作用五 帮助员工协调工作，使之更加有信心地做好本职工作

作用六 提供员工需要的信息，让员工及时了解自己的想法和工作以外的改变，以便管理者和员工步调一致

图5-18　绩效辅导的作用

二、绩效辅导的要求

绩效辅导贯穿于绩效管理的全过程，在每次进行时，管理者都应该明确以下几个问题。

（1）所定工作目标进展如何？

（2）哪些方面进行得好？

（3）哪些方面需要进一步改善和提高？

（4）员工是否在朝着既定的绩效目标前进？

（5）为使员工更好地完成绩效目标，需要做哪些改善？

（6）在提高员工的知识、技能和经验方面，管理者需要做哪些工作？

（7）是否需要对员工的绩效目标进行调整？如果需要，怎样调整？

（8）管理者与员工在哪些方面达成了一致？

（9）管理者与员工需要在哪些方面进行进一步的沟通探讨？

🌀 管理小妙招：

> 绩效辅导是绩效管理中的关键环节，管理者要想使绩效管理真正产生效果，就必须在绩效辅导上多下些功夫。

三、进行绩效辅导沟通

无论是从员工的角度还是从部门经理的角度都需要在绩效实施的过程中进行持续不断的沟通，因为每个人都需要从中获得对自己有帮助的信息。

1.绩效辅导沟通的目的

在这个阶段，绩效辅导沟通的目的主要如图5-19所示。

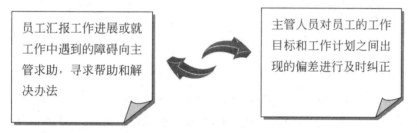

员工汇报工作进展或就工作中遇到的障碍向主管求助，寻求帮助和解决办法

主管人员对员工的工作目标和工作计划之间出现的偏差进行及时纠正

图5-19　绩效辅导沟通的目的

管理者与员工共同确定了工作计划和评价标准后，并不是说就不能改变了。员工在完成计划的过程中可能遇到外部障碍、能力缺陷或者其他意想不到的情况，这些情况都会影响计划的顺利完成。员工在遇到这些情况的时候应当及时与主管沟通，主管则要与员工共同分析问题产生的原因，如果属于外部障碍，在可能的情况下主管要尽量帮助下属排除外部障碍；如果属于员工本身技能缺陷等问题，主管则应该提供技能上的帮助或辅导，辅导员工达成绩效目标。同时在这个阶段，员工有义务就工作进展情况向主管汇报，主管有责任帮助下属完成绩效目标，对员工出现的偏差进行及时的纠正，尽早找到潜在的问题，以便在他们变动复杂之前能够将其很好地解决。

2.绩效辅导沟通的方式

有效的沟通不仅仅在于沟通的技巧，还在于沟通的形式。在绩效管理中采用的正式的沟通方式一般有书面报告、会议沟通和一对一面谈沟通等。每种沟通方式都有其优点和缺点，都依其当时的情景而定。

（1）书面报告。书面报告是绩效管理中比较常见的一种正式沟通的方式，是员工使用文字和图表的形式向部门经理报告工作进展情况、遇到的问题、所需支持以及计划的变更、问题分析等。书面报告的优缺点如图5-20所示。

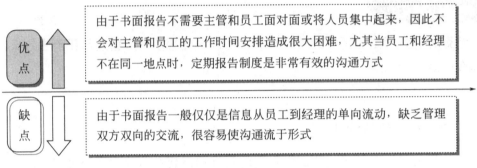

图5-20　书面报告的优缺点

管理小妙招：

　　作为报告制的补充，管理者和员工的直接面谈或电话沟通等其他的非正式沟通方式也很必要，尤其当出现了复杂的或难以解决的问题时。

（2）会议沟通。会议沟通可以提供更加直接的沟通形式，而且可以满足团队交流的需要。此外，会议沟通的好处还表现在部门经理可以借助开会的机会向全体下属传递有关企业战略目标和组织文化的信息。在会议沟通中需要把握如图5-21所示几个原则。

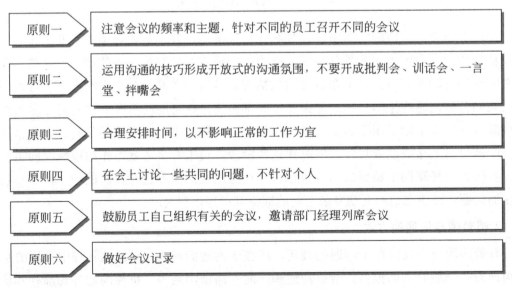

图5-21　会议沟通中需要把握的原则

（3）一对一面谈沟通。一对一面谈沟通是绩效辅导中比较常用的一种沟通方式，其优点如图5-22所示。

优点一	面谈的释放可以使部门经理和员工进行比较深入的沟通
优点二	面谈的信息可以保持在两个人的范围内，可以谈论比较不宜公开的观点
优点三	通过面谈，会给员工一种受到尊重和重视的感觉，比较容易建立部门经理与员工之间的融洽关系
优点四	部门经理在面谈中可以根据员工的处境和特点，因人制宜地给予帮助

图5-22 一对一面谈沟通的优点

3.绩效辅导沟通的注意事项

在绩效实施的过程中进行面谈沟通，应该注意以下的问题。

（1）力图通过面谈使员工了解组织的目标和方向。

（2）多让员工谈自己的想法和做法。

（3）及时纠正无效的行为和想法。

（4）让员工认识到部门经理的角色。

因此，酒店可提倡走动式管理、开放式办公、工作间歇的沟通、非正式会议等方式来提高员工的绩效。

第六节　实施绩效考核

有很多企业主管人员认为绩效管理就是绩效考核，但事实上绩效考核只是绩效管理循环中的一个环节。在绩效考核阶段，主管人员要依据绩效计划阶段所确立的标准和辅导阶段收集的数据来对员工在考核期内的绩效进行评价。

一、汇总检查员工的相关绩效数据

评价的程序应当是首先汇总检查员工的相关绩效数据。检查的目的是为了保证数据的质量，主管人员应当确认有关绩效的数据是否准确、是否完整以及适用性如何，如果发现数据中有不符合要求的地方，或者还需要对某些数据进行证实时，主管人员要把这些数据和通过另一种渠道（如工作样本分析、错误报告、抱怨记录、主管人员反馈等）收集的数据进行对比，以判断所收集的原始信息的准确性和可信性。

二、选择合适的评价方法

在确认数据充分而且没有错误后，才可以根据这些数据对员工的绩效完成情况进行评价。在评价中主管人员据员工不同的工作特点和情况可以采取不同的评价方式。要保证重要的评价指标没有遗漏；评价标准与工作绩效紧密相关；评价的过程公正有效。

三、绩效反馈面谈

在最终的绩效评价结果生效之前，主管人员还必须与下属就评价结果进行讨论，面谈是为了使主管人员和下属对绩效考核结果形成共识，使下属接受绩效评价结果。绩效面谈具体可分为以下三个步骤。

1.绩效面谈准备

要保证面谈的效果，主管人员和员工都必须有充分的事先准备。绩效面谈前，主管人员最重要的准备工作应当是相关数据和分析的准备，也就是要求主管人员在面谈前一定要进行绩效诊断。

（1）主管人员应做的准备。绩效反馈面谈前主管人员应做的准备如表5-6所示。

表 5-6　主管人员应做的准备

序号	准备事项	详细内容
1	选择适当的时间	（1）和员工约定一个双方者比较空闲的时间。例如：不要选择接近下班的时间 （2）计划好面谈将要花费的时间，有利于把握面谈反馈的进度和双方工作安排
2	选择适当的地点	（1）主管办公室、小型会议室或类似咖啡厅等休闲地点 （2）还应注意安排好谈话者的空间距离和位置。距离太近，造成压抑感，距离太远，沟通双方无法清晰地获得信息
3	准备面谈评估资料	（1）充分了解被面谈员工过去和现在的情况。包括教育背景、家庭环境、工作经历、性格特点、职务以及业绩情况等 （2）其他面谈所需的各种资料。包括员工的绩效评估表格、员工日常工作表现的记录等
4	计划好面谈的程序	（1）计划好如何开始、采取什么样的开场白取决于具体的谈话对象和情境 （2）计划好面谈的过程。先谈什么，后谈什么，要达到何种目的，运用什么技巧 （3）计划好在什么时候结束面谈以及如何结束面谈

（2）员工应做的准备。绩效反馈面谈前员工应做的准备如图5-23所示。

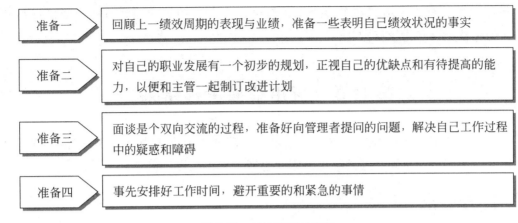

图5-23 员工应做的准备

2.面谈过程的控制

建立彼此的信赖关系是绩效沟通面谈成功的首要前提。要清楚地说明面谈的目的和作用，要能够充分调动对方参与讨论的积极性，赢得员工的合作。注意倾听被考核者的意见，有利于考核者全面了解情况，印证自己的判断，把握交流的基调，问得多、讲得少，有利于为面谈营造一个积极的氛围。面谈的主要内容如下。

（1）回顾和讨论过去一段时间工作进展情况，包括工作态度、工作绩效、企业文化建设等。

（2）主管和下属讨论计划完成情况及效果、目标是否实现。

（3）对下属作出评估。

（4）主管向下属提出工作建议或意见。

（5）讨论对下属的要求或期望。

（6）讨论可以从主管那里得到的支持和指导。

（7）讨论下属工作现状及存在的问题，如工作量、工作动力、与同事合作、工作环境、工作方法。

（8）在分析工作优缺点的基础上提出改进建议或解决办法。

（9）主管阐述本部门中短期目标及做法。

（10）员工阐述自己的工作目标、双方努力把个人目标和本部门目标结合起来。

（11）共同讨论并确定下个绩效期的工作计划和目标，以及为此目标应采取的相应措施。

3.确定绩效改进计划

在绩效面谈中，双方在讨论绩效产生的原因时，对于达成的共识应当及时记录下来，同时也对下阶段绩效重点和目标进行计划，这就使整个绩效管理的过程形成一个不断提高的循环。面谈结束后，双方要将达成共识的结论性意见或双方确认的关键事件或数据，及时予以记录、整理，填写在考核表中。对于达成共识的下期绩效目标也要进行整理，形成新的考核指标和考核标准。

第七节 应用绩效考核结果

绩效考核的应用范围很广，它的结果可以供管理人员为人力资源管理的决策提供信息，还可以用于员工个人在绩效改进、职业生涯发展方面提供借鉴。

一、管理应用

管理应用指的就是将绩效考核的结果应用于人力资源管理中计划、招聘、甄选、薪酬、晋升、调配、辞退等各项具体的决策中。

1.用于招聘决策

通过分析员工的绩效考核结果，人力资源管理人员对企业各个岗位的优秀人才所应该具备的优秀品质与绩效特征，会有更深的理解，这会为招聘过程的甄选环节提供十分有益的参考。例如，通过对企业优秀基层管理人员绩效特征的分析，如果这些特征主要是"能吃苦""有一定的管理能力""有良好的人际能力"等，那么在以后招聘基层管理人员时，甄选的标准就会进行针对性的调整或改进，以便更好地满足企业绩效提升的需要。

通过分析员工的绩效考核结果，如果发现员工在工作能力或态度上存在欠缺，而又无法通过及时而有效的培训得到解决，企业就要考虑制订或改进相应的招聘计划，注重招聘工作能力强、态度端正的人才，以满足提升工作绩效的实际需要。

2.用于员工报酬分配和调整

绩效考核结果应用于薪酬决策主要有三种形式，具体包括如下内容。

（1）用于确定奖金分配方案。即决策短期薪酬，也可称为"刺激薪资"。

（2）作为调整员工固定薪酬的依据。这部分薪酬是以员工的劳动熟练程度、所承担工作的复杂程度、责任大小及劳动强度为基准确定的。

（3）作为福利、津贴制度变革的尝试。

3.用于人员调配和职位变动

依据绩效考核的结果决策人员调配和职位变动，对于人事相宜、事人相称目标的达成具有举足轻重的作用。通过绩效管理活动，可以掌握员工各种相关的工作信息，如劳动态度、岗位适合度、工作成就、知识和技能的运用程度等。根据这些信息，企业更易于正确地作出人事决策，有效地组织员工提升、晋级、降职、降级等人力资源管理工作。

4.用于确定员工培训需求

图5-24是基于绩效考核的培训决策。

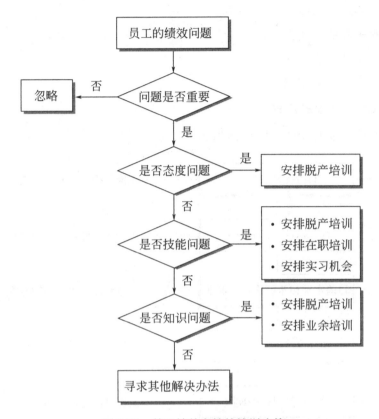

图5-24　基于绩效考核的培训决策

图5-24中的模型提供了运用绩效考核结果确定培训需求的具体思路与过程。在对绩效考核结果分析的基础上，要找出绩效差距的问题与原因是属于知识不足、能力欠缺，还是态度方面需要转变，进而拟订出针对性的员工培训内容与方案。对于有效地改进所存在的问题，提高培训绩效无疑是个帮助。

二、开发个人发展计划

个人发展计划（Individual Development Plan，IDP）是指员工在一定时期内完成的有关工作绩效和工作能力改进与提高的系统计划。它是一种直接从绩效考核延伸出来的实际且有效的由一系列表格组成的绩效改进计划。

1.个人发展计划的目的

（1）帮助员工在现有工作上改进绩效。

（2）帮助员工发挥潜力，使其在经过一系列学习之后能有升迁的可能，其重点仍是改进现有工作绩效。

2.个人发展计划的内容

（1）有待提升的项目。

（2）提升这些项目的原因。

（3）目前水平和期望达到的水平。

（4）提升这些项目的方式。

（5）设定达到目标的期限。

3.制订个人发展计划的步骤

制订个人发展计划的步骤如图5-25所示。

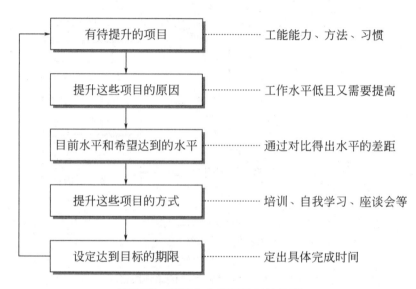

图5-25　制订个人发展计划的步骤

4.制订个人发展计划的过程

（1）主管人员与员工进行绩效评估沟通。在主管人员的帮助下，员工会很快认识到自己在工作当中哪些方面做得好，哪些方面做得不够好，认识到目前存在的绩效差距。

（2）主管人员与员工共同就员工绩效方面存在的差距分析原因，找出员工在工作能力、方法或工作习惯方面有待提升的方面。

（3）主管人员与员工根据未来的工作目标的要求，选取员工目前存在的工作能力、方法或工作习惯方面有待提升的地方中最为迫切需要提升的地方作为个人发展项目。

（4）双方共同制定改进这些工作能力、方法、习惯的具体行动方案，制定个人发展项目的期望水平和目标实现期限以及改进的方式。必要时确定过程中的检查核实计划，以便分步骤地达到目标。

（5）列出提升个人发展项目所需的资源，并指出哪些资源需要哪些人员提供义不容辞的帮助。

06

第六章
成本控制精细化

导言

在当前市场经济下，企业的竞争尤为激烈。酒店要想生存，除了加强产品开发、提升服务质量和抢占市场外，更主要的是要加强成本控制，依靠降成本来提升企业竞争力。而精细化管理正是降低企业成本，实现效益最大化的主要手段和措施。

第一节　人力资源成本控制

企业人力资源成本（以下简称为HR成本）是指为了获得日常经营管理所需的人力资源，并于使用过程中及人员离职后所产生的所有费用支出，具体包括招聘、录用、培训、使用、管理、医疗、保健和福利等各项费用。

一、招聘成本的降低

招聘是一个企业吸纳人才采用的最普遍的方法。任何工作都会有成本，同样招聘成本也是企业中必要的开支。企业经营的最大目标就是降低成本、提高利润，对于招聘成本应该采取什么手段进行降低呢？可参考图6-1所示的策略。

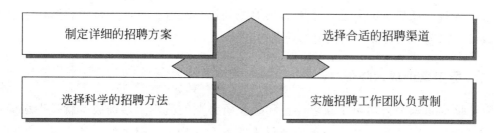

图6-1　降低招聘成本的措施

1.制定详细的招聘方案

所谓"磨刀不误砍柴工"，在招聘实施以前企业应该制定详细的招聘方案，对招聘的时间、招聘岗位、招聘要求、招聘流程和招聘方法作出科学规划，使招聘人员对招聘目标了若指掌，在招聘实施的过程中可以提高效率和收获较好的效果，从而可以提高招聘成功率，降低重新招聘带来的麻烦。

2.选择科学的招聘方法

不同的岗位对员工要求的胜任能力也有所差异，所以对于不同岗位在招聘方法上应有所区别。不同岗位的招聘过程，选择适宜的方法能够避免不必要的费用支出，从而降低选拔费用。有研究表明，对于技术人员的招聘，招聘效果与操作成绩的得分相关系数较高；而对于文秘人员招聘，招聘效果与笔试和面试的综合成绩相关系数较高。

3.选择合适的招聘渠道

招聘渠道主要分两种：直接招聘渠道和间接招聘渠道，其中直接招聘渠道主要为校园招聘和人才专场招聘；间接招聘渠道是委托招聘、猎头招聘、网络招聘、媒体招聘。

对于企业而言，校园招聘一般不需要支付场地费用和广告费用，但是校园招聘的对象主要是没有工作经验的大学毕业生，有长期人才规划的企业采用这种校园招聘的方式网罗优秀人才是比较合适的；但是对于技术人员的招聘，一般需要应聘者有一定的工作经验，采用委托招聘和在媒体发布广告的方式比较合适。

总之，选对了合适的招聘渠道，就能有效地降低招聘成本。

4.实施招聘工作团队负责制

招聘工作是有较强的季节性的工作，可以针对招聘工作成立招聘小组，小组成员可以来自企业的各部分，除招聘小组负责人从头到尾协调招聘工作外，小组成员可以根据招聘环节需要和招聘对象不同选择合适的人员。这样的设置可以使招聘工作成为团队工作，不需要在公司内部设置专门招聘岗位，从而可以减少招募费用，有效控制招聘参与人员的工资、津贴以及差旅费支出。

客观来说控制招聘成本是件困难的事，不论企业大或小，只有根据自身的实际情况，灵活运用各种降低成本的方法，才能真正地做到花小钱办大事，完全照搬其他企业的做法，或者一味选择花费最少的渠道都会适得其反。

二、员工培训成本降低

企业培训是一个公司员工新老接替和成长所必要的流程。培训成本就是指培训每个员工或是新进员工或是一些老员工所要付出的人力、物力、财力的总和。对于如何降低培训成本，酒店可以参考图6-2所示的措施。

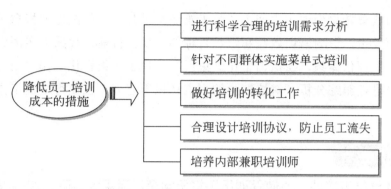

图6-2　降低员工培训成本的措施

1.进行科学合理的培训需求分析

合理的培训计划应建立在酒店对员工培训需求进行科学分析的基础之上，确保满足酒店需要的同时也能满足受训员工需要。然而许多酒店在实际培训过程中，常出现培训内容与实际需求脱节的问题。一方面，培训前不能准确地进行培训需求分析，培训的内容、方式与酒店总目标联系不紧，与员工"短板"结合较差，盲目跟风，趋从他人。另一方面，在实际培训过程中，结合岗位需求让员工参与实践的机会太少，员工只是单纯学习一些理论知识，难以在实际工作中灵活应用。总之，培训需求分析不合理会使培训效果大打折扣，不但造成酒店大量的资源浪费，而且还不能解决酒店实际问题，还会在某种程度上打击员工参与培训的积极性。

只有科学、准确的培训需求分析，才可以使酒店把有限的人力、物力、财力都用在亟须解决的问题上，使培训效果达到最佳。而要做好培训需求分析，酒店必须做好培训需求调查，以了解不同岗位的差异化需求，为培训计划奠定牢固基础。将员工个人特质与酒店要求相结合，如员工的知识、技能低于工作任务要求时，表明需求已经存在，就需再进行培训。可以通过问卷调查、职代会提案等方式定期进行培训需求调查，将酒店和员工的需求统一到培训的具体内容与途径等方面中去。

2.针对不同群体实施菜单式培训

在深入调查不同需求的基础上由酒店的培训组织部门提出一个培训项目菜单，主要分为以下三类。

（1）酒店规定的全体员工必选培训项目。

（2）部门规定的部门必选培训项目。

（3）员工根据酒店相关规定和自身需求的自选培训项目。

3.做好培训的转化工作

当一项培训活动结束后，即使前期培训工作做得再好，如果受训人员没有把培训中所学知识、技能应用到实际工作中，那么这个培训项目毫无疑问也是失败的。酒店的最终目标是创造高效益，这个目标能否顺利实现很受员工表现影响。酒店如果不能采取适当措施将培训成果转化为现实生产力，员工难免得过且过，易滋生消极怠工情绪，进而导致培训风险发生，影响培训效益和组织目标的实现。目前，我国很多酒店不注重建立自己的培训效果评估体系，在培训工作结束后，忽视了成果转化工作，缺乏对培训前后酒店绩效差异进行跟踪分析，对培训中的盲点认识不充分，也使得培训工作难以发挥应有的作用。

管理小妙招：

酒店实施员工培训，能使受训员工将所学知识运用到实际工作中去才是最终目的。

4.合理设计培训协议，防止员工流失

防范员工流失的一个有效办法就是与员工签订培训协议。通常，酒店为了提高员工素质和工作技能而对员工进行的在岗培训是单位应尽的义务，不需要与员工签订培训协议。但酒店如对部分员工进行特殊培训或花高额培训费进行的培训，就可以与员工签署培训协议，将有关权利义务和离职补偿问题等作为劳动合同的附件。

5.培养内部兼职培训师

内部兼职培训师是指公司内部除负责原职位工作职责外，还承担部分培训课程教学的员工。内部兼职培训师往往能根据企业的具体情况有针对性地进行课程设置制作，从而能吸引员工的听课热情，效果好且省去了高额的培训成本。

三、利用实习生资源降低成本

目前，中国的很多旅游院校都开办了酒店管理专业，学生每年都会有几个月的酒店实习时间，既可解决酒店对员工的需求，又在一定程度上为酒店降低了人力资源成本。酒店可参考图6-3所示的措施来合理利用实习生资源。

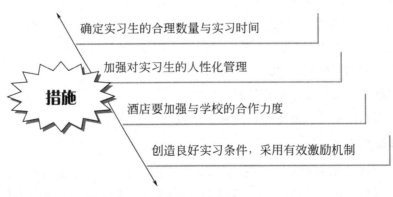

图6-3　利用实习生资源降低成本的措施

确定实习生的合理数量与实习时间

加强对实习生的人性化管理

措施

酒店要加强与学校的合作力度

创造良好实习条件，采用有效激励机制

1.确定实习生的合理数量与实习时间

为了维持正常的经营，一些酒店采取旺季时进人、加班，淡季时减薪、裁员的措施，这种突然的大幅人员变动会给失业员工带来极大伤害，也会使在职员工失去安全感，影响其工作积极性。然而，面对实习生特有的短期实习的现实，酒店往往会把自身置于"培训—再培训"的恶性循环里，这样酒店将永远达不到高的服务质量和标准。

因此酒店必须制订长远的实习生使用计划，合理确定实习生数量与实习时间。学生实习的时间少则几个月，多则一年，如果实习时间较短，实习生大量进出，必然会对一线部门的人员结构产生一定的影响，这一问题协调不好会直接影响酒店经营活动的正常开展。因此，酒店对实习生资源的开发与利用不应是一种短期行为，而要有一个长远的规划与考虑。酒店要依据自身条件和需要，选取一所或几所院校作为自己较为密切的合作对象，从而做好时间、人员、费用、管理、培训、使用等方面工作的衔接和安排。

2.加强对实习生的人性化管理

酒店在不同的实习阶段对实习生进行适时的人性化管理：如实习初始阶段，学生刚进入陌生环境，关注学生思想变化，在生活上多加关心，给学生生理和心理上一个过渡时期，以利他们完成角色的转换。

3.酒店要加强与学校的合作力度

酒店应与合作院校签订完整规范的合同，明确酒店、学校和实习生三方的权利和义务。由于大部分实习学生的工作和住宿都在酒店，因此要明确酒店为实习生提供的食宿条件以及工资待遇。

管理小妙招：

一个成功的现代化酒店不仅需要拥有优质的硬件设施，还必须拥有较低的人力资源成本优势。优秀的酒店实习生是确保酒店降低人力资源成本的有效途径，同时也是增强酒店竞争优势、取得长期效益的人力资源保证。

4.创造良好实习条件，采用有效激励机制

随着酒店对实习生的进一步了解，优秀的实习生势必会成为各酒店所争夺的对象。酒店要在这一竞争中取得优势，就必须为实习生创造一个优良的实习环境，只有这样，酒店才能持续、有效地开展实习生的开发和利用工作。酒店对实习生要多鼓励、少处罚，多指导、少埋怨。酒店管理部门应定期召开实习生座谈会，倾听实习生的意见，一方面了解部门配合实习的情况，掌握实习生的意见；另一方面鼓励实习生给酒店找缺陷，对实习生提出的有价值的建议要给予表扬、奖励。

四、提升员工满意率降低人力资源成本

人是企业最重要的资源，酒店服务业又是人员劳动密集型的企业，有人指出，在酒店业员工是第一位的，顾客是第二位的，没有满意的员工就没有满意的顾客。但是员工跳槽率高是现代酒店管理中最普遍和头痛的问题，这一问题的根源可以归结为员工对酒店不满意。因此，酒店应从提升员工满意率来降低人力资源成本，具体措施如图6-4所示。

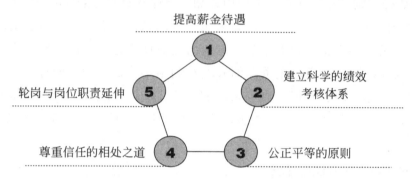

图6-4　提升员工满意率降低人力资源成本的措施

1.提高薪金待遇

马斯洛需求理论指出：生存需要是人的第一需要，也是最基本的需要。人只有满足了生存的需要，才会有发展的需要，所以员工的待遇问题是员工最关心的问题。当一家同等规模同等岗位的待遇高于本酒店20%，员工则有可能因为待遇问题跳槽。所以酒店在制定薪酬制度时，应参考当地其他酒店的薪酬待遇。

2.建立科学的绩效考核体系

绩效考核是酒店管理者与员工之间的一项管理沟通活动，绩效考核的结果可以直接影响薪酬调整、奖金发放及职务升降等诸多员工的切身利益。考核过程要让员工参与，包括考核指标的设计、考核信息的收集到最终结果的确定。

3.公正平等的原则

酒店的人力资源变动应本着内升外求相结合的原则。内部有适当人选，则内部晋升；无胜任者，则向外招聘，一切从酒店整体利益出发。人力资源部本着公平合理、不偏听偏信的原则，以进行大量调查研究为前提处理各种人力资源问题，不据一件事判断一个人。管理人员要经常与员工谈心，消除员工思想疙瘩。

4.尊重信任的相处之道

酒店营造互相尊重和信任的环境，是让员工在工作中保持愉快心态的最重要一环。每位员工的工作都会影响其他同事的满意度、客人满意度以及酒店的最终运营情况。只有重视每位员工，员工才会把自己当作酒店的主人，也才会彼此尊重。

每位员工为客人服务的主动性都应被看重，酒店所做的就是信任他们、培养他们，

并给予他们自由发挥才干的空间。信任是每一个人都需要的，要给每位员工足够的自由去对酒店负责，只有创造相互信任的氛围，员工才会对工作感到满意，并把这种信任提升为对工作的积极投入，用出色的服务提高客人的忠诚度，最终给酒店带来回报。

5.轮岗与岗位职责延伸

酒店可以实行交叉培训，通过轮岗使员工不仅掌握本岗位的服务技能，同时还熟悉其他岗位的服务程序，从而适应不同工作的需要。而且轮岗还可以提高员工的部门协调能力与沟通能力，有利于相互配合与相互理解，提高工作效率，也避免了员工对单调的岗位生活的厌烦。

第二节 采购成本控制

采购水平的高低不仅能直接决定酒店的营业费用和固定费用，还会在一定程度上影响经营过程中的管理费用。控制采购成本具体体现在两方面：一是以更低的价格（包括货款、运费和磨损费）采购市场上同类产品；二是确保所购酒店用品或设备的质量。

一、完善采购制度

酒店应完善采购制度，做好采购成本控制的基础工作。

采购工作涉及面广，并且主要是和外界打交道，因此如果酒店不制定严格的采购制度和程序，不仅采购工作无章可依，还会给采购人员提供暗箱操作的温床。完善采购制度要从表6-1所示几个方面做起。

表 6-1 完善采购制度的要点

序号	要点	说明
1	建立严格的采购制度	建立严格、完善的采购制度，不仅能规范企业的采购活动、提高效率、杜绝部门之间扯皮现象，还能预防采购人员的不良行为。采购制度应规定物料采购的申请、授权人的批准权限、物料采购的流程、相关部门（特别是财务部门）的责任和关系、各种材料采购的规定和方式、报价和价格审批等。比如，可在采购制度中规定采购的物品要向供应商询价、列表比较、议价，然后选择供应商，并把所选的供应商及其报价填在请购单上；还可规定超过一定金额的采购须附上三个以上的书面报价等，以供财务部门审核
2	建立供应商档案和准入制度	（1）对酒店的正式供应商要建立档案，供应商档案除有编号、详细联系方式和地址外，每一个供应商档案都应经严格的审核才能归档 （2）酒店的采购必须在已归档的供应商中进行 （3）供应商档案应定期或不定期地更新，并有专人管理。同时要建立供应商准入制度 （4）重点材料的供应商必须经质检、物料、财务等部门联合考核后才能进入，如有可能要实地到供应商生产地考察

序号	要点	说明
3	建立价格档案和价格评价体系	采购部门对所有采购物资建立价格档案，对每一批采购物品的报价，首先与归档的材料价格进行比较，分析价格差异的原因。如无特殊原因，原则上采购的价格不能超过档案中的价格水平，否则要作出说明。对于重点物资的价格，建立价格评价体系，由单位有关部门组成价格评价组，定期收集有关的供应价格信息，分析、评价现有的价格水平，并对归档的价格档案进行评价和更新
4	建立材料的标准采购价格以进行比价采购	财务部对重点监控的物资根据市场变化的产品标准成本定期定出标准采购价格，促使采购人员积极寻找货源，货比三家，不断地降低采购价格

通过以上四个方面的工作，虽然不能完全杜绝采购人员的暗箱操作，但对完善采购管理，提高效率，控制采购成本，确实有较大的成效。

二、完善预算编制

预算是成本控制的关键。酒店要结合实际有针对地做好采购成本预算，并严格执行预算指标，采购成本控制才能真正起作用。预算要针对酒店的实际制定在可控的范围内，要科学、要合理。编制预算的要点如下。

（1）编制采购预算，使采购部事先预知全年采购规模，拟订采购计划，提前了解市场采购信息，按采购计划组织实施，克服目前运作中的零星、无计划的采购，建立采购年度综合预算制度，在财务综合预算中单独列出，从资金控制上为采购把关。所有款项应全部拨入采购专户，应纳入采购的全部经过统一采购，不应纳入采购的再拨入各部门。

（2）把部门预算与酒店采购的工作有机结合起来，将采购预算细化到每个部门和项目。

（3）强化采购年初预算的约束力和在操作上的指导性，控制有关采购人临时追加采购预算，严格预算的执行。

三、规范采购活动的工作流程

酒店应该规范各类物品采购工作流程，以降低采购过程中的各项业务办理成本。

1.采购工作流程中须规范事项

（1）采购申请单的联次。所有的采购申请必须填写一式四联，采购申请单经部门负责人核签后，整份共四联交给会计，会计复核后送总经理。

采购申请单一共四联，在经审批批准后，第一联作仓库收货用，第二联采购部存档并组织采购，第三联财务部成本会计存档核实，第四联部门存档。

（2）采购申请单的审核。收到采购申请单后，采购部应作出以下复查以防错漏。

① 签署核对。检查采购申请单是否经部门负责人签署，核对其是否正确。

② 数量核对。复查存仓数量及每月消耗，决定采购申请单上的数量是否正确。

2.货比三家工作流程

每类物品报价单需要最少三家作出比较，目的是防止有关人员从中徇私舞弊，保证采购物品价格的合理性。酒店采取三方报价的方法进行采购工作，即在订货前必须征询3个或3个以上供应商报价，然后确定选用哪家供应商的物品，具体做法如下。

（1）采购部按照采购申请单的要求组织进货，填制空白报价单。

① 填写空白报价单中所需要的物品名称、产地、规格、型号、数量、包装、质量标准及交货时间，送交供应商（至少选择3个供应商），要求供应商填写价格并签名退回。

② 对于交通不便或外地的供应商，可用传真或电话询价。用电话询价时，应把询价结果填在报价单上并记下报价人的姓名、职务等。

③ 提出采购部的选择意见和理由，连同报价单一起送交评定小组审批。

（2）评定小组根据采购部提供的有关报价资料，参考采购部的意见，对几个供应商报来的货品价格以及质量、信誉等进行评估后，确定其中一家信誉好、品质高、价格低的供应商，报会审核。

3.采购活动的后续须跟进工作

（1）采购订单的跟催。当订单发出后，采购部需要跟催整个过程直至收货入库。

（2）采购订单取消

① 酒店取消订单。如因某种原因酒店需要取消已发出的订单，供应商可能提出取消的赔偿，故采购部必须预先提出有可能出现的问题及可行的解决方法，以便作出决定。

② 供应商取消订单。如因某种原因供应商取消了酒店已发出的订单，采购部必须能找到另一供应商并立即通知需求部门。为保障酒店利益，供应商必须赔偿酒店人力、时间及其他经济损失。

（3）违反合同。合同上应注明详细细则，如有违反，便应依合同上所注明的处理。

（4）档案储存。所有供应商名片、报价单、合同等资料须分类归档备查，并连同采购人员自购物品价格信息每天均须录入至采购部价格信息库。

（5）采购交货延迟检讨。凡未能按时、按量采购所需物品，并影响申购部门正常经营活动的，需填写采购交货延迟检讨书，说明原因及跟进情况并呈财务部及总经理批示。

（6）采购物品的维护保养。如所购买的物品是需要日后维修保养的，选择供应商便需要注意这一项，对设备等项目的购买，采购员要向工程部咨询有关自行维护的可能性及日后保养维修方法。同时，事先一定要向工程部了解所购物品能否与酒店的现有配套系统兼容，以免造成不能配套或无法安装的情况。

四、降低采购物资成本

酒店可参考图6-5所示的措施来降低采购物资成本。

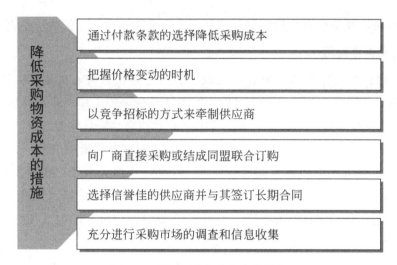

图6-5　降低采购物资成本的措施

1.通过付款条款的选择降低采购成本

如果酒店资金充裕，或者银行利率较低，可采用现金交易或货到付款的方式，这样往往能带来较大的价格折扣。

2.把握价格变动的时机

价格会经常随着季节、市场供求情况而变动，因此采购人员应注意价格变动的规律，把握好采购时机，为酒店节约资金，创造经济价值。

3.以竞争招标的方式来牵制供应商

对于大宗物料采购，一个有效的方法是实行竞争招标，通过供应商的相互比价，最终得到底线的价格。此外，对同一种材料应多找几个供应商，通过对不同供应商的选择和比较使其互相牵制，从而使单位在谈判中处于有利的地位。

4.向厂商直接采购或结成同盟联合订购

向厂商直接订购可以减少中间环节，降低采购成本，同时厂商的技术服务、售后服务会更好。另外，酒店今后的发展方向是：有条件的几个同类单位结成同盟联合订购，以克服单体酒店数量小而得不到更多优惠的矛盾。

5.选择信誉佳的供应商并与其签订长期合同

与诚实、讲信誉的供应商合作不仅能保证供货的质量、及时的交货期，还可得到其付款及价格的关照，特别是与其签订长期的合同，往往能得到更多的优惠。

6.充分进行采购市场的调查和信息收集

一个酒店的采购管理要达到一定水平，应充分注意对采购市场的调查和信息的收集、整理，只有这样，才能充分了解市场的状况和价格的走势，使自己处于有利地位。

第三节　客房用品成本控制

客房部为酒店的主要部门之一，为酒店带来经济效益的同时，成本控制中存在的问题也日益凸显。因此，客房部应不断完善部门管理，以便更加合理化地控制成本，提高效率，为酒店创造更大的利益。

一、培养员工成本意识

员工处于酒店的最前线，成本控制得好与坏，归根结底取决于员工的个体行为。酒店要让每位员工都明白成本控制的重要性，知道成本控制得好和坏与个人利益是分不开的，要求每位员工，特别是新入职员工要认真学习，培养他们的成本意识，要求员工自觉养成从我做起、从小事做起的良好习惯。

管理小妙招：

加强服务员的节约意识。服务员是直接使用一次性物品的工作者，节约意识在他们的心目中有助于成本控制的提高，大大减少一些不必要的浪费。

二、客用品消费定额制定

1.一次性消耗品的消耗定额制定

一次性消耗品消耗定额的制定方法是以单房配备量为基础确定每天需要量，然后根据预测的年平均出租率来制定年度消耗定额。

计算公式为：

$$A=b \times x \times f \times 365$$

式中，A 表示每项日用品的年度消耗定额；b 为每间客房每天配备额；x 为酒店客房总数；f 为预测的年平均出租率。

例题：某酒店有客房300间，年平均出租率为80%，牙膏、圆珠笔的单间客房每天配备额为2支、1支。求该酒店牙膏、圆珠笔的年度消耗定额。

根据上述公式计算得：

牙膏的年度消耗定额 $= b \times x \times f \times 365 = 2 \times 300 \times 80\% \times 365 = 17.52$（万支）
圆珠笔的年度消耗定额 $= b \times x \times f \times 365 = 1 \times 300 \times 80\% \times 365 = 8.76$（万支）

2.多次性消耗品的消耗定额制定

多次性消耗品定额的制定基于多次消耗品的年度更新率的确定。其定额的确定方法应根据酒店的星级或档次规格确订单房配备数量，然后确定其损耗率，即可制定消耗定额。

计算公式为：

$$A=B \times x \times f \times r$$

式中，A 表示每项日用品的年度消耗定额；B 为每间客房每天配备额；x 为酒店客房总数；f 为预测的年平均出租率；r 为用品的损耗率。

例如：某酒店有客房400间，床单单房配备3套（每套4张）。预计客房平均出租率为75%。在更新周期内，床单的年度损耗率为35%，求其年度消耗定额。

根据上述公式计算得：

$$床单的年度消耗定额 = B \times x \times f \times r = 3 \times 400 \times 75\% \times 35\% = 315（套）$$

三、客房用品的发放

客用品的发放应根据楼层小库房的配备定额明确一个周期和时间，这不仅方便中心库房的工作，也是促使楼层日常工作有条理以及减少漏洞的一项有效措施。

在发放日期之前，客房领班应将其所辖楼段的库存情况了解清楚并填明领料单，凭领料单领取货物之后，即将此单留在中心库房以便作统计用。

四、客用品的日常管理

客用品的日常管理是客房用品控制工作中最容易发生问题的一环，也是最重要的环节。

1.控制流失

客用品的流失主要是员工造成的，因此做好员工的思想工作很重要；同时，还要为员工创造不需要使用客房用品的必要条件。如更衣室和员工浴室应配备员工用挂衣架、手纸或香皂等。另外要随时锁上楼层小库房门，工作车要按规定使用，控制酒店员工及外来人员上楼层，加强各种安全检查和严格执行各项管理制度。

2.每日统计

在服务员完成每天的客房整理之后，应填写一份主要客房用品的耗用表，最好还要将整个客房部的楼层客房用品耗量作汇总备案"每日房间卫生用品耗量表""每日楼层消耗汇总表"。

3.定期分析

一般情况下，这种分析应每月进行一次。其内容如下。

（1）根据每日耗量汇总表制定出月度各楼层耗量汇总表。

（2）结合住客率及上月情况，制作每月客用品消耗分析对照表。

（3）结合年初预算情况，制作月度预算对照表。

（4）根据控制前后对照，确定每房每天平均消耗额，具体如表6-2所示。

表6-2 控制前后对照表

控制之前	客源类别	控制之后	差额百分比

第四节 能源消耗成本控制

近年来随着煤、电、油、水能源价格的不断上涨，酒店业的能耗成本也不断上升。面对激烈的市场竞争，节能减排、降低成本负担成为酒店立足市场、提高竞争力的关键因素之一，推行节能减排对提升酒店行业整体形象具有深远的意义。

一、减少能源浪费

减少能源浪费的措施如图6-6所示。

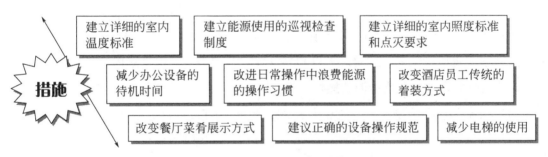

图6-6 减少能源浪费的措施

1.建立详细的室内温度标准

酒店应确定不同时段、不同区域的温度要求并严格执行。温度标准的建立要满足客人的舒适度要求。

比如，酒店的室内温度控制在17～28℃之间，相对湿度控制在40%～70%之间，夏季取高值，冬季取低值。

室内温度的变化对空调系统的能耗有较大影响。经验表明，冬季室内温度上升1℃或夏季室内温度下降1℃，空调工程的投资可下降6%左右，而运行费用则可减少8%左右。

2.建立能源使用的巡视检查制度

酒店能源使用的巡视检查制度用于发现酒店设备使用和运行中存在的"跑电、冒汽、滴水、漏油"现象，减少能源浪费。

比如，酒店公共卫生间水龙头的滴漏、抽水马桶的水箱漏水等应该及时发现并得到维修；后勤区域的"长明灯""长流水"现象通过巡检得以杜绝。

据检测，国内一般的酒店由于"跑、冒、滴、漏"造成的能源浪费在5%～10%。

3.建立详细的室内照度标准和点灭要求

酒店应确定不同区域的室内照度标准和灯具点灭制度并严格执行。照度标准和灯具点灭制度的建立要满足客人的使用要求。

比如，酒店大堂照度控制在1000lx（勒克斯），庭院照明灯夏季在早晨5:00关闭，冬季则可在早晨6:30关闭。

灯具的点灭尽可能采用自动控制。经验表明，自动控制的照明系统可根据日照条件和需要营造的氛围调节电压和照射度，比传统的控制方式可节电20%左右。

管理小妙招：

在没有安装自动感应控制器的场所，酒店应制定点灭制度进行人工控制。

4.减少办公设备的待机时间

酒店的办公设备主要包括电脑、打印机、传真机、复印机以及饮水机等，工作结束后，及时关闭办公室的所有电气设备，不要让办公室电气设备处于待机状态。检测表明，电脑显示器、饮水机等设备的待机电耗为工作电耗的12%～20%。另外，酒店办公、后勤服务区域尽量减少空调的使用，可以利用开窗、开门的方式保持室内空气的品质。

5.改进日常操作中浪费能源的操作习惯

酒店所有的服务、操作流程都消耗能源，因此，酒店应积极发动员工，改进服务操作流程，改变服务、操作中浪费能源的习惯，有利于减少能源浪费。

比如，餐厅中包厢的服务员在清理包厢时，只开启工作灯，关闭装饰灯；前厅员工给客人排房，尽量将客人集中安排，以减少空调系统设备的开启。

经验表明，服务、操作流程的改进能减少5%的能源消耗。

6.改变酒店员工传统的着装方式

酒店在设计员工工服时，不仅要满足工作岗位的要求、酒店礼仪的要求，更应与天气状况相适应，以降低酒店员工对空调的要求。

比如夏季，酒店员工，尤其是管理层员工不穿西装，改为衬衫等较为凉爽的工装；度假型酒店，商务礼仪的需求较少，酒店员工可着轻便、凉爽的工装，以减少空调负荷。

7.改变餐厅菜肴展示方式

酒店餐厅可减少明档的使用，改变餐厅菜肴的展示方式。餐厅明档的使用直接增加酒店空调的负荷，并影响室内空气质量。

比如在夏季，空调处于制冷工况时，餐厅内不宜设置使用明火保温或煲汤的食品台；在冬季，空调处于采暖工况时，餐厅内不宜设置保鲜陈列展示柜。自助早餐的食品制作台应有独立的区域，并在食品制作结束时及时关闭明火。

8.建立正确的设备操作规范

酒店为每一台设备制定正确的、详细的操作规范。操作规范应包括设备操作、维护保养、存放、交接等方面的内容和要求。员工正确操作设备，既可提高设备的使用寿命，又可减少能源损失。正确的操作规范能有效避免设备的空转、"带病使用"等问题，也能避免设备滥用现象。

9.减少电梯的使用

酒店积极倡导员工减少电梯的使用。

比如，提倡"上下楼梯时，上一层，下两层，采用走楼梯的方式"；不提重物时，尽量不乘坐电梯；员工不乘坐客梯等。

据检测，电梯的耗电量占酒店全部耗电量的10%。经验表明，规范员工的电梯使用，能减少10%的耗电量。

二、减少水资源使用

减少水资源使用的措施如图6-7所示。

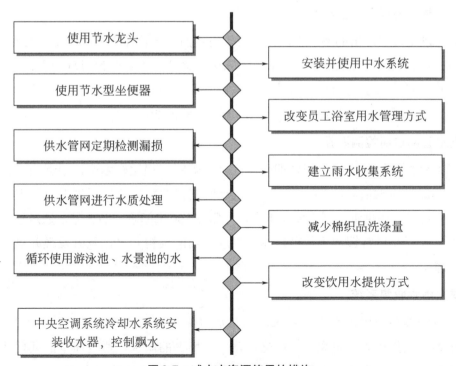

图6-7 减少水资源使用的措施

1.使用节水龙头

酒店在各个用水点，根据用水的要求和特点，使用相适应的节水龙头。

比如，在公共卫生间安装感应型节水龙头。房间卫生间则安装限流量的节水龙头，适当控制水流量，以减少水的浪费。冲洗用的水管，如冲洗车辆、垃圾箱的水管，应在出水口加装水嘴，可随时开关。通常感应水龙头的节水率在30%以上。

2.安装并使用中水系统

酒店在新建或重建时，应安装中水系统。没有中水系统的酒店，则通过改造实现局部的中水回用。

比如，酒店在洗衣房、粗加工等处建立废水的回收装置，经沉淀、过滤等处理，满足水质要求，用于洗车、冲洗道路、清洁垃圾房等。

酒店也可主动购买中水使用。中水系统使水得到二次利用，减少对优质水源的使用。

3.使用节水型坐便器

酒店应使用节水型、低噪声坐便器，冲水噪声小，冲水箱的用水分大解小解，引导客人正确使用。逐步淘汰传统的9升以上的坐便器，改为6升型或更低用水标准的坐便器。在改造过渡阶段，在保证冲洗质量的前提下，酒店可以在水箱内安装节水芯，或在每个水箱里放一个1.25升的可乐瓶，每次冲洗都能节省相应体积的水。有条件的可使用低压式真空节水型坐便器。

4.改变员工浴室用水管理方式

酒店在满足员工沐浴的要求下，改变员工浴室的用水管理方式，促使员工节约用水。

比如，在员工浴室安装智能感应式节水系统，促使员工自觉控制用水量。

智能感应式节水系统通过刷卡的方式来控制阀门的开关，实现自动计费。该系统的实质是通过经济手段，促使员工合理用水，减少水的浪费。

5.供水管网定期检测漏损

酒店供水管网的漏损应得到定期检测。供水管网漏损比较隐蔽，但漏损量较大，据检测，酒店漏损的水量可达20%。酒店供水管网漏损的检测可以通过专门的水平衡测试进行。酒店也可以在供水管网上安装水表，通常在100米间隔安装一只，通过抄表获得水网漏水的信息。在日常管理中，可以建立供水管网的巡视制度，及时发现并更换漏水的龙头和管道。

6.建立雨水收集系统

酒店应安装并使用雨水收集系统，尤其是占地面积较大的酒店，如度假型酒店等。雨水收集系统收集酒店建筑屋顶、硬化道路、广场等的雨水，通过简单的处理并收集即可用于酒店庭院绿化灌溉、景观水补充等，减少对高品质生活饮用水的使用。

7.供水管网进行水质处理

酒店的供水系统，尤其是热水供水系统，应进行水质处理或采用新型环保管材，减少"黄水"的产生。"黄水"无法使用，既造成水的浪费，也影响酒店的品质。

8.减少棉织品洗涤量

酒店通过"减少床单、毛巾洗涤量的提示卡"引导客人重复使用房间内的棉织品。房间内的棉织品在满足客人要求以及卫生前提下，由"一日一换"的方式改为"一客一换"，以减少棉织品的洗涤量。

管理小妙招：

客房卫生间提供的面巾等棉织品可采用不同的图案或颜色，以方便客人区别使用，减少因不能区分使用引起的棉织品的更换。

9.循环使用游泳池、水景池的水

酒店游泳池、水景池的水，在符合水质标准的前提下，尽量通过循环水处理的方式来满足水质要求。加强游泳池、水景池的水质管理，减少游泳池、水景池水的更换量，以减少水的使用。

10.改变饮用水提供方式

酒店在客房饮用水提供、会议饮用水提供方面，可逐渐改变提供方式，以减少饮用水的浪费。

比如，客房饮用水供应中，由客人按需烧水，不再通过服务人员送水；在会议服务中，可通过设置水台，由客人按需取水，减少饮用水的浪费。

11.中央空调系统冷却水系统安装收水器，控制飘水

采用循环冷却水的中央空调制冷系统，配置有冷却塔和冷却水泵。冷却水在循环过程中由于蒸发、飘逸等原因有一定的损失。使用表明，冷却水塔改造安装了收水器后，能有效降低冷却水的飘散损失，同时也改善了环境。

三、能源计量

1.建立电力计量系统

酒店建立电力计量系统是指在酒店的各工作区域、客用区域，如各工作间、机房、各个客房楼层都安装独立的电表，形成酒店内部的电力计量系统，分别对各区域的用电量进行统计分析。建立电力计量系统是酒店用电管理的基础。

2.大型耗能设备独立计量

酒店根据设备的配置情况，确定大型耗能设备清单，对所有大型耗能设备单独安装

计量表。

比如，30～50千瓦以上的大功率用电设备安装独立的电表，直接使用蒸汽的设备安装蒸汽流量表等，以检测这类设备的运转和能耗情况。大功率设备的节能是减少酒店综合能耗的重要内容。

3.主要用水单位独立计量

酒店用水量较大的设备，如每小时用水量在0.5吨以上的用水设备，以及主要的用水单元安装水表，如洗衣房、厨房的管事间、粗加工间等，应单独安装水表计量，以检测这类设备的用水量，减少水的浪费。

4.能源的储存独立计量

酒店能源的储存要设置计量仪表独立计量。例如：酒店的地下油罐应安装计量表，以监测储存中产生的漏损，也便于能源的统计工作。通常地下油罐的漏损不易发现，漏油不仅给酒店带来能源损失，也直接污染环境。

5.能源计量表的校准

酒店所有能源计量仪表每年至少进行一次校准，以确保仪表的准确性。计量信息的准确性是能源管理的基本要求。计量仪表的数据信息每日至少记录一次，用于分析能源使用情况。

6.进行用能的平衡测试

酒店委托专业机构实施用电、用水等的平衡测试。用电、用水的平衡测试是对用电、用水需求的一种管理。通过平衡测试，明确酒店各类能源、水等的总用量、构成、分布、流向、用能设备的状况、能源使用效率，是酒店能源管理的重要基础工作。

7.收集能源使用的相关信息

为分析酒店能源消耗的有效性，在计量能耗时，酒店应同时记录与能耗相关的信息。如天气状况、酒店出售的客房的天数、酒店营业额、餐饮营业额、餐厅的用餐人数、棉织品洗涤量等信息。

8.建立能源使用数据库

酒店应建立能源使用数据库。能源使用数据库可为能源管理提供信息，实现对能源使用有效控制。

比如，通过能源使用数据库，利用信息通信技术（Information and Communication Technology，ICT）实施对客房的中央空调控制、照明控制、新风系统控制。

四、节能管理与操作

1.电力系统进行功率因素补偿

酒店用电设备中大都带有电动机等电感性负荷，因此交流电动机的功率因素都小于

1。为了补偿用电设备的无功损失，提高用电设备的功率因素，需要设置无功补偿柜，对功率因素进行补偿，功率因素应控制在0.9以上。

2.加强用电设备的维修工作

酒店加强用电设备的维护保养，及时检修，可以降低电耗，节约用电。

比如，做好电动机的维修保养，减少转子的转动摩擦，可降低电能消耗；加强线路的维护，消除因导线接头不良而造成的发热以及线路漏电现象，可节约能源，同时也保证供电安全。

3.有效管理照明灯具

酒店应根据使用要求，合理设置照明灯具。客房可设置顶灯，满足客房整体照明的要求。衣柜、走廊、客房卫生间等部位的照明应得到有效的控制，确保在非使用时处于关闭状态，减少电能的浪费。

比如，酒店的衣柜门可采用百叶门、卫生间采用透光窗等形式，使客人能自觉确认衣柜灯处于关闭状态。

◆ 管理小妙招：

酒店的照明灯具应经常清洁，以确保灯具满足照度的要求。灯具积灰不仅降低灯具的照度要求，也影响酒店的品质。

4.酒店中央空调系统与运行负荷匹配

酒店中央空调系统绝大部分时间都是在部分负荷下工作的。不同负荷，中央空调制冷机组的性能系数不同，通常负荷下降，中央空调制冷机组的性能系数也下降，能源使用效率降低，因此，中央空调制冷机组应在最佳运行负载下运行。多台主机运行时，应调整运转台数，确保制冷机组在最佳的运行效率下运行。

5.酒店中央空调水系统水泵采用变频器节电技术

中央空调系统在设计时通常按天气最热、负荷最大时设计，并且留10%～20%设计余量。然而在实际运行中，绝大部分时间中央空调是不会在满负荷状态下运行，存在较大的富余，所以节能的潜力就较大。在中央空调系统中，制冷机组可以根据负载变化随之加载或减载，冷冻水泵和冷却水泵却不能随负载变化作出相应调节，存在很大的浪费。通过在冷冻水水泵和冷却水水泵加装变频器，节能效果可在40%以上。

6.控制制冷机冷冻水、冷却水出水、回水温度

酒店中央空调制冷机的冷冻水和冷却水的出水、回水温度应按照设备的参数标准进行控制。但是随着空调负荷的下降，空调系统可以采用变水温运行。制冷机冷却水进口温度下降，冷冻水出口温度上升，机组的制冷效率将提高，能源使用效率就得到提高。

7.酒店蒸汽管网节能改造

使用蒸汽锅炉的酒店，应对蒸汽管网进行节能改造。蒸汽输送管网应安装疏水阀，注意疏水，提高蒸汽品质。直接使用蒸汽的设备应安装减压阀，减压用气。蒸汽管网运行满足"高压送气、低压用气"的原则。

8.及时关闭停运的蒸汽管路

酒店许多的用气设备是间断性用气，当设备停用后，不但要关闭设备的进气阀，还应关闭整条管路的总阀，使该管路与蒸汽系统隔断。关闭停运管路能防止热量的损失，并减少冷凝水的产生。

9.实施新风系统管理

酒店应实施新风系统的管理，确保新风系统的正常运行。在人员较少的情况下，在室内空气质量得到保证的前提下，可适当减少新风量。通常酒店的新风量控制在10%～30%，不能少于10%。新风系统可积极引入余热回收技术，回收回风中的余热，减少热量损失。

10.控制生活热水的水温

酒店提供的生活热水的出水水温应维持在45～50℃，不超过60℃。酒店生活热水水温过高不仅浪费能源，而且热水管网还易出现热胀冷缩，引起管网漏水，同时也容易造成客人的"烫伤事件"。

11.热力管网维护

热力管网应有良好的保温，特别是对管网中的阀门、法兰等部位更要注意保温。管网维修后，注意对管网保温层的维护。长距离输送热能的管线一般安装在地下，对这样的管线应设计专门的管沟，管沟应密封良好，并建有排水井及时排出管沟中的积水。

12.清洗空调盘管

酒店应每年至少清洗一次空调盘管，这样不仅可以降低4%～5%的能耗，也可以防止霉菌和军团菌在管道和通风口内滋生，污染室内空气。分体式空调每周清洗一次隔尘网，可省电20%左右。空调滤网则要经常清洁。

13.计划调度电力使用

在电力系统运行中，酒店应对用电设备的运行实施计划调度，控制酒店用电总容量，降低峰荷容量，使变压器处于经济运行状态。

14.定期清洗管线

酒店应定期清洗冷热水管线及锅炉、空调管壁，对水质进行软化处理，防止管路积垢产生热阻，降低热传导效率，造成能耗浪费。

15. 及时关闭停运的空调水系统

中央空调系统在运行时，运行部分水系统的阀门应全开，停运系统的阀门应关闭，防止水量渗漏、短路，造成能源的损失。空调停运时，水系统管路必须满管水保养，不得放空而造成管路腐蚀生锈。冰冻期必须将楼外露天部分管路内的存水放空。

16. 提高锅炉运行效率

酒店锅炉应实现经济运行，提高运行效率。例如，提高燃煤锅炉的运行效率，对锅炉燃烧过程进行管理和控制，如对燃烧煤层厚度的调整、送风的调节、燃煤水分的调整等，实现燃煤锅炉的经济运行。燃油锅炉添加节油剂，促进油的雾化，通过良好的雾化和配风，提高燃烧效率，实现燃油锅炉的经济运行。

17. 设置清晰的用能状态标志

酒店对所有的开关、阀门设置清晰的用能状态标志。标志要能说明开关、阀门开启、闭合的方向及位置，照明开关还应显示开启、关闭的时间，对应的灯具等信息，使员工能准确开闭开关、阀门。

五、设备选型与管理

1. 建立酒店能源管理领导小组

酒店建立能源管理领导小组，统一管理、协调能源管理工作。例如，酒店以分管副总为组长，各部门经理为组员，建立领导小组。

2. 设立能源工程师

酒店应设立能源工程师岗位，为酒店的能源管理提供技术支持。能源工程师可由酒店员工担任，也可聘请外部机构的相关人员担任。

3. 开展合同能源管理

酒店应积极与有资质的节能服务公司合作，推行合同能源管理，提高能源使用效率。

4. 选择节能环保设备

酒店采购设备要选择"节能型产品"，"节能型产品"应有相关的标志或认证证明，设备工作能力应与系统的使用要求相匹配，杜绝"大马拉小车"现象的出现。

5. 加强酒店设备的维护保养

酒店应建立设备的计划维护保养制度并严格实施。酒店要加强对设备的维护保养，使设备处于完好状态，设备完好，有利于酒店节能。如厨房冰箱门、温控器等的完好，对设备的节能有较大的影响。

6. 及时维修、更换故障设备

酒店应建立设备故障的报修、巡视制度，及时发现故障设备，及时维修。对于维修在经济上不合理的设备，应及时更换。"带病运行"的设备无法满足需求、存在安全隐患，并浪费能源。

7.建立设备操作规范

应为酒店员工使用的每一台设备建立标准的节能操作规范。如冰箱内的存放容积以80%为宜；吸尘器需要及时清理，否则会降低吸尘效率，增加耗电量；厨房灶具、炊具、容器要定期清洗除垢，以免影响热效率。

8.正确使用、操作设备

酒店员工应先培训、后上岗，正确使用、操作设备，以减少能源浪费。设备操作培训要持续进行。应建立设备操作巡检制度，及时发现、纠正操作中能源浪费行为。

9.建立能源管理目标与实施方案

酒店应建立能源管理目标，并将目标进行分解，以便于实施。制定与能源管理目标相符合的能源管理实施方案，方案除了常规内容外，应包括节能技术的可行性评价。

六、节能宣传和培训

节能宣传和培训措施如图6-8所示。

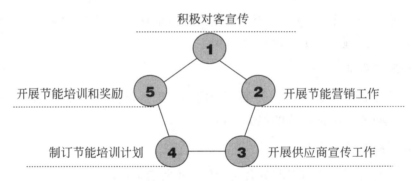

图6-8　节能宣传和培训措施

1.积极对客宣传

酒店应积极对客宣传，客人的节能行为有利于酒店的节能工作。例如，在酒店的公共区域，如大堂、餐厅等设置节能、低碳宣传角，提高住店客人的节能意识。在客房内设置宣传卡，鼓励客人减少资源、能源的使用。

2.开展节能营销工作

酒店在市场营销中充分考虑节能工作，例如，配合酒店营销计划举办节能、减排专题宣传周活动；为客人建立低碳消费记录档案，以便于实施相应的奖励措施；对客人的节能行为进行奖励等。

3.开展供应商宣传工作

向供应商进行低碳酒店的宣传。酒店的采购量大，涉及多个行业，通过向供应商宣传，促使更多的企业实施低碳生产。

4.制订节能培训计划

酒店制订系统的节能培训计划并予以实施。培训计划和管理目标应符合实际的情况，并具有连续性。

5.开展节能培训和奖励

酒店可在员工中开展节能培训和讨论，通过丰富多样的形式，调动员工节能的积极性，讨论各项节能操作的可行性，鼓励员工的节能创新行为，比如设立员工节能创新奖。也可以给住宿客人奖励，比如客人不浪费六小件给予相应奖励。

第五节　销售与收款内部控制

酒店经营的最终目的就是追求利润最大化，若想取得企业利润的最大化，就需要加强酒店内部管理，减少和控制成本支出。

一、销售与收款内部控制的总思路

1.建立适当的职责分离

对于销售与收款循环，适当的职责分离有助于防止各种有意的或无意的错误。例如，主营业务收入账簿由记录应收账款账簿之外的职员独立登记，另一位不负责账簿记录的职员定期调节总账和明细账，这样就构成了一项有效的内部牵制，有利于职员之间的监督和检查；记录主营业务收入账簿和应收账款账簿的职员不经手现金，也是防止舞弊的一项重要控制；销售业务与批准赊销的业务应分离，这样会有效地防止由于销售人员盲目追求销售业绩而忽略客户的资信状况给企业造成的巨额坏账损失。

职责适当分离具体包括以下方面。

（1）接受客户订单的人员不能同时是负责最后核准付款条件的人员。付款条件必须同时获得部门和专门追踪与分析客户信用情况的信贷部门（或会计部门下的信贷小组）的批准。

（2）销售人员、服务人员及收款人员相互独立。

（3）填制发票人员不能同时担任发票的复核工作。

（4）办理退货实物验收工作的人员必须同退货账务记录分离。

（5）应收账款的记账人员不能同时成为应收账款的核实人员。

2.建立正确的授权审批制度

授权审批是指每一项经济业务的执行必须经过一定形式的授权或批准。有效的授权审批应明确授权的责任，对于销售与收款控制系统而言，主要存在以下三个关键的审批要点。

（1）在销售发生之前，赊销业务经正确审批。

（2）非经正当审批，仓库不得发出货物。

（3）销售价格、销售条件、运费等必须经过审批。

3.完善凭证和记录

充分的凭证与记录是现代企业内部控制的重要因素，是记录和反映经济业务的载体，也是其他控制形式的有效保证。凭证与记录需预先连续编号，检查全部有编号的凭证与记录是否按规定处理是检查完整性的重要控制措施，可以有效地防止经济业务的遗漏和重复，并可根据完整性检查发现是否存在舞弊现象。

4.健全内部核查程序

由内部审计人员或其他独立人员核查销货业务的处理和记录，是实现内部控制目标不可缺少的一项控制措施。

二、销售与收款内部控制的关键环节

1.消费信息的传递

营业部门每天发生的账单（凭证）及时准确地传递到前台结账处，是控制酒店营业收入的基础。客人的消费账单（凭证）如果做不到及时准确地传递，其他任何收入控制措施都将形同虚设。客人的消费账单（凭证）可采取多种传递方式传递到前台：人工传递、电话传递、计算机联网等。

（1）人工传递的特点是速度慢、成本高且可能造成跑账漏账。

（2）电话传递速度快但最大缺点是不能提供文字单据的传递。

（3）电脑传递是最佳方法，通过计算机主机将各个营业点的终端连接起来，将消费信息通过计算机终端直接传递到主机内，计入客人的总账单上，速度快且不受地点限制。但缺点在于不能及时地传递原始单据，而原始单据能作为在客人提出异议时的凭据，另外，电脑也无法处理一些突然出现的情况，比如客人突然离店时容易造成跑账、漏账。

酒店在各主要营业点配备电脑，信息的传递主要通过电脑，但也应结合人工传递和电话传递，务必保证信息传递的及时和完整。

2.建立完善的客人账务管理系统

酒店营业收入的取得，一方面来自住店客人，另一方面来自非住店客人。无论是住店客人还是非住店客人，建立完善的客人账务管理系统是酒店收入控制的重要关键环节。

（1）客人在入住酒店时，酒店要为其开立专门的账户，建立专门的消费账号，作为区别每一位客人消费的标志。

（2）客人的每一项消费都要及时准确地入数并经常核对，以免出现差错影响客人的结账。

（3）从账户的开立到记账、核对再到结账，每一环节都要确保记账准确、走账迅速、结账清楚。

3.应收账款的管理与回收

按权责发生制原则，客人住店期间的赊账消费，酒店应作为应收款处理，客人所欠款在离店时结算。酒店对这类应收款要进行妥善的管理，在收款工作中要注意以下几点。

（1）什么样的客人可以享受住店赊销离店时付清账款。

（2）什么样的客人经批准在离店时可以将账单寄到其所在单位。

（3）客人住店期间的最高欠款额是多少等。

4.各业务流程的内部控制制度

为了保证酒店的营业收入能够全部回收，所有客人的账单记录和有关附件必须保持完整和准确。因此，在建立畅通有效的信息传递渠道和账务管理的同时，还必须健全和完善酒店的内部控制制度，使该收的收入如实地得到实现，减少漏洞，避免损失和差错。内部控制制度的内容很多，其中比较重要的一部分是建立收入稽核制度，按照其工作时间和工作内容的不同，可以将其分为夜间稽核和日间稽核。

三、客房收入内部控制

客房收入的内部控制业务流程如图6-9所示。

图6-9　客房收入内部控制的业务流程

1.预订

通常预订可分为散客预订和团队预订两种情况，两者的区别在于：是否有团体联络员；是否由团队支付费用；是否享有团体优惠价格、特别服务、提前留房等。

（1）散客预订的基本程序。散客的接待过程一般如图6-10所示。

图6-10　散客的接待过程

通常客人通过电话、传真、信函或者亲自到酒店总台提出预订请求，酒店获取客人的基本信息和住房要求后，根据客人的时间安排、房间要求及其他要求确定房价，并要求客人预付一定的定金。在这一过程中应注意以下几点。

① 要为客人的第一个预订要求建立记录文件，供以后修改或客人到达确认预订房间时查询。

② 在确认房价时还要明确是否与酒店签有协议，或该客人是否为酒店协议单位的客人，如有协议，应根据协议确认房价。

上述过程可以用图6-11描述。

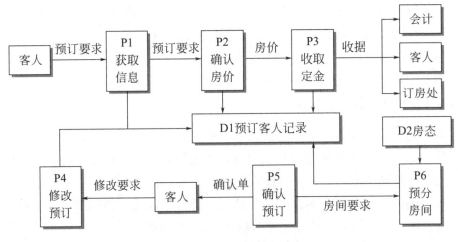

图6-11　散客预订控制流程

散客预订控制流程说明如表6-3所示。

表6-3　散客预订控制流程说明

编码	具体说明
P1	酒店要获取的信息通常包括：客人姓名、国籍、人数、预订房间类型和房间数、预计到达时间、预计离店时间、预订者姓名和联系方法、单位名称以及其他要求等
P2	房价要根据酒店的规定和顾客的要求进行确定
P3	预收的定金的数额由预订部和财务部根据订房时间及酒店规定确定，确保客人未按时入住的情况下不会给酒店带来损失
P4	修改预订
P5	确认预订
P6	预分房间，是根据客人后来提出的要求在某一时间进行的
D1	预订客人记录中包括客房预订单、客房预订变更取消单、客人原始订房资料（信函、电报、传真等）、预订确认书、客人交付定金的收据、客户档案卡等。有关客人的上述资料必须装订在一起，并将最新的资料排列在最上面，以利于查用
D2	保存着酒店所有房间的信息，包括房号、房间类型、标准价格、状态等，酒店根据这些信息安排客人的房间

（2）团队预订的基本程序。酒店接待的团队主要有旅游团队、会议团体、特殊团体。酒店在接待团队客人之前，往往会预先与组织单位、接团单位或者会议机构签订房价协议，因此预订人员在接受预订时，一般只需要查阅房价协议就可以确定房价。团队订房数量众多，一旦不能如约而至将会给酒店带来重大的损失，所以团队预订的定金要进行重点管理。团体一般人数众多，服务项目复杂多样，不仅涉及客房部门，还涉及酒店的餐饮等各个部门，因此酒店管理者应做好其他服务安排。

团体预订控制流程如图6-12所示。

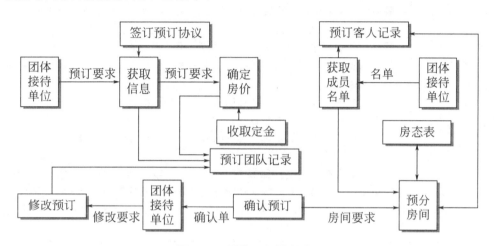

图6-12　团体预订控制流程

2.登记

获取酒店营业信息的速度和准确度是十分关键的环节，是酒店营业收入管理的主要基础。因为接待零散客人和团队客人的区别很大，因此接待员在登记上也要区别对待。

（1）散客登记程序。散客入住的登记程序主要由以下五部分组成，如表6-4所示。

表6-4　散客入住登记主要程序

序号	程序	具体说明
1	入住登记记录	（1）对于预订客人，在客人抵店时，找出客人预先登记表，经过核对证件，由其签名确认即可 （2）对于未经预订的客人，则请客人填写空白的登记表，并请其出示证件核对相关内容，以确保信用和安全
2	确认房间、房价及付款方式	（1）房间按房间内布置划分有普通房、标准房、套房。接待员根据客人的要求确定客房的种类 （2）房价有标准价、团队价、家庭租用价、淡季价和旺季价、优惠价、小包价、折扣价、合同价等，依据酒店的信用政策条文给予客人定价 （3）客人常用的付款方式有：信用卡、现金、支票、转账等。接待员应确认客人的付款方式。应注意，对于信用卡结账的客人，应辨明信用卡是否有效；对于转账的客人，一般都事先与酒店签订有协议，客人在办理入住时要求转账一般不予办理，以防止客房收入无法收回

序号	程序	具体说明
3	预收押金	（1）押金收取的金额应根据客人住店的天数和酒店的规定确定 （2）收取保证金时，应开立押金收据，一式三联，一联交给客人，一联存放在账夹内，另一联与其他原始凭证一起交给当天的稽核人员审核后给会计入账 （3）收到的押金现款与当日收到的其他款项一起投到保险箱内
4	分配房间，完成入住登记手续	接待员应请客人在准备好的房卡上签字，房卡起着证实住客身份的作用，客人在餐后或享受其他服务后转账时需出示此卡。然后将客用钥匙交给客人
5	建立相关表格资料	建立相关的表格可以检查酒店中对客户服务存在的问题，有助于了解酒店的营业状况以及销售客房能力和效率。这里的表格资料主要包括：五联卡、客房状况卡、客人账单 （1）五联卡主要是将客人入住的信息尽快传递给相关部门——问讯处、电话总机、大厅服务处、客房中心等 （2）客房状况卡条显示每个房间的客人姓名、房号、抵离日期以及应给与的特殊服务 （3）客人账单要将与结账有关的事项，如客人所享受的折扣率、信用卡号码、享受免费日期、付款方式等，详细记录在账单的备注栏内。对于转账结算和持有订房凭证的客人，要制作两份账单，一份记录转账款项及付款单位名称；另一份是记录客人自理款项的账单

散客登记控制流程如图6-13所示。

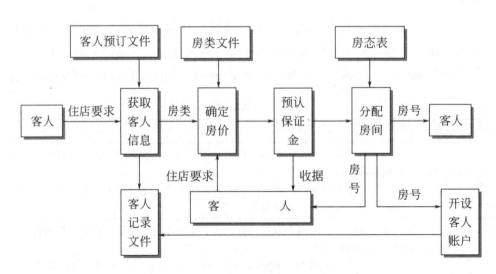

图6-13　散客登记控制流程

（2）团队登记程序。团队入住客人的特点是人数多、入住时间集中、服务量大。因此有许多工作要做，如表6-5所示。

表6-5 团队登记的工作要点

序号	时间	工作要点
1	团队抵店前	（1）提前接到预订部团队通知单，根据团队用房要求进行排房，编制团队用房分配表 （2）根据团队用房情况制作团队信封（信封内放有客房钥匙、房卡、餐券等），将信封按照团队抵店入住的时间顺序排列 （3）制作团队客房状况卡条，插入显示架并输入电脑，预留客房
2	团队抵店后	（1）领班与团队领队确认订房和排房情况，由领队负责排定每位团队成员的房号 （2）领班将钥匙信封发放给客人 （3）从团队领队处取得"团队排名名单"、团体签证等 （4）接待员制作团队总账单，请团队领队在团队总账单上签字，一份交前台，另一份接待处保存。如有需要，须制作团队分账单，用来记录由客人自己承担的消费

团队登记控制流程如图6-14所示。

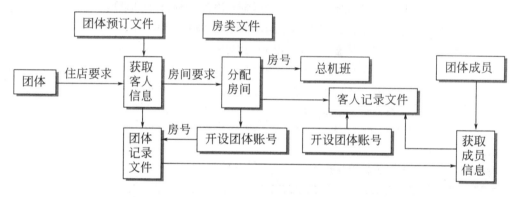

图6-14 团队登记控制流程

对于团队的结账方式，要注意以下几点，如图6-15所示。

方式一　按照团队与酒店所订协议执行，如果协议没有规定，则可视具体情况收取一定的保证金或者不收取保证金

方式二　如果团体属于初次入住酒店，为了防止坏账的发生，则要求按规定收取一定的保证金

方式三　如果团队中的个人要求在住店期间进行挂账消费，则应对其开立单独的账户，并按照散客的标准收取一定数量的保证金

图6-15 团队的结账方式

3.记账

由于客人在一天中的任何时候都有可能要求结账，并要求有一份准确的交易记录，因此准确、及时记录客人的费用和付款对维持准确的财务记录、确保客房收入的准确无误很重要。记账控制的三大要点如图6-16所示。

要点一　　开设客人住店期间的消费账号

为客人开设唯一的识别账号，以区别对待每一位客人的消费

要点二　　入数

建立了消费账号，客人在酒店的各项消费就必须及时入账，通常称为入数
（1）入数不仅要准确，而且要及时，酒店已实行计算机联网，相关人员应在第一时间把消费信息输入电脑，及时准确地传递到前台收银处
（2）客人要求签单时，收银员应核对客人的姓名房号、签字等，对于有协议的客人要由主管人员预先核对客人的协议，并检查客人的消费是否在信用限额之内，检查相符后由会计部门及时通知收银员做好相关记录（包括签单人、有效期、最高限额等）

要点三　　入数与收款相分离

将入数与结账工作相分离则是为了便于相互核对、互相牵制
（1）入数的原则是客人在什么地方消费就由什么地方负责入数，而前台收银处只负责最后结算的复核和收款
（2）如果发生该入数的没有入进来或者入进来的数没有收到款，则很容易显示出来，且易于追究原因

图6-16　记账控制的三大要点

4.结账

（1）处理清查最新费用。收银员根据接待员制作的预计离店客人一览表，从账单存放架中抽出当日预离店的客人的账单进行审核、检查，确保账目准确无误，并处理查清最新费用。

（2）查房结账。查房结账的四大要点如图6-17所示。

要点一	客人提出结账请求时，收银员应查询电脑并确认客人的身份和房号，以免结错账
要点二	客人向总台交还钥匙时，收银员向其他部门及时传达客人要离店的情况，通知客房部查房，锁好房间内的国际国内长途电话
要点三	在客房部查房期间，收银员把客人房间账卡里的登记表、入数单据等资料全部取出进行核对检查，以免发生错误和遗漏。特别要注意检查取出的账卡资料里有无附着其他应办事项的纸条或写在登记表上、打在电脑上的备注说明等应跟进办理事项。例如，另一个房间的住客账款由他支付或他的账款由某人支付等
要点四	客房部查完后，收银员为客人打印消费明细清单请客人查阅，若客人认可，便开出总账单请客人签字并按照预订的付款方式向客人收取消费款

图6-17　查房结账的四大要点

（3）结算。结算有五种方式，如表6-6所示。

表6-6　结算的方式

序号	方式	具体要点
1	现金结算	（1）对收到的钞票一定要验证真伪，以防收到假钞 （2）客人如用外币结算时，必须先为客人兑换后方可结算 （3）客人预交现金抵押的，以结账时根据客人的消费情况多退少补，有余额的要填写"现金支出单据"，收回"保证金收据"客人联，并请客人在支出单据上签收 （4）如果客人将押金单据丢失，必须请客人在现金支出单据上签字证明"押金单据丢失，作废"字样，由大堂副理签署证明
2	信用卡结算	（1）应检查信用卡是否为酒店认可接纳的范围，并查看其有效期 （2）查看签名处是否被涂改，核对客人身份证姓名是否同信用卡上拼音相符，核对注销名单，然后压印销售单据，如号码不清要重复压印，最后填写销售单据，请客人签单，并核对客人签名是否同信用卡的一致 （3）结账后将信用卡单据客人联交还给客人，商户联订在账单上备查，银行联同现金等装入投款袋上交
3	挂账结算	（1）使用贵宾卡要认真核对客人签名是否同卡上签名相符，核对贵宾卡的有效期，并将卡号刷在账单上，并且辨认是否为挂账贵宾卡 （2）有协议的客户，一定要核对客人协议书确认的有效签字人，只有有效签字人签字才能有效，如有效签字人不能及时签字的，要有相关部门人员做"临时挂账表"担保 （3）所有挂账结算的房间，在电脑中退出之前，一定要在客人的资料里打上相应的应收账号，以方便通过电脑的联网获取应收账的资料 （4）特殊挂账的，如电业局、财政、政府部门等的消费，检查签字是否有效，项目消费是否全价

序号	方式	具体要点
4	支票结账	（1）酒店应只接受大单位的支票或与酒店有业务关系、是酒店协议客户的支票；拒绝那些陌生的或小单位的支票，客人一定要使用支票结算的，服务人员或收银员应建议客人寻找熟识的酒店管理人员出面担保（填写支票担保书，如该支票不能兑付，由该担保人负责追讨） （2）收银员收到支票时，要验证支票上证件是否齐全，日期等填写是否正确，是否有涂改，是否有过期，是否有酒店人员担保使用，在支票背面记录客人的电话和地址，并请客人签名，同时设立支票登记簿，将有关资料登记入册以便备查。将支票存根部分填写后交于客人
5	免费房	收银员在给免费房结账时，对房间内的餐饮消费和迷你吧消费等店用餐饮记录表不计收入，其他话费、洗衣费等填写调整单予以调整，由大堂副理签署证明，同时附账单转审计部门

（4）汇总归档。前台收银员将客人的登记卡、结账单等各种材料汇总归类存档，以方便夜间审核。客房部接到通知后，应及时组织清理房间以待再售，并通知前台改变客房状况。结账业务流程如图6-18所示。

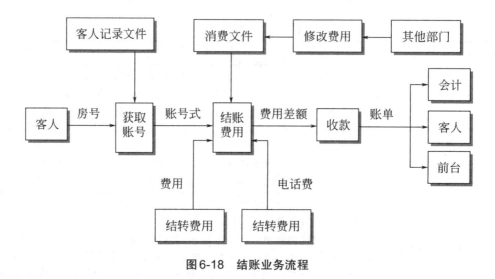

图6-18　结账业务流程

5.稽核

（1）夜间稽核。夜间稽核的要点如表6-7所示。

表 6-7　夜间稽核的要点

序号	主要事项	稽核的要点
1	接管前台收银工作	夜间稽核人员夜里11点上班时，前台收银员将下班，但深夜仍可能会有个别客人入住或结账离店，这就需要夜间稽核人员接替前台收银工作，为客人办理入住或结账的收银手续。因此夜间稽核人员在与前台收银员交接班时，应注意接管和清点找换的零钱，以备需要找换时用

续表

序号	主要事项	稽核的要点
2	检查前台收银工作	（1）检查所有出勤的前台收银员是否已全部交来收银报告及账单，将前台收银员一天所处理的账单和单据进行归一、分类；从前台电脑系统打印出当天已离店客人名单，与当天所有的离店客人账单进行核对 ① 客人预交押金的结账账单。查看押金单据是否收回，现金支出单据上的客签名是否与入住登记卡和押金单据上的客人签名一致，现金支出单据的金额是否和账单的余额相符，发票是否正确 ② 挂账的账单是否有有效签字人签字并刷账卡；是否打上应收账号；不符合挂账规定的账单要转至临时账户 ③ 信用卡结账的账单。再次复核信用卡的有效期及金额是否与账单一致、与发票相符。超限是否已有授权号码 ④ 审核免费房的账单是否有免费单，餐费和迷你吧费用是否写应酬账单，其他消费是否已做调整并由相关大堂副理签署证明 ⑤ 核对所有已结账的账单是否已在电脑中处理，以避免遗漏，造成房态的混乱，影响房间的出租 ⑥ 核对账单的结算方式是否与电脑报表的结算方式相符，必要时进行调整和更改 所有的已结账账单必须有客人的签名，所有的账单必须与所附的明细账单、单据相符 ⑦ 明细账单、单据的签字人是否为有效签字人 ⑧ 在核对离店客人账单时，还要检查客人的住、离店时间，核对所收取的房租是否符合规定，是否附有大堂副理签批的通知书 （2）打印当天住、离店客人报表，着重审核当天住、离店客人的账单，查看房租的收取是否符合规定
3	前台房租过账及核查房间状态	（1）房租、服务费、电话费、迷你吧等费用，通过前台电脑系统自动过账到有关客人账户上，房租要与房租自动过账报表核对，与前台接待处进行对租，并核对每天的入住房间数和核对房间钥匙，核对无误并经接待处同意后方可过账。对房间数存在差异的，夜审、客户部、前堂接待处要具体查明问题的原因所在，并记录在工作记录中，以便审计部经理继续跟进查明真相 （2）核查房间状态 ① 核对房租过账报表内容与收银处各个房间账卡里的入住登记表、账单 ② 与前堂接待处、客房部核对客房租住明细表，保证每间客房租用状态的正确性； 核对客房租住明细表与房间账卡，确保电脑里记载的每间出租客房有关资料的可靠性 ③ 完成并更正核对出来的错漏以后便可以确认电脑里的客房租住资料正确、可靠； 指示电脑将新一天房租自动计入各房间住客的账户 ④ 房租过账后，从电脑打印一份房租过账报表，并抽查各个出租客房及其服务费的数额是否正确，对一些做了更改的客户尤其应当注意

缃蝥りり

序号	主要事项	稽核的要点
4	核对、结算其他各营业部门的账目	（1）核查其他营业部门的收费单据的收费计算是否正确，并分类汇总各部门单据，与收入部门提供的部门营业报表核对 （2）查看收费单据是否输入电脑，各部门单据还要与前台电脑系统打出的部门单据明细表核对，检查有无入错数、重复入数或漏入数等 （3）如有出入，则将该部门单据明细过账报表打出，每项账目与第一张单据核对，直到找出差错的原因 （4）核对各收入部门交来的单据，汇总后与收银报表总数核对。目的是保证入账、结算后不过账，所有的收银员都已上交最后的单据、报表 （5）若有修改或调整的，应及时予以输入，并做好留言、交接
5	准备夜间稽核报告	夜间稽核报告提供了酒店日间运作的详尽的财务信息反馈，从而使经理能够及时采取相应的措施。夜间稽核报告是提高酒店管理效率的关键，每天有关客房的出租率、收益的百分比、平均房价等数据促使经理们在销售淡季采取有效的促销手段。夜间稽核报告包括：每日的营业报表、销售分析摘要、每日试算表、客人结数日志、房租报表、收款概述报表及酒店每日收入报表等。制表人和领班签名后分派给各相关部门总监、经理
6	记录稽核事项	夜间稽核人员在工作过程中以及全部工作完成之后，都要注意填写夜审留言簿，将一些需要留意及跟进的事项记录下来，以方便日间稽核人员进一步的审查

（2）日间稽核。日间稽核人员每天上班的第一件事就是，看阅夜审留言簿，将要处理及注意的问题尽快解决，并跟进夜间稽核人员遗留的问题。日间稽核的要点如表6-8所示。

表6-8   日间稽核的要点

序号	主要事项	稽核的要点
1	房租的审核	（1）根据夜审打印的日结报表，复核离店客人的账单，查看是否齐全 （2）检查账单上所收房租与客人登记卡上的房租是否一致，打折扣的房租是否符合审批权限的规定 （3）检查收取半日租的账单是否手续齐全 （4）免费房是否有总经理签批的免费单
2	审核其他营业部门的收入情况	（1）审核洗衣单、商务中心、美容中心等营业部门的单据是否都入到客人账上或交入酒店收入；单据使用是否连号，是否与昨日尾班的号码连续，并做好记录。确保单据无遗失，如有遗漏，应立即查找原因并向上司汇报 （2）将客房部送来的迷你吧汇总报表与每张迷你吧单进行核对，并与前台过账的总数进行核对，保证每张吧单都已全部记入账内，检查有无跑单和是否有作假行为，或吧单重复 （3）将所有的单据与其相对应的单据入账控制表进行核对，确保所有的单据都已入账，审核押金单据的总数是否与控制表上的总数一致
3	核对营业收入	核对每日的信用卡和现金总收入上交数是否一致，如有不符，查找出具体原因，查明收银员少交或多交的，然后汇报给经理协调解决
4	审核所有离店客人的账单	确保所有的离店账单要与所附的明细单、单据相符，特别是挂账和信用卡结算的账单，以避免部分人员搞鬼，也方便客人的查询

四、餐饮收入内部控制

餐饮收入控制的业务流程如图6-19所示。

图6-19 餐饮收入控制的业务流程

1.预订

（1）散客预订的控制。散客预订的控制要点如图6-20所示。

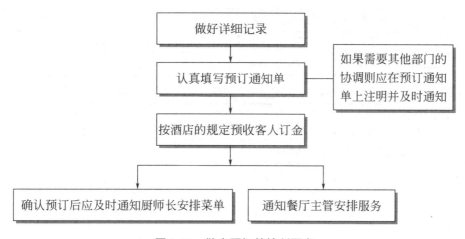

图6-20 散客预订的控制要点

（2）团队预订。团队预订一般是由销售部联系的大型的宴会或接待型会议，这种预订要使用专门的"宴会通知单"，酒店内部的预订除了客房的送餐服务预订以外，须持有由酒店行政部门签字的"宴会通知单"方能生效，预订确认后应及时与宴会部联系，安排大型的接待任务，保证接待任务的圆满完成。

（3）送餐预订。送餐预订的流程如图6-21所示。

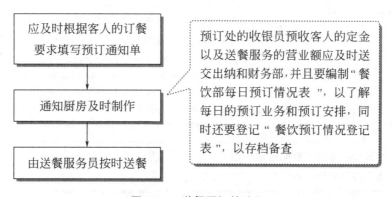

图6-21 送餐预订的流程

2. 点菜

点菜控制的工具是点菜单。点菜单牵制着分管钱、单、物的三个方面：服务员、收银员和厨师。营业结束后，收银台的留存联和厨师的厨房联要进行核对，收银联和现金也要进行核对，以保证收入的准确性。这是一种"三线两点"的控制程序，即钱、单、物分离成三条相互独立的线进行，在三条传递线的终端设置两个核对点，以联络三线进行控制。

（1）物品传递线。餐饮物品的传递是自厨房取出开始，送经餐柜到客人消费结束为止。控制步骤如图6-22所示。

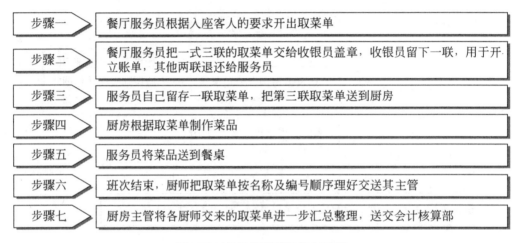

步骤一	餐厅服务员根据入座客人的要求开出取菜单
步骤二	餐厅服务员把一式三联的取菜单交给收银员盖章，收银员留下一联，用于开立账单，其他两联退还给服务员
步骤三	服务员自己留存一联取菜单，把第三联取菜单送到厨房
步骤四	厨房根据取菜单制作菜品
步骤五	服务员将菜品送到餐桌
步骤六	班次结束，厨师把取菜单按名称及编号顺序理好交送其主管
步骤七	厨房主管将各厨师交来的取菜单进一步汇总整理，送交会计核算部

图6-22　物品传递线的控制步骤

（2）账单传递线。账单传递线的业务流程如图6-23所示。

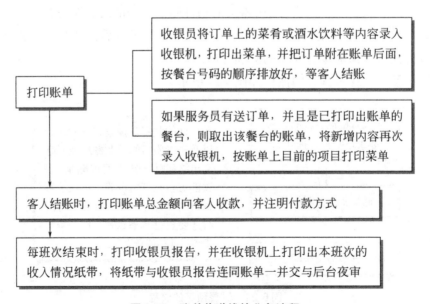

打印账单
- 收银员将订单上的菜肴或酒水饮料等内容录入收银机，打印出菜单，并把订单附在账单后面，按餐台号码的顺序排放好，等客人结账
- 如果服务员有送订单，并且是已打印出账单的餐台，则取出该餐台的账单，将新增内容再次录入收银机，按账单上目前的项目打印菜单

客人结账时，打印账单总金额向客人收款，并注明付款方式

每班次结束时，打印收银员报告，并在收银机上打印出本班次的收入情况纸带，将纸带与收银员报告连同账单一并交与后台夜审

图6-23　账单传递线的业务流程

（3）货币传递线。货币传递线的业务流程如图6-24所示。

第一步	送账单

收银员根据账单向客人结算收款，即服务员从收银台拿来账单，把账单放在托盘上送到餐桌递给客人

第二步	传递钱

客人根据账单把款放在托盘上，由服务员交到收银台并负责传递找零

第三步	现金投保险箱

收银员下班时，按币种、票面清点现金，填写交款袋，投进指定的保险箱内

第四步	收取现金并存银行

第二天总出纳与监点人一起打开保险箱，清点上一天的全部收银员投交的现金，并编制"总出纳报表"，且将现金送存银行

图6-24 货币传递线的业务流程

上述三条传递线最后形成三个终端。在三条传递线的终端设置两个核对点，从而将三条传递线对接起来控制。这两个核对点如图6-25所示。

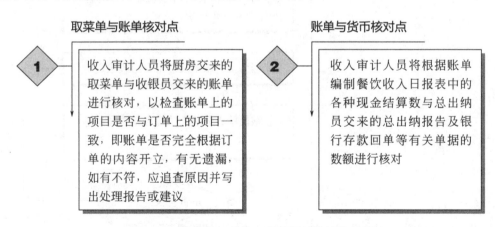

图6-25 取菜单、账单、货币相对接的核对点

上述两个核对点是整个收入程序的关键控制点。核对订单与账单是保证单单相符，揭露走单、走数的关键，核对账单与货币是保证账款相符、揭露现金短缺的重要环节，两者缺一不可。

具体点菜控制流程如图6-26所示。

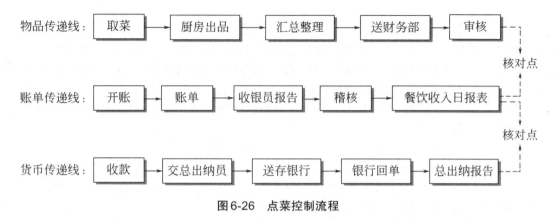

图6-26　点菜控制流程

3.结账

结账控制的流程如图6-27所示。

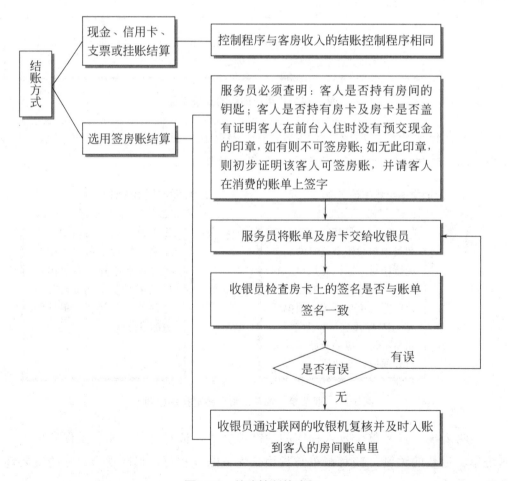

图6-27　结账控制的流程

结账过程中，餐饮账单的填制、款项和收取、账单的传递与处理以及服务人员的管理等各项工作都要严格控制，具体要求如下。

（1）账单必须严格编号。

（2）由收银员来记录全部业务，防止篡改。

（3）现金出纳机上全部账单的销售额应与留存联的总额相一致。

4.编制报表及交款

编制报表及交款控制的要点如下。

（1）收银员将所有的结账账单以及发票的记账联装订在一起妥善保管，并确定已结账的账单全部记录在收银机上。

（2）下班时，收银员读出收银机上的小计报告，同时编制餐饮营业收入报告。

（3）收银员下班时，按票面清点现金，填写交款信封，将现金装进交款信封封妥后投进指定的保险箱内。

5.稽核

（1）夜间稽核

① 餐饮账单与点菜单核对。从各餐厅的柜内拿出账单及收银报告。检查每个餐厅账单的使用情况，审查是否有账单遗漏，将餐馆账单与账单后附的点菜单进行核对，价格、数量、项目输入是否相符、是否正确。对存在的问题要做好记录。次日由日审跟进复核及采取进一步的行动。

② 餐饮账单与收银报告核对。餐饮账单与收银报告核对的步骤与要求如图6-28所示。

要求一	检查各类账单、汇总与报表进行比较，做好餐饮账单与收银报告的核对
要求二	为了能够通过前台的营业收入报表总括地反映酒店的总营业收入，夜间稍核人员要将审核无误的餐饮各营业点的收入输入电脑
要求三	在对每个餐饮收银员的报表核查完毕后，将已审计过的收银员报表中必要的数据输入电脑
要求四	编制每日食品、饮品收入报表，以便于准确总分类报表。报表包括以下各项目：人数、食品、饮品、香烟、杂项、服务费、现金、信用卡，挂账、住店客人和酒店应酬
要求五	上述报表必须与餐厅收入分类报表、餐厅结算分类报表进行核对，再次检查每日食品、饮品收入报表，看是否达到以下指标：收入分类总额与结算分类总额相符；现金、信用卡、挂账、住店客人和酒店应酬等账目与所有餐厅总账单相符

图6-28 餐饮账单与收银报告核对的步骤与要求

③ 收银报告与收银机报告核对，并打印相关项目报表。

④ 检查所有餐厅收银机是否都已结束账期，在确保各收银机出机后，进行餐厅收银系统的备份、索引和日结。

⑤ 根据重新编制的餐厅每日营业报表，与前台营业报表一起交于日审，由日间稽核人员审核完成后分发于各部门。

⑥ 夜间稽核人员在工作过程中以及全部工作完成之后，都要注意填写夜审留言簿，将一些需要留意及跟进的事项记录下来，以方便日间稽核人员进一步审查。

（2）日间稽核。日间稽核的要点如图6-29所示。

要点一	根据夜审所做的每日食品、饮品收入报表，复核餐厅收银收入报表及账单
要点二	审核账单使用是否连号并做好登记，检查账单启用的号码是否与昨日尾班的号码相连续，检查账单是否都入账，对于收银员漏打的项目做好记录
要点三	检查取消项目是否有餐厅经理签字，折扣是否符合签批权限
要点四	对夜审工作进行更正并检查夜审的更正是否正确，如有处理不当的应将其调整更正，检查夜审工作有无遗漏；对于宴会的用餐账单检查是否符合规定，做好差异的情况记录
要点五	与电脑打印的报表核对，检查食品、饮品、香烟等项目总数是否与餐饮营业收入总数相符
要点六	与各厨房清点厨房点菜单，并与账单后附的记账联菜单进行核对，对双方发生的短缺都要追查到底，并严格按照点菜单的管理规定进行审核，审核完毕后转交成本部
要点七	根据账目的调整重新制作餐饮食品、饮品收入报表
要点八	定期对餐厅账单的领用及回收使用情况进行集中清理，追查遗失账单的原因，核查账单使用的连续性，保证账单的完整性

图6-29　日间稽核的要点

五、应收账款的控制

为了吸引客人入住从而提高销售收入，酒店通常允许客人在住店期间进行赊账消费，在离店时由客人结账或由旅行团转账结账，另外还有一些大客户或协议单位在酒店进行挂账消费、定期付款。因此，那些不能及时结清的账项在一段时间内表现为酒店的应收款，许多酒店的应收账款在资产项目中占有很大的比重。为提高资金的使用效率，保证酒店正常的运转，应加强对应收账款的控制。具体措施如图6-30所示。

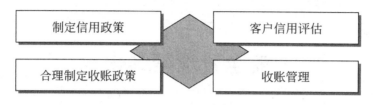

图6-30　应收账款的控制措施

1. 制定信用政策

酒店的信用政策包括信用标准和信用条件。宽松的信用政策会扩大销售额，但同时应收账款占用资金的机会成本、管理成本、坏账成本也会增加。严格的信用政策可以减少上述成本，但同时会减少销售额。因此酒店应根据自身的情况并充分考虑外部环境制定出合理的信用政策。

2. 合理制定收账政策

对于未过付款期的应收账款，应定期寄发对账单，以确保金额的准确；对于已过付款期的应收账款，应及时向客户寄发付款通知书和账单；对于客户恶意拖欠的应收账款，可以采取更为严肃的信件、由经理打电话催收或派专人登门催收，必要时可以委托收账机构处理或向法院提出起诉。

管理小妙招：

制定收账政策时要在收账费用和所减少的坏账损失之间进行权衡，实现总成本的最小化。

3. 客户信用评估

酒店需对其客户进行信用评估，通常是通过"五C"系统来进行的。"五C"即品质（Character）、能力（Capacity）、资本（Capital）、抵押（Collateral）、条件（Conditions）。

4. 收账管理

严密监督应收账款回收情况。酒店应对应收账款实施严密的监督，随时掌握回收情况，并及时发现那些可能影响客户信用度的不良信息，及时采取相应的措施。酒店应编制应收账款账龄分析表和大客户应收账款分析表。

第七章
安全管理精细化

导言

安全管理是现代企业管理的重要组成部分，凡是安全生产管理先进、安全形势稳定、工作效率较高的单位，都是管理规范、精细的单位。因此大力推行精细化管理是促进安全管理的关键。

第一节 建立酒店安全体系

酒店除了"经济"外，安全也同等重要。如果入住的酒店没有给客人安全感，哪怕酒店的价格再低，也吸引不了客人。

一、酒店安全的四个层面

酒店安全是指在酒店所涉及的范围内的所有人、财、物的安全及所产生的没有危险、不受任何威胁的生理的、心理的安全环境。酒店安全包含四个层面的内容，如图7-1所示。

层面一	酒店内部员工、来店客人的人身和财物在酒店所控制的范围内不受侵害，酒店内部的生活秩序、工作秩序、公共场所等内部秩序保持良好状态
层面二	酒店本身的财产安全与名誉安全
层面三	从保障客人的合法权益来说，只要客人住进酒店，酒店员工就有责任保障客人的心理安全，为客人保守秘密和隐私
层面四	酒店安全还包括饮食安全和其他一些需要保护的安全问题

图7-1 酒店安全的四个层面

二、建立安全网络

由于酒店安全管理的复杂性，酒店的安全管理工作除由值班经理和安保人员具体负责外，还应根据酒店的特征，建立有效的安全组织与安全网络。酒店的安全组织和安全网络由酒店的各级管理人员和一线员工组成，与安保人员一起共同完成安全管理。

1.安全组织和安全机构

按照公安部门的要求，酒店为了做好安全管理工作，应建立相应的治安组织与机构。

（1）治安组织。治安组织是指酒店成立的治安委员会，它主要由酒店专门负责安全工作的领导、安保部和其他有关部门的负责人组成，其工作主要是全面规划酒店的治安工作，制定与落实酒店治安工作的计划与政策，制定逐级的治安责任制，定期检查各部门的治安工作等。

（2）治安机构。治安机构是指酒店安全工作的执行机构，负责日常安全工作的布置、指导、监督、检查以及对治安事故的处理。

2.酒店安全部门

（1）配备安全管理人员。酒店的安全工作是关系到酒店能否正常经营的一项长期而重要的工作，它贯穿在酒店的整个生产服务的过程中。因此专职的安全管理人员及安全执行人员是酒店组织机构中必不可少的。

（2）其他工作。为保证酒店安全工作的有效管理及执行，酒店还必须采取图7-2所示的措施保证酒店的安全。

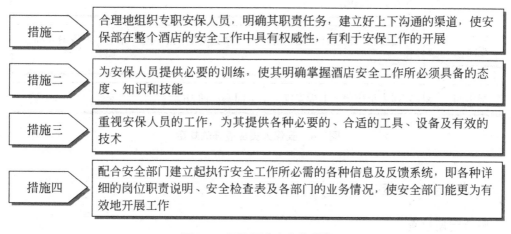

措施一	合理地组织专职安保人员，明确其职责任务，建立好上下沟通的渠道，使安保部在整个酒店的安全工作中具有权威性，有利于安保工作的开展
措施二	为安保人员提供必要的训练，使其明确掌握酒店安全工作所必须具备的态度、知识和技能
措施三	重视安保人员的工作，为其提供各种必要的、合适的工具、设备及有效的技术
措施四	配合安全部门建立起执行安全工作所必需的各种信息及反馈系统，即各种详细的岗位职责说明、安全检查表及各部门的业务情况，使安全部门能更为有效地开展工作

图7-2 保证酒店安全的措施

3.确定安全管理任务

（1）酒店内部管理。作为酒店内部的执法部门，安全部门除了有责任和义务保证酒店的安全外，还应协助酒店经营者管理内部事务，严格落实各岗位员工安全工作职责。具体任务如图7-3所示。

任务一　负责对员工通道和员工上下班进出口进行纪律检查，纠正违纪现象

任务二　对携带酒店物品外出的人员要按规定进行检查，防止发生偷盗行为

任务三　根据酒店实际，制定酒店内部的安全制度，对酒店的经营范围、建筑结构通道及工程设备的分布进行统筹考虑，合理安排安保人员，正确划定巡查线路

任务四　维护酒店内的工作秩序，制止酒店员工的违章、违纪行为，如在酒店内嬉戏打闹、损坏公物等

任务五　对公共场所要加强管理，注意有无擅离岗位的员工、衣履不整或不佩戴名牌的员工，对于无端窜岗的员工或下班后仍逗留酒店的员工要格外注意

图7-3　酒店安全部门的任务

（2）安保人员管理。根据安全部门的工作性质，安保人员除了应遵守酒店的员工守则外，还应该根据安保工作的要求，强调自身的执法守纪。因此，安保人员应遵守图7-4所示的规定。

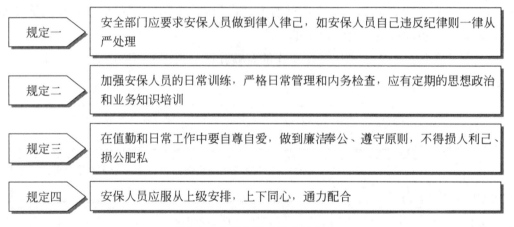

规定一　安全部门应要求安保人员做到律人律己，如安保人员自己违反纪律则一律从严处理

规定二　加强安保人员的日常训练，严格日常管理和内务检查，应有定期的思想政治和业务知识培训

规定三　在值勤和日常工作中要自尊自爱，做到廉洁奉公、遵守原则，不得损人利己、损公肥私

规定四　安保人员应服从上级安排，上下同心，通力配合

图7-4　安保人员应遵守的规定

三、进行安全检查

1.坚持定期检查

应坚持安全检查工作，查缺补漏，防患于未然。要定期或不定期地对酒店的重要安全部门进行检查，发现隐患应及早处理。

2.制定安全检查工作的检查程序

首先要组织力量，明确检查计划、目的、方法和要求；然后深入检查部门，切实进行细致的检查。对检查的结果要记录在册，对发现的漏洞、隐患和不安全因素，要研究

整治措施和改进的办法；对于重大问题要及时上报、及时解决。

3.及时总结经验教训

及时总结酒店内安全管理问题上的经验教训，对安全工作做得好的部门及个人要进行表扬、奖励，对存在的安全隐患要提出警告；对已发生不安全事故的部门，则应依照酒店的安全管理规则进行处理，认真查清事故原因，判明事故性质；对玩忽职守的肇事者，应酌情给予处分。

下面提供几份酒店安全检查表的范本，仅供参考。

【范本】▶▶▶

房务部安全检查表

检查区域	检查内容	检查要求	检查情况		
			合格	不合格	须整改的内容
前厅区域	员工熟悉安全管理制度、"三通、三会""四个能力"培训和应急预案操作情况。员工均接受过岗前培训，受训合格率达到100%	查验培训记录，抽查基本知识			
	部门业务印章管理规范，审核、使用记录完整				
	按照规定正确扫描宾客身份证明及资料	抽查5张住宿登记卡，并核对上传信息			
	住客登记做到"三清三核对"，并按规定上传相关信息	查验现场操作，核对上传信息			
	设立访客登记牌，访客按照要求登记，内容完整、准确	查验访客登记记录			
	宾客贵重物品和行李寄存保管规范，无差错、无漏洞。严禁存放易燃易爆物品	现场抽验			
	贵保室及行李房钥匙管理是否规范	检查钥匙使用及交接记录			
	夜间大堂感应门按规定关闭和开启	检查相关记录			
	各类电器及电源使用操作规范	现场查验			
	该区域吊顶及墙面悬挂物是否安全	现场查验			
	监控室各类设施设备运转正常，监控记录规范、完整	现场查验设备及相关记录			

续表り り

检查区域	检查内容	检查要求	检查情况		
			合格	不合格	须整改的内容
前厅区域	总机员工对消防报警系统和突发事件的应急响应操作程序是否熟悉，应急广播内容是否清楚	现场抽检演示与问答			
	大堂客用电梯运行正常，并按规定进行年检和保养	检查相关记录			
	商务中心信息发布符合操作规定，信息发布设备按规定加密	检查信息发布审批记录及设备是否加密			
	消防设施设备运行是否正常	现场查验			
	大堂客户布展及喷绘架安装安全，客房广告无违禁内容	现场检查			
	商场销售商品符合规定，无食品安全隐患	现场查验			
	酒店大堂区域摆放的各类宣传资料无违禁刊物	现场检查			
	因经营和安全需要的各种安全提示是否醒目	现场检查			
	大堂落地式的玻璃门、墙设置安全警示标志	现场查验			
客房区域	员工熟悉安全管理制度、"三通、三会""四个能力"培训和应急预案操作情况。员工均接受过岗前培训，受训合格率达到100%	查验培训记录，抽查基本知识			
	部门业务印章管理规范，审核、使用记录完整				
	各楼层和客房消防栓、灭火器、烟感、喷淋、报警按钮、火警电话、应急照明完好，疏散指示标志符合规范，安全门处于关闭状态，消防通道畅通无阻，安保巡检记录完整	现场抽查检验			
	客房区域吊顶及墙面悬挂物、淋浴房玻璃、洗面台及镜面、马桶及浴缸等是否有脱落、松动等安全问题	现场查验			
	客房门窗、门锁、保险链安全牢固，应急呼叫正常，客房的房卡管理、领用、退回制度执行良好	现场抽检任意5间客房，检查房卡领用记录			

续登りり

检查区域	检查内容	检查要求	检查情况		
			合格	不合格	须整改的内容
客房区域	客房电源线路无裸露或烧焦异味	现场查验			
	房间有放置禁止床上吸烟的提示	现场查验			
	房间内紧急疏散图完好	现场查验			
	主楼二楼客房窗户已加固	现场抽查			
	易燃易爆危险品的使用、保管符合安全规范	现场查验			
	严格用电、用水管理,有日常工作检查和记录	现场检查相关工作记录			
	各类电器使用和关闭符合规定	现场检查相关工作记录			
	二级库房管理规范,无安全隐患	现场查验			
	客房区域有相关安全管理制度,管理人员日常安全巡查到位,并有相关记录	现场检查相关工作记录			
	楼层各工作间管理规范,无安全隐患	现场查验			
	因经营和安全需要的各种安全提示醒目	现场检查			
会议区域	员工熟悉安全管理制度、"三通、三会""四个能力"培训和应急预案操作情况。员工均接受过岗前培训,受训合格率达到100%	查验培训记录,抽查基本知识			
	该区域消防设施设备正常	现场查验			
	会议室门窗、门锁安全牢固,房卡领用、退回制度执行良好	现场查验			
	客户会场布置有专人现场值守	现场检查			
	会场无使用时及时检查安全和门窗锁闭	现场检查			
	会议室有相关安全管理制度,管理人员日常安全巡查到位,并有相关记录	现场检查相关工作记录			
	会议工作间和杂物库房管理规范,有无安全隐患	现场检查			
	大型会议有专门的安全应急预案,并加强现场安全监控,若遇突发事件能及时有效处置	现场检查			

续螯りり

检查区域	检查内容	检查要求	检查情况		
			合格	不合格	须整改的内容
会议区域	会议室各类电器使用符合酒店安全规定	现场检查			
	会议区域吊顶及墙面悬挂设备无脱落、松动等安全隐患	现场检查			
	会议区域电源线路无裸露或烧焦异味	现场查验			
	因经营和安全需要的各种安全提示醒目	现场检查			
	会议区域落地式的玻璃门有设置安全警示标志	现场查验			
	会议区域摆放的各类宣传资料无违禁刊物				
需整改的事项：					
整改跟踪情况：					
质检员（签名）			年　　月　　日		
质检负责人（签名）			年　　月　　日		

餐饮部安全检查表

检查区域	检查内容	检查要求	检查情况		
			合格	不合格	须整改的内容
餐厅区域	员工熟悉安全管理制度、"三通、三会""四个能力"培训和应急预案操作情况。员工均接受过岗前培训，受训合格率达到100%	查验培训记录，抽查基本知识			
	该区域消防设施设备良好无故障	现场查验			
	门窗、门锁安全牢固，钥匙领用、退回制度执行良好	现场查验			
	该区域吊顶及墙面悬挂设备无脱落、松动等安全隐患	现场检查			
	电源线路无裸露、漏电或烧焦异味	现场检查			
	各类电器设备使用符合酒店安全规定	现场检查			
	各类食品及自制饮料销售符合安全规定	现场检查			

续蚕りり

检查区域	检查内容	检查要求	检查情况		
			合格	不合格	须整改的内容
餐厅区域	易燃易爆危险品的使用、保管符合安全规范	现场检查			
	严格用电、气、水管理制度,每天有安全检查记录	查验检查记录			
	水、电、煤气总阀早开、晚关有记录	查验检查记录			
	炼油时不离人,油锅搁置要平稳,油不能过满,控制好油温,做到用火不离人、人离火灭	现场查验			
	燃气灶无电子点火装置时,须用点火棒点火,不得使用火柴、打火机或纸张直接点火	现场查验			
	点火前认真检查水、电、煤气是否正常,确认无误后方可操作,燃气灶点火时要火等气	现场查验			
	脱排油烟机定时清洗有记录,炉灶台面做到干净整洁	检查记录,检查设备			
	加强对煤气使用的管理,把输气管道、阀门、炉具、使用的软管等纳入日常检查的内容,确保用气安全	查验记录			
	煤气炉、煤气管线严禁靠近电气线路和电源插座	现场检查			
	厨房工作间隙,应有专人值班	现场检查			
	每日工作结束时,必须清理厨房、检查电源及煤气、热源火种等开关确实关闭,并做好记录	检查记录			
	厨房须备有灭火毡和能正常使用的灭火器	现场检查			
	发现煤气泄漏应立即报告维修,不得麻痹大意	检查报修记录			
	使用炉灶时厨师不得离岗,炉灶用毕须关闭煤气	现场检查			
	食品加工后未及时使用时须加盖加膜,于冰箱存放,防止污染、变质	现场检查			
	工作人员定期体检,并持有"健康证"上岗	现场抽查			
	厨房排气、排烟设备运转正常	现场抽查			
茶坊区域	员工熟悉安全管理制度、"三通、三会""四个能力"培训和应急预案操作情况。员工均接受过岗前培训,受训合格率达到100%	查验培训记录,抽查基本知识			
	该区域消防设施设备良好无故障	现场查验			

續簽りり

检查区域	检查内容	检查要求	检查情况		
			合格	不合格	须整改的内容
茶坊区域	门窗、门锁安全牢固，钥匙领用、退回制度执行良好	现场查验			
	该区域吊顶及墙面悬挂设备有无脱落、松动等安全隐患	现场检查			
	电源线路无裸露、漏电或烧焦异味	现场检查			
	各类电器设备使用符合酒店安全规定	现场检查			
	各类食品及自制饮料销售符合安全规定	现场检查			
	严格用电、用水管理制度，每天有安全检查记录	查验检查记录			
	因经营和安全需要的各种安全提示醒目	现场检查			
	休息区域摆放的各类宣传资料无违禁刊物	现场检查			
	工作间和吧台管理规范，无安全隐患	现场查验			
KTV	员工熟悉安全管理制度、"三通、三会""四个能力"培训和应急预案操作情况。员工均接受过岗前培训，受训合格率达到100%	查验培训记录，抽查基本知识			
	该区域消防设施设备良好无故障	现场查验			
	门窗、门锁安全牢固，钥匙领用、退回制度执行良好	现场查验			
	该区域吊顶及墙面悬挂设备有无脱落、松动等安全隐患	现场检查			
	电源线路无裸露、漏电或烧焦异味	现场检查			
	各类电器设备使用符合酒店安全规定	现场检查			
	各类食品及自制饮料销售符合安全规定	现场检查			
	严格用电、用水管理制度，每天有安全检查记录	查验检查记录			
	因经营和安全需要的各种安全提示醒目	现场检查			
	休息区域摆放的各类宣传资料无违禁刊物	现场检查			
	工作间和吧台管理规范，无安全隐患	现场查验			
	每日工作结束必须检查所有区域水、电、电器是否关闭，有无未熄灭的火种等，并做好记录	查验检查记录			

续表りり

检查区域	检查内容	检查要求	检查情况		
			合格	不合格	须整改的内容
健身区域	员工熟悉安全管理制度、"三通、三会""四个能力"培训和应急预案操作情况。员工均接受过岗前培训，受训合格率达到100%	查验培训记录，抽查基本知识			
	该区域消防设施设备良好无故障	现场查验			
	门窗、门锁安全牢固，钥匙领用、退回制度执行良好	现场查验			
	该区域吊顶及墙面悬挂设备有无脱落、松动等安全隐患	现场检查			
	电源线路无裸露、漏电或烧焦异味	现场检查			
	各类健身和电器设备使用符合酒店安全规定	现场检查			
	各类食品及自制饮料销售符合安全规定	现场检查			
	严格用电和设备管理制度，每天有安全检查记录	查验检查记录			
	因经营和安全需要的各种安全提示醒目	现场检查			
	休息区域摆放的各类宣传资料无违禁刊物	现场检查			

需整改的事项：

整改跟踪情况：

质检员（签名） 年 月 日

质检负责人（签名） 年 月 日

工程部安全检查表

检查区域	检查内容	检查要求	检查情况		
			合格	不合格	须整改的内容
配电房	所有员工熟悉安全管理制度、"三通、三会""四个能力"培训和应急预案操作情况。员工均接受过岗前培训，受训合格率达到100%	查验培训记录，抽查基本知识			
	操作人员持证上岗，操作规范	现场检查			
	有防鼠装置，无堆放杂物及可燃物品	现场检查			
	地面绝缘设施完好并经过检验	现场检查			
	有相关操作规程和危险警示标志	现场检查			
	有工作日记与故障维修记录	现场检查			
	变配电间须备绝缘鞋、绝缘手套、应急灯与灭火器	现场检查			
	接地、防雷装置符合规定	现场检查			
锅炉房	锅炉房清洁，无杂物堆放	现场检查			
	锅炉有定时运行记录与故障维修记录	现场检查			
	锅炉有维护保养计划与记录	现场检查			
	有压锅炉须年检，有测试水位报警装置	现场检查			
	锅炉工持证上岗，24小时安全值班	现场检查			
发电机房	发电机定期维护保养，并有相关记录	现场检查			
	油料存放安全无隐患	现场检查			
	发电房清洁，无杂物堆放	现场检查			
	有发电运行记录与故障维修记录	现场检查			
	发电机房排气装置运转良好	现场检查			
	有操作安全警示标志和灭火器材	现场检查			
水泵房	消防水池蓄水正常	现场检查			
	消防水箱无漏水现象	现场检查			
	消防水泵及消防联动控制工作正常	现场检查			
	水泵房无杂物和危险物品堆放	现场检查			
	管网控制阀门启闭正常	现场检查			
	水泵房有运行记录与故障维修记录	现场检查			

续表

检查区域	检查内容	检查要求	检查情况		
			合格	不合格	须整改的内容
电脑机房	网络防火墙工作正常，有相关工作记录	现场检查			
	有能正常使用的应急灯与灭火器	现场检查			
	有操作安全警示标志	现场检查			
	有防雷击设施	现场检查			
	钥匙管理规范，并有相关使用记录	现场检查			
	机房温度和湿度控制良好	现场检查			
	配备有不间断电源运行正常	现场检查			
电梯机房	机房保持干净整洁，温度保持5～40℃	现场检查			
	电梯维修人员持有特种电工作业证	现场检查			
	机房配备干粉灭火器及温度计	现场检查			
	电梯检修需放置完全提示，并悬挂"禁止合闸，有人工作"标示牌	现场检查			
	电梯按规定进行年检并有定期进行保养及相关记录	现场检查			
	机房不能堆放杂物及易燃易爆物品	现场检查			
空调机房	空调机房严禁吸烟和使用明火	现场检查			
	各种运行及检查记录完整	现场检查			
	机房不能堆放杂物及易燃易爆物品	现场检查			
	消防设备完好	现场检查			
	有操作安全警示标志	现场检查			
	有良好的通排风设施	现场检查			
	有定期保养和维护，并有相关记录	现场检查			
危险品库房	物品存放符合安全要求	现场检查			
	有良好的通排风设施	现场检查			
	有操作安全警示标志	现场检查			
	有责任人的日常安全检查和记录	现场检查			
	有消防设备并能正常使用	现场检查			

续蚤りり

检查区域	检查内容	检查要求	检查情况		
			合格	不合格	须整改的内容
调度及其他工作区	部门业务印章管理规范，审核、使用记录完整	现场检查			
	有24小时人员值班，并有相关工作记录	现场检查			
	各种设备操作安全规范，并有警示标志	现场检查			
	高空作业有必备的安全措施和设备	现场检查			
	危险设备操作有足够照明和防护设备	现场检查			
	二级库房配备灭火器，无易燃易爆物品存放	现场检查			
	户外公共区域无裸露电线、无漏电现象	现场检查			
	户外管道无危险裸露，外露管头须安全处理，避免意外伤害发生	现场检查			
	各重点区域有日常的安全检查和记录	现场检查			
需整改的事项：					
整改跟踪情况：					
质检员（签名）			年　　　月　　　日		
质检负责人（签名）			年　　　月　　　日		

四、运用监视系统

为防范可疑的人、事、物，许多酒店在其公共区域、重要通道及楼层走廊等处装设闭路电视，建立监视系统，确保酒店人员、财务与设施的安全。

安全监视作业内容包括以下方面。

（1）负责监视任务，随时查看电视监视器上所出现的画面。

（2）若画面可疑时，先区分是否为住客、员工或其他闲杂人员，并判断其动向，固定该楼层或该区域的闭路主机开关，通知值勤安全人员，或向上级报告并前往处理，正确查证可疑原委并记录于"酒店安全值勤工作记录表"内。

（3）录像带一律由监控员保管，不得外借，不得将所见的私人行为向外人泄露。

五、安全联防

为加强各酒店安全业务，互通实时治安信息，发挥综合力量及守望相助精神，许多

酒店采取安全联防制度。其注意事项如下。

（1）每日住房的客人名单在次日整理后送往派出所。

（2）非常重要的贵宾莅临时，应事先将时间、地点、主办单位、会议性质及人数等资料告之联防酒店、安全机关及派出所。

（3）发生治安事故，应立即填写"酒店安全联防通报（记录）表"，并通报联防酒店，必要时获得协助。

（4）接获其他酒店的通报时，应传真至各联防酒店及本酒店相关单位参考，以防止类似事情发生。

第二节　客人安全控制与管理

保证客人生命和财产安全是酒店为客人提供优质服务的前提与根本，是酒店最大的社会效益。

一、入口控制与管理

酒店是一个公共场所，除衣冠不整者外，任何人都可自由出入。在众多的人流中，难免有图谋不轨分子或犯罪分子混杂其间，因此入口控制就显得非常重要。酒店入口主要有：酒店大门入口、楼层电梯入口、楼层通道。

1.酒店大门入口控制与管理

（1）酒店不宜有多个入口处，应把入口限制在大门。这种控制是指有安全门卫或闭路电视监视设备控制的。在夜间，只使用一个入口。

（2）酒店大门的安保人员既是迎宾员又应是安全员，应对安保人员进行安全方面的训练，使他们能观察、识别可疑分子及可疑的活动。另外，也要对大门及门厅里进行巡视，对进出的人流、门厅里的各种活动进行监视，如发现可疑人物或活动，则及时与值班经理联络，以便采取进一步的监视行动，制止可能发生的犯罪或其他不良行为。

（3）在大门入口处安装闭路电视监视器（摄像头），对入口处进行无障碍监视。

2.电梯入口控制与管理

电梯是到达楼层的主要通道，许多酒店设有专供客人使用的专用电梯。为确保酒店的安全，必须对普通电梯及专用电梯入口加以控制。控制的方法一般采用闭路电视监控。监控的位置一般在大厅电梯口、楼层电梯口、电梯内。

3.楼层通道安全控制与管理

（1）安保人员在楼层通道里巡视应是一项日常、例行的活动。安保人员对楼层通道巡视的路线和时间应不时作调整和变更，不能形成规律，以免让不法分子钻空子。

（2）楼层安全计划应明确要求凡进入楼层区域工作的工作人员，如客房服务员、客房主管及店长助理、值班经理等都应在其工作岗位中起到安全控制与管理的作用，随时注意可疑的人及不正常的情况，并及时向值班经理报告。

（3）要通过装置在楼层通道中的闭路电视监视系统对每个楼层通道进行监视及控制。

二、客房安全控制与管理

客房是客人在酒店停留的主要场所及其财物的存放处，所以客房的安全至关重要。客房安全控制与管理包括以下三个方面。

1. 客房门锁与钥匙的控制与管理

为防止外来的侵扰，客房门上的安全装置是非常重要的，其中包括能双锁的门锁装置、安全链及广角的窥视警眼（无遮挡视角不低于60°）。除正门之外，其他能进入客房的入口处都要上闩或上锁。这些入口处有：阳台门、与邻房相通的门等。

客房门锁是保护顾客人身及财产安全的一个关键环节。安全的门锁以及严格的钥匙控制是顾客安全的一个重要保障。酒店管理者应设计出一个结合本酒店实际情况，切实可行的客房钥匙编码、发放及控制的程序，以保证客房的安全，保证顾客人身及财物的安全。

一般来说，该程序包括以下的内容。

（1）对于电子门锁系统，前台是电子房卡编码、改码和发放客房房卡的地方。当客人完成登记入住手续后，就发给该房间的房卡。客人在居住期内由自己保管房卡，一般情况下，房卡不宜标有房间号码，以免客人丢失房卡又不能及时通知酒店时，被不良行为者利用。

（2）客人丢失房卡时，可以到前台补领，补卡时前台人员应要求客人出示酒店入住卡表明自己的身份。在服务人员核对其身份后方能补发重新编码的房卡。对于长住客或服务员能确认的情况下，可以直接补予，以免引起客人的反感。

（3）工作人员，尤其是客房服务员所掌握的万能房卡不能随意丢放在工作车上或插在正在打扫的客房门锁上或取电槽内，应要求他们将客房房卡随身携带。客房服务员在楼面工作时，如遇自称忘记带房卡的客人要求代为打开房门时，绝不能随意为其打开房门。

（4）需防止掌握客房房卡的工作人员图谋不轨。采用普通门锁的楼层，客房通用房卡通常由客房服务员掌管，每天上班时发给相应的房务员，完成清扫工作后收回。客房部每日都要记录房卡发放及使用情况，如领用人、发放人、发放及归还时间等，并由领用人签字。客房部还应要求服务员在工作记录表上记录进入与退出每个房间的具体时间。

2. 客房内设施设备安全控制与管理

客房内设施设备安全控制与管理要点如表7-1所示。

表 7-1　客房内设施设备安全控制与管理要点

序号	类别	安全控制与管理要点
1	电气设备安全	客房内的各种电气设备都应保证安全。客房电气设备安全控制包括：客用电视机、小酒吧、各种灯具和开关插座的防爆、防漏电安全；火灾报警探头系统、蜂鸣器、自动灭火喷头以及空调水暖设施设备的安全等
2	卫生间	卫生间的地面及浴缸都应有防止客人滑倒的措施。客房内口杯、水杯及冰桶等都应及时并切实消毒。如卫生间内的自来水未达到直接饮用的标准，应在水龙头上标上"非饮用水"的标记
3	家具设施	家具设施包括床、办公桌、办公椅、躺椅、行李台、茶几等家具。酒店应定期检查家具的牢固程度，尤其是床与椅子，使客人免遭伤害
4	其他方面	在客房桌上应展示有关安全问题的告示或须知，告诉客人如何安全使用客房内的设备与装置及专门用于安保的装置与作用，出现紧急情况时所用的联络电话号码及应采取的行动。告示或须知还应提醒客人注意不要无所顾忌地将房号告诉其他客人和任何陌生人；应注意有不良分子假冒酒店职工进入楼层或客房

三、客人财物保管箱安全控制与管理

按照我国的有关法律规定，酒店必须设置顾客财物保管箱，并且建立一套登记、领取和交接制度。

酒店客人财物保管箱有两类，一类设在酒店前台内，由前台统一控制。客人使用时，由前台服务员和客人各执一把钥匙，取物时，将两把钥匙一起插入才能开启保险箱。另一类则为客房内个人使用的保险箱，客房内保险箱由客人自设密码进行开启与关闭。应将保险箱的使用方法及客人须知明确地用书面形式告知客人，让客人方便使用。酒店须定期检查保险箱的密码系统，以保证客人使用安全。

第三节　员工的安全控制与管理

在员工安全管理中，应根据本酒店的运作过程，结合各个工作岗位的工作特点，制定员工安全标准及各种保护手段和预防措施。

一、劳动保护措施

1.岗位工作的劳动保护与安全标准

酒店的各个工作岗位要根据岗位工作的特点制定安全操作标准。虽然酒店内的服务工作基本上以手工操作为主，但不同岗位的安全操作标准却不尽相同。

比如，接待员需要防袭击和防骚扰，客房清洁服务员的腰肢保护和防清洁剂喷溅，

餐厅服务员防烫伤、防玻璃器皿损伤等，都需要有相应的安全工作的操作标准。

随着各种工具、器械、设备应用的增多，酒店应制定各种工具、器械、设备的安全工作标准和操作标准。

2.岗位培训中的安全培训

在员工岗位技术培训中应将安全工作及操作列入培训的内容，在学习及熟练掌握各工作岗位所需的技能、技巧的同时，培养员工要养成良好的安全工作及安全操作的习惯，并使员工掌握必要的安全操作的知识及技能。强调并提倡员工之间的互相配合，即工种与工种之间，上下程序之间，都应互相考虑到对方的安全，如设备维修人员在维修电器或检查线路时，要告诉正在一起工作的房务员，以免造成不便或引起事故。

二、员工个人财物安全保护

酒店员工的个人财产安全保护包括员工宿舍中员工个人财产的安全保护和员工更衣室个人衣物储藏箱的安全保护两个方面，如图7-5所示。

内容一　员工宿舍内员工个人财产保护

员工宿舍内员工个人财产的保护包括防止员工内部偷盗及外来人员偷盗两方面内容

内容二　更衣室个人衣物储藏箱安全保护

原则上，酒店不允许员工带物品进入酒店及工作岗位，为确保员工的衣服及随身的日常小用品的安全，要为上班的员工提供个人衣物储藏箱，应告诫员工不要携带较多的钱财及贵重物品上班

图7-5　员工个人财物安全保护内容

三、员工免遭外来的侵袭控制

（1）在酒店中，前台接待员或收银员很有可能成为受袭击的对象。所以为保证接待员和收银员的安全，在前台应装置报警器或闭路电视监视器，应只保留最小限额的现金。收银员交解现金时，应由安保人员陪同。酒店还应告知前台接待员或收银员遭到抢劫时的安全保护程序。

（2）客房服务员还可能碰上正在房内作案的窃贼而遭到袭击，或遇到行为不轨或蛮不讲理的客人的侵扰。一旦发生这种情况，在场的工作人员应及时上前协助受侵袭的服务员撤离现场，免遭进一步的攻击，并尽快通知安保人员及客房主管迅速赶到现场，据

情处理。

（3）另外，给上夜班下晚班的员工安排交通工具回家或在酒店过夜；及时护送工伤及生病员工就医；防范员工上下班发生交通事故；加强员工食堂管理，控制员工饮食安全，防止食物中毒等也属于员工安全计划的内容。

第四节　酒店财产安全控制与管理

酒店内拥有大量的设施设备和物品，这些财产设备和物品为酒店正常运行、服务及客人享受提供了良好的物质基础。对这些财产及物品的任何偷盗及滥用都将影响酒店及客人的利益，因此财产安全控制与管理是酒店安全控制与管理中的重要内容。

一、员工偷盗行为的防范与控制

员工在日常的工作及服务过程中，直接接触各类设备与有价物品，这些物品具有供个人家庭使用或再次出售的价值，这很容易诱使员工产生偷盗行为。在防范和控制员工偷盗行为时，应考虑的一个基本问题是员工的素质与道德水准。这就要求在录用员工时严格把好关，进店后进行经常性的教育，并有严格的奖惩措施。奖惩措施应在员工守则中载明并严格照章实施。对有诚实表现的员工进行各种形式的鼓励及奖励；反之，对有不诚实行为及偷盗行为的职工视情节轻重进行处理，直至开除出店。思想教育和奖惩手段是相辅相成的，只要切实执行，是十分有效的。

另外，还应通过各种措施，尽量限制及缩小员工进行偷盗的机会及可能。这些措施包括以下几点。

（1）员工上班都必须穿制服，戴工牌，便于安保人员识别。

（2）在员工上下班进出口处，应有安保人员值班，检查及控制员工携带进出的物品。

（3）完善员工领用物品的手续，并严格照章办事。

（4）严格控制储存物资，定期检查及盘点物资数量。

（5）控制及限制存放在前台的现金额度，交解现金需有安保人员陪同及参加。

（6）严格财物制度，实行财务检查，谨防工作人员贪污。

二、客人偷盗行为的防范与控制

由于酒店物品的高档性、稀有及无法购买性（有些物品在市场上无法购买到），因而酒店住店客人也容易产生偷盗行为。虽然客人的素质一般较高，但受喜爱物品的诱惑，也不乏偷窃现象。酒店所配备的客用物品如浴巾、浴衣、办公用品、日用品等一般都由专门厂家生产，档次、质量、式样都较好；客房内的装饰物和摆设物（如工艺品、字画、古玩等）也比较昂贵和稀有，这些物品具有较高的使用、观赏价值和纪念意义，而容易成为住店客人盗取的对象和目标。因此为防止这些物品被盗而流失，可采取的防范控制措施如下。

（1）将这些有可能成为客人偷盗目标的物品，印上或打上酒店的标志或特殊的标记，这能使客人打消偷盗的念头。

（2）有些使客人感兴趣、想留作纪念的物品，可供出售，这可在《旅客须知》中说明。

（3）客房服务员日常打扫房间时，对房内的物品加以检查；或在客人离开房间后对房间的设备及物品进行检查，如发现有物品被偷盗或设备被损坏，应立即报告。

下面提供一份××酒店旅客须知的范本，仅供参考。

【范本】▸▸

旅客须知

一、旅客登记住宿时，请出示足以证明本人身份的有效证件（身份证、护照、回乡证）。

二、旅客不得任意改变客房设备，客房内的任何物品及设备如有损坏或遗失，必须负责赔偿。

三、需接电源或使用自备电器设备，请与客房中心联系。严禁使用电炉、电熨斗、电饭煲等。

四、严禁将易燃、易爆、剧毒和放射性等危险品带入客房，严禁在住宿处燃放烟花爆竹。携带枪支、武器须交当地公安机关保存。严禁在旅馆招娼、吸毒、聚赌。

五、旅客离房时，请关好门、窗，带好钥匙卡并妥善保管。如钥匙卡遗失，请立即通知总台。

六、旅客应按照与总台接待处所订住房日期交回房间，如需延期，应提前向总服务台办理手续，到期不办理手续或不退房，本店有权收回房间。

七、退房时间为中午十二时前。在十八时前退房加收半天房费，十八时以后按全天计算。

八、请爱护旅馆一切用品及设施，如有损坏请照价赔偿。

九、多为他人着想，切勿高声喧哗，以免扰及邻室安宁。

有事请拨打服务台电话：×××××××××

×× 酒店有限公司

三、外来人员偷盗行为的防范与控制

外来人员偷盗行为的防范与控制包括以下三方面的内容。

1.不法分子和外来窃贼

要加强入口控制、楼层通道控制及其他公众场所的控制，防止外来不良分子窜入作案。

2.外来公务人员

酒店由于业务往来需要，总有一些外来公务人员进出，这些人员包括外来公事人员、送货人员、修理人员、业务洽谈人员等。应规定外来人员只能使用员工通道，出入须经安全值班人员检查后才可放行。如果楼层内的设备、用具、物品等需带出店外修理的，必须经值班经理的签名，经安全值班人员登记后才能放行。

3.访客

酒店客人因业务需要经常接待各类来访客人，而来访客人中也常混杂着不良分子，他们在进入客人房间后，趁客人不备往往会顺手牵羊，带走客人的贵重物品或客房内的高档装饰物及摆设物；他们也可能未经客人的同意，私自使用客房内的付费服务项目，如打长途电话甚至国际长途等。此外，酒店应尽量避免将有价值的物品放置在公共场所的显眼位置，并应对安放在公共场所的各种设施设备和物品进行登记和有效管理。

第五节 消防安全管理

火灾始终是威胁酒店的一个重大灾难。因此制定科学合理的防火安全计划并进行有效的消防管理是酒店安全管理的重要内容。

一、设立消防组织与消防机构

酒店作为公共场所，应重视消防工作，建立相应的消防组织和消防机构。建立消防组织是指酒店应设有专门的消防管理委员会，全面负责酒店的消防工作。消防机构是指在酒店消防管理委员会领导和指导下的消防执行机构，它负责日常的消防检查工作。

1.酒店的消防管理委员会

酒店设立消防管理委员会，负责本酒店的消防工作制度的设定、落实与检查。酒店各部门都应服从消防委员会制定的消防管理制度。消防管理委员会的职责如下。

（1）认真贯彻执行国家法规和公安消防部门的有关消防安全工作的指示和规定，实行"预防为主，防消结合"的方针，制定各种防火安全制度，组织实施逐级防火责任制

和岗位防火责任制，制定灭火方案和疏散计划，督促各部门贯彻落实防火安全工作。

（2）把防火工作纳入到日常管理工作中，充分发动与依靠每一位酒店员工，定期研究和布置每个部门的消防工作。

（3）开展消防业务的宣传和消防知识的培训，定期组织酒店的消防演习，让防火意识深入到酒店每一个员工的思想中。

（4）定期检查酒店内各部门的防火情况，检查各种消防设备、灭火器材，消除火灾隐患和不安全因素。

（5）负责检查和指导消防器材的配备、维修、保养和检测，及时调配、补充消防器材，排除消防设备隐患。

（6）负责协助工程部进行酒店的新建和改造工程中消防设施的设计、呈报、审批工作。

（7）一旦发生火灾，担任现场指挥，组织酒店员工进行人员疏散及扑救工作，负责追查处理火警事故，调查火灾原因。

2.消防中心

消防中心是消防工作的执行机构。消防中心在酒店安全部门或有关部门的领导下，以及公安消防部门的指导下，具体负责消防工作，保障酒店的正常营业。消防中心的主要工作如下。

（1）负责各种消防设施、设备和器材等消防工作的硬件管理。主要是定期检查和保养消防设施与器材，确保消防设施、器材的完好。

（2）每日派专人检查、巡逻，发现不安全因素立即排除和上报，杜绝不安全事故的发生。

（3）制定防火、灭火与疏散计划及其实施方案，对员工进行消防教育和培训，使每一位酒店员工不仅认识到消防工作的重要性，还能熟练掌握报警程序、疏散程序，熟悉紧急出口和通道，并能正确地使用灭火器材。

（4）发现火警信号或接到火情报告后，要迅速弄清楚火情，并及时派出消防、保卫人员赶到出事地点，同时将火警报告给上级。

二、防火安全计划与消防管理

1.消防安全告示

消防安全告示可以从客人一入店时进行，可在客人登记时发给一张酒店卡，卡上除注明酒店的服务设施和项目外，还应注明防火注意事项，印出酒店的简图，并标明发生火警时的紧急出口。

客房是客人休息暂住的地方，也是客人在酒店入住期间停留时间最长的地方，应当利用客房告诉客人有关消防安全的问题：如在房门背后应张贴楼层的火灾紧急疏散示意图，在图上把本房间的位置及最近的疏散路线用醒目的颜色标在上面，以使客人在紧急情况下安全撤离；在房间的写字台上应放置"安全告示"或放有一本安全告示小册子，比较详细地介绍酒店及楼层的消防情况，以及在发生火灾时该怎么办。

2.防火安全计划与制度

防火安全计划是指酒店各岗位防火工作的工作程序、岗位职责、注意事项、规章制度以及防火检查等项工作计划的总称。

在制订防火安全计划时，要把酒店内每个岗位容易发生火灾的因素找出来，然后逐一制定出防止火灾的措施与制度，并建立起防火安全检查制度。酒店的消防工作涉及每个岗位的每一位员工，只有把消防工作落实到每个岗位，并使每位职工都明确自己对消防工作的职责，安全工作才能有保证。必须使每位员工做到以下几点。

（1）严格遵守酒店规定的消防制度和操作规程。

（2）发现任何消防问题及时向有关部门汇报。

（3）维护各种消防器材，不得随意挪动和损坏。

（4）发现火患及时报警并奋力扑救。

三、火灾应急计划与控制和管理

火灾应急计划与控制和管理是指在酒店一旦发生火灾的情况下，酒店所有人员采取行动的计划与控制和管理方案。火灾计划要根据酒店的布局及人员状况用文字的形式制订出来，并需要经常进行训练。

酒店内一旦发生火灾，应立刻报警。有关人员在接到火灾报警后，应当立即抵达现场组织扑救，并视火情通知公安消防队。有些比较小的火情，酒店及楼层员工是能够在短时间内组织人员扑灭的，如果火情较大，就一定要通知消防监控中心。酒店应把报警分为两级，一级报警是在酒店发生火灾时，只是向酒店的消防监控中心报警，其他场所听不到铃声，这样不会造成整个酒店的紧张气氛；二级报警是在消防监控中心确认楼层已发生了火灾的情况下，才向全酒店报警。

酒店应按照楼层及酒店的布局和规模设计出一套方案，使每个部门和员工都知道万一发生火灾时该怎么做。

一旦酒店发生火灾或发出火灾警报时，要求所有员工坚守岗位，保持冷静，切不可惊慌失措，到处乱跑，要按照平时规定的程序做出相应的反应。所有的人员无紧急情况不可使用报警电话，以保证电话线路的畅通，便于酒店管理层下达命令。各部门及岗位该采取的行动如表7-2所示。

表 7-2　发生火灾时各部门及岗位该采取的行动

序号	部门及岗位	该采取的行动
1	酒店消防委员会	（1）消防委员会在平时担负着防火的各项管理工作，一旦酒店发生火灾，消防委员会就肩负着火灾领导小组的职责 （2）在发生火灾或发出火灾警报时，消防委员会负责人应当立即赶到临时火灾指挥点。临时火灾指挥点要求设在便于指挥、便于疏散、便于联络的地点 （3）领导小组到达指挥点后，要迅速弄清火灾的发生点、火势的大小，并组织人员进行扑救，与此同时领导小组还应视火情迅速做出决定是否通知消防队，是否通知客人疏散，了解是否有人受伤或未救出火场，并组织抢救
2	酒店消防队	（1）根据消防法规，酒店应当建立义务消防队。酒店消防队是一支不脱产的义务消防队伍，它担负着防火的任务，经常组织训练，随时准备参加灭火行动。酒店消防队一般由安保部人员和各部门的人员组成 （2）当酒店消防队员听到火灾警报声时，应当立即穿好消防服，携带平时配备的器具（集中存放在酒店某地）迅速赶赴现场。这时应有一名消防中心人员在集合地点带领消防队员去火灾现场参加灭火行动
3	安保人员	（1）听到火灾警报后，安保人员应立即携带对讲机等必需物品赶赴现场指挥点。酒店大门的安保人员在听到火灾铃声后，应当立即清理酒店周围的场地，为消防车的到来做好准备，阻止一切无关人员的进入，特别要注意防范有图谋不轨者趁火打劫 （2）巡逻人员在火灾发生时要注意安排专人保护酒店的现金和其他一些贵重物品；要护送出纳员和会计把现金转移到安全的地方。各岗位的安全人员在发生火灾时，都必须严守岗位，随时提防不法分子浑水摸鱼
4	前台人员	前台人员要把所有的电梯落下，告诫客人不要乘坐电梯、不要返回房间取东西，并把大厅所有通向外面的出口打开，迅速组织人员疏散，协助维持好大厅的秩序
5	工程维修人员	工程维修人员在接到酒店的火灾报告时，应立即赶往火灾现场察看火情。应视火情决定是否全部或部分关闭酒店内的空调通风设备、煤气阀门、各种电器设备、锅炉、制冷机等设备，防止事态进一步发展。负责消防水泵等设备的人员迅速进入工作场地，并使这些设备处于工作状态。楼层内的危险物品应立即运到安全地带，以防连锁反应。其他人员应坚守岗位，不得擅离职守
6	楼层服务员	当楼层客房服务员听到火警的铃声时，应当立即查看、检查所有的安全门和通道是否畅通，并立即组织疏散客人

四、火灾疏散计划与管理

火灾疏散计划与管理是指酒店发生火灾后人员和财产紧急撤离出火灾现场，到达安全地带的行动计划和措施。在制定该计划和措施时，要考虑到楼层布局、酒店周围场地等情况，以保证尽快地把楼层内的人员和重要财产及文件资料撤离到安全的地方。这是一项极其重要的工作，组织不当会造成更大的人员伤亡和财产损失。

通知疏散的命令一般是通过连续不断的警铃声发出或是通过广播下达。

在进行紧急疏散时，客房服务员要注意通知房间的每一位客人。只有确定本楼层的客人已全部疏散出去，服务员才能撤离。

在疏散时，要通知客人走最近的安全通道，千万不能使用电梯。可以把事先准备好的"请勿乘电梯"的牌子放在电梯前。有的酒店在电梯的上方用醒目字体写着"火灾时，请不要使用电梯"。

当所有人员撤离楼层或酒店后，应当立即到事先指定的安全地带集合，查点人数，如有下落不明的人或还未撤离的人员，应立即通知消防队。

五、灭火计划与管理

灭火计划与管理的内容包括以下几点。

（1）酒店总平面图。要注明楼层布局、给水管网上消火栓的位置、给水管尺寸、电梯间及防烟楼梯间位置等。

（2）酒店内部消防设备布置图。如自动灭火设备安装地点、室内消火栓布置图、进水管路线、阀门位置等。

（3）根据酒店的具体情况绘制的灭火行动平面图。要解决抢救人员、物资及清理火场通道的问题。实施计划应同时考虑利用楼梯作为灭火进攻和抢救疏散人员、物资及清理火场的通道；如果楼梯烧毁或被火场残物堵塞，要有其他备用的行动方案等。

第六节　应急预案管理

酒店应急预案是指为了保障酒店管理人员在执行各种服务过程中，能够快速有效地应对各种突发案件、事件、事故和其他紧急情况而制定的方案。

一、应急预案的内容

酒店安全应急预案要全面地考虑不同情况的特定条件下，可能发生的各种案件、事件、事故和其他紧急情况。具体来说，一般应急预案包括的内容具体如表7-3所示。

表7-3　应急预案的内容

序号	类别	具体内容
1	任务目的	应急预案是一种实践性、应用性和操作性都很强的实战型预案，必须有明确具体的任务或目的
2	指导思想	（1）确保酒店各项活动的安全进行 （2）强调快速、有效的原则，但不能光有速度没有效率，也不能太慢 （3）对任何紧急情况的处置都属于初期处置，要由警方进行最终处置

緬蝥りり

序号	类别	具体内容
3	处置范围	（1）可能遇到的一切紧急情况 （2）应对自然灾害的预案 （3）确定一些重点应对的紧急情况
4	组织指挥与分工	应急处置中的组织指挥与分工，应根据高度统一、分层组织实施的原则，建立应急指挥部，任务分工是从纵向与横向两方面展开的
5	应急措施	（1）核实情况，迅速报警 （2）封锁现场 （3）控制现场，划定警戒范围并担任警戒 （4）采取灭火、防爆、防毒等初期处置措施 （5）通过宣传、疏导等方法有序疏散无关人员 （6）保全证据和留置有关人员 （7）向警方汇报现场工作情况 （8）抓获扭送有关违法或犯罪嫌疑的人员 （9）抢救现场伤者，报告紧急救护中心 （10）搜索、发现可疑的人员和物品 （11）向到达现场的警方人员介绍情况、提供线索 （12）为进行现场处置的警方人员提供各种帮助
6	注意事项	（1）依法处置 （2）高度负责，分工协作 （3）严格遵守请示、报告、续报等制度 （4）服从命令，听从指挥 （5）保护客人的合法权益，不要因为应急处置而侵犯客人的合法权益

二、编制应急预案要素

1.方针与原则

不管是哪种应急救援体系，都必须有明确的方针和原则作为开展应急救援工作的纲领。方针与原则反映了应急救援工作的优先方向、政策、范围和总体目标，应急的策划和准备、应急策略的制定和现场应急救援及恢复，都应当围绕方针和原则开展。

2.应急策划

在制定应急预案时，必须明确预案的对象和可用的应急资源情况，即在全面系统地认识和评价所针对的潜在事故类型的基础上，识别出重要的潜在事故及其性质、区域、分布及事故后果。

3.应急准备

对于发生可能性较大的应急事件，应做好充分的准备工作。能否成功地在应急救援中发挥作用，取决于应急准备是否充分。应急准备基于应急策划的部署，明确所需的应急组织及其职责权限、应急队伍的建设和人员培训、应急物资的准备、预案的演习、公众的应急知识培训和签订必要的互助协议等。

4.应急响应

酒店应急响应能力的体现，包括需要明确并实施在应急救援过程中的核心功能和任务。这些核心功能既相应独立，又互相联系，构成应急响应的有机整体，共同达到应急救援目的。

应急响应的核心功能和任务包括：接警与通知、指挥与控制、报警和紧急公告、通信、事态监测与评估、警戒与治安、人群疏散与安置、医疗与卫生、公共关系、应急人员安全、消防和抢险、泄漏物控制等。

5.现场恢复

现场恢复是事故发生后期的处理，如：泄漏物的污染处理、伤员的救助、后期的保险索赔和生产秩序的恢复等一系列问题。

6.预案管理与评审改进

应急预案管理与评审改进强调在事故后（或演练后）对预案不符合和不适宜的部分进行不断的修改和完善，使其更加适宜于现实应急工作的需要。但预案的修改和更新，要有一定的程序和相关评审指标。

三、应急预案的培训和演练

1.演练类型

（1）桌面推演。是指由应急组织的代表或关键岗位人员参加的，按照应急预案及其标准工作程序，讨论发生紧急情况时应采取行动的演练活动。

（2）功能演练。是指针对某项应急响应功能或其中某些应急行动举行的演练活动，主要是针对应急响应功能，检验应急人员以及应急体系的策划和响应能力。

（3）全面演练。是指针对应急预案中全部或大部分应急功能进行检验、评价组织应急运行能力的演练活动。

2.选取演练方法考虑因素

（1）应急预案和响应程序制定工作的进展情况。

（2）面临风险的性质和大小。

（3）现有应急响应的能力。

（4）应急演练的成本及资金筹措状况。

（5）有关政府部门对应急演练工作的态度。

（6）应急组织投入的资源状况。

（7）国家及地方政府部门颁布的有关应急演练的规定。

3.演练的参演人员

演练的参演人员具体如表7-4所示。

表 7-4　演练的参演人员

序号	类别	具体内容	具体任务
1	参演人员	承担具体任务，对演练情景或模拟事件作出真实情景响应行动的人员	（1）救助伤员或被困人员 （2）保护财产或公众健康 （3）使用并管理各类应急资源 （4）与其他应急人员协同处理重大事故或紧急事件
2	控制人员	控制演练时间进度的人员	（1）确保演练项目得到充分进行，以利评价 （2）确保演练任务量和挑战性 （3）确保演练进度 （4）解答参演人员的疑难和问题 （5）保障演练过程的安全
3	模拟人员	扮演、代替某些应急组织和服务部门，或模拟在紧急事件、事态发展中受影响的人员	（1）扮演、替代与应急指挥中心、现场应急指挥相互作用的机构或服务部门 （2）模拟事故的发生过程（如释放烟雾、模拟气象条件、模拟泄漏等） （3）模拟受害或受影响人员
4	评价人员	负责观察演练进展情况并予以记录的人员	（1）观察参演人员的应急行动，并记录观察结果 （2）协助控制参演人员以确保演练计划的进行
5	观摩人员	来自有关部门、外部机构以及旁观演练过程的观众	

下面提供几份酒店应急预案的范本，仅供参考。

【范本】▶▶

酒店食物中毒应急预案

根据卫生部门有关食品卫生安全的会议精神，为确保在发生意外安全事故时将损失减少到最小，我单位特制定以下关于食物中毒的应急处置预案。

一、食物中毒应急处置组织机构

领导小组

组长：李××

副组长：万××、陈××

成员：吕××、孙××、刘××、林××

下设处置办公室

主任：朱××

成员：王××、丁××

二、此预案在发生食物中毒事件时马上启动

三、应急处置步骤

（1）酒店任何一名员工均有责任报告食物中毒事件，一旦发现有食物中毒现象，应马上向应急处置办公室报告。

（2）办公室人员在接到报告后立即赶赴现场，并通知相关成员到场协助处理。

（3）以下各步骤同时进行

① 及时与急救中心或医院联系，讲清楚地点、中毒人数、中毒程度、症状等，由相关人员陪同就医。

② 由餐饮部负责查找毒源，各部门应全力配合，保护现场、保留样品。病人吃剩的食物不要急于倒掉，盛食品用的工具、容器、餐具等不要急于冲洗，病人的排泄物要保留，以便卫生部门采样检验，为确定食物中毒提供可靠的依据。

③ 由副组长负责将现场情况向酒店领导报告、请示。

④ 由办公室主任指挥各部门经理做好人员的稳定工作。

⑤ 如实反映情况。酒店负责人及与本次中毒有关人员，如厨房工作人员、分管经理及病人等应如实反映本次中毒情况。将病人所吃的食物，进餐总人数，同时进餐而未发病者所吃的食物，病人中毒的主要特点，可疑食物的来源、质量、存放条件、加工烹调的方法和加热的温度、时间等情况如实向有关部门反映。

⑥ 做好中毒人员的善后处理工作。

⑦ 对中毒食物的处理。在查明情况之前对可疑食物应立即停止食用。在卫生部门已查明情况，确定了食物中毒，即可对引起中毒的食物及时进行处理。

酒店空气传播性疾病应急预案

为了保障住店客人的安全，预防空气传播性疾病在公共场所的传播，保障公众健康，依据《中华人民共和国传染病防治法》《公共场所卫生管理条例》和《突发公共卫生事件应急条例》，特制定本预案。

一、预防空气传播性疾病领导小组

组长：李××

组员：吕××、孙××、刘××、林××

二、启动条件

当空气传播性疾病在本地区暴发流行时，酒店将在第一时间按照卫生行政部门的要求启动预防空气传播性疾病的应急预案。

三、实施办法

（1）及时关闭所涉及区域的集中空调通风系统，并按照疾病预防控制机构的要求，对公共场所及其集中空调通风系统进行消毒处理。

（2）对有疑似症状的员工进行集中隔离，并安排休息；有类似症状的客人出现立即隔离治疗。

（3）加强环境消毒，每天对全酒店的设施设备、地面、空气进行消毒。

（4）空调系统采用全新风方式运行，各房间每日开窗通风不少于两次，每次半小时，确保各房间独立通风。

（5）每周对过滤网、过滤器、净化器、风口、表冷器、加热（湿）器、冷凝水盘等进行清洗、消毒或者更换。空调系统的冷凝水和冷却水以及更换下来的部件在处置前应进行消毒处理。

酒店抢劫案件应急预案

一、突发事件应急处理小组

组长：总经理。

副组长：副总经理、安保部经理。

成员：客房部经理、办公室主任、财务部经理、工程部经理。

发生突发事件，在处理小组成员到达之前，由总值班员负责处理。

二、应急措施

（1）当酒店发生抢劫案件时，如劫匪持有武器（指枪械），在场员工应避免与匪徒发生正面冲突，保持镇静，并观察匪徒的面貌、身形、衣着、发型及口音等特征。如劫匪未持有武器且有足够人手可以制服匪徒时，则等待适当机会将之擒获交与警方，但决不可草率从事，以免造成不必要的伤亡。如监控中心工作人员发现酒店内发生劫案，应立即告知部门经理或总值班员，并按指示向110报警。

（2）如劫匪乘车逃离现场，应记下其车牌号码、颜色、车款或牌子等，并记清人数。同时可以乘的士或其他交通工具跟踪并向110报告方位和地点，以便警方组织力量设卡拦截。在跟踪的过程中要注意隐蔽，以确保自身安全。

（3）保护好现场。劫匪遗留的凶器、作案工具等不要用手触摸。画出警戒范围，不要让无关人员进入现场。

（4）如现场在交通要道、公共场所等人多拥挤处无法将劫匪留下的证物留在原处

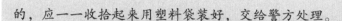

的，应一一收拾起来用塑料袋装好，交给警方处理。

（5）访问目击群众，收集发生劫案的情况，提供给公安机关。同时公安人员未勘查现场或未处理完毕之前，相关人员不得离开。

（6）在场人员不可向新闻媒体或无关人员透露任何消息，不准拍摄照片。

（7）如有伤者，要立即送往医院救治，并报告公安机关。

酒店绑架人质案件应急预案

一、突发事件应急处理小组

组长：总经理。

副组长：副总经理、安保部经理。

成员：客房部经理、办公室主任、财务部经理、工程部经理。

发生突发事件，在处理小组成员到达之前，由总值班员负责处理。

二、应急措施

（1）当酒店客房发生人质绑架案件时，楼层服务人员应立即向部门经理、总值班员和安保部报告。

（2）接报后应急处理小组可在事发楼层设立指挥部，并在第一时间报警。

（3）在警方到达之前应封锁消息，严禁向无关人员透露现场情况，以免引起客人惊慌和群众围观，导致劫匪铤而走险，危害人质安全。

（4）尽量满足劫匪的一些合理要求，如送水、送食物，以稳定劫匪的情绪。

（5）安保、工程人员在附近待命，以便配合公安人员的行动，并画出警戒范围。同时疏散劫匪所在房间附近的客人，以防劫匪带有爆炸危险物品。

（6）及时收集、准备好客房的入住登记、监控录像、工程图纸等资料，提供给警方。

酒店斗殴案件应急预案

一、突发事件应急处理小组

组长：总经理。

副组长：副总经理、安保部经理。

成员：客房部经理、办公室主任、财务部经理、工程部经理。

发生突发事件，在处理小组成员到达之前，由总值班员负责处理。

二、应急措施

（1）当酒店内发生斗殴事件时，应立即制止劝阻及劝散围观人群。

（2）如双方不听制止，事态继续发展，场面难以控制时，应迅速报告公安机关及通知酒店相关部门人员。安保员应迅速到场戒备，防止损坏酒店物品。

（3）如酒店物品有损坏，则应将斗殴者截留，要求赔偿。如有伤者，则予以急救后交警方处理。现场须保持原状以便警方勘查，并协助警方辨认滋事者。

（4）如斗殴者乘车逃离，应记下车牌号码、颜色、车型及人数等特征。

（5）协助警方勘查打斗现场，收缴各种打架斗殴工具。

酒店台风应急预案

一、突发事件应急处理小组

组长：总经理。

副组长：副总经理、安保部经理。

成员：客房部经理、办公室主任、财务部经理、工程部经理。

发生突发事件，在处理小组成员到达之前，由总值班员负责处理。

二、应急措施

（1）各工作岗位人员应坚守岗位，未经允许或接替决不可离岗。

（2）工程部应对天棚、墙外装饰、招牌等进行检查，必要时给予加固。应做好电力设备的保障工作，防止因台风引起线路故障或电击伤人事故。要确保下水道畅通，避免引致水浸。

（3）安保员要留意和指导车辆停放，避免被吹落物砸坏。同时要加强警戒，防止坏人趁机作案。

酒店发现爆炸物（恐吓电话）应急预案

一、突发事件应急处理小组

组长：总经理。

副组长：副总经理、安保部经理。

成员：客房部经理、办公室主任、财务部经理、工程部经理。

发生突发事件，在处理小组成员到达之前，由总值班员负责处理。

二、应急措施

（一）接炸弹恐吓电话

（1）任何人接到炸弹威胁电话，都应听清来电者的每一个字、噪声及其背景声音，以猜测来电者的位置。

（2）假装听不清电话、拖延来电者占线时间以尽量获得更多信息，并做详细记录。

（3）如来电者同意，可将电话转给总经理或总值班员，同时通知安保人员迅速采取行动。

（4）如果来电说完就挂断电话，则立即通知总值班员或相关人员，以便采取进一步行动和对策。如有录音设备，要及时对通话进行录音。

（二）接到电话后处理

（1）对电话内容绝对保密，并立即通知总经理、总值班员。

（2）总经理、总值班员接警后应及时向公安机关报告，并召集应急处理小组人员进行磋商。

（3）应急处理小组应对事件进行评估，并决定是否需要组织人员对炸弹进行搜索。

（4）通知警方，为了避免人群聚集及防止肇事者在公共场所散布不满和制造恐慌，须迅速派出便衣安保人员到公共场所戒备，同时派出穿制服的安保员进行外围警戒。

（5）警方到达现场并开展搜查时，安保部应通知相关部门经理，以配合警方行动。

（三）对炸弹搜索

原则上不允许员工参与对炸弹搜索的行动，但如果员工自愿并在确定风险系数后，可使用相关工具按有关程序进行搜索。

（1）应急处理小组或安保部经理负责指导正当的搜索行动。

（2）搜索者在未经确定前不得接触或弄乱任何有可能容纳爆炸装置的包裹、箱子或其他物体。

（3）如发现情况，应及时报告应急小组或安保部经理。安保部经理接报后须通知警方，并派出安保员对炸弹或可疑物体的区域进行隔离警戒。

（4）在警方到达现场对可疑物品进行检测和解爆时，应疏散附近无关人员并通知各相关部门经理，以配合警方工作和确保人员生命财产安全。

（四）事件处理中与有关部门的工作

（1）应急小组应密切关注事态的发展，谨慎回答客人的疑问。

（2）妥善处理客人对炸弹威胁的恐慌。

（3）配合公安机关进行有关调查，并与有关人员保持密切联系。

（4）如有客人要求与某位权威人士通话，话务员可将电话转给应急处理小组成员。

（5）酒店情况发生任何变化，话务员须将应急处理小组的指示及时通知各部门经理。

（6）安保部负责派出人员到危险区附近的入口进行警戒，严禁无关人员进入。

（7）防止肇事者在公共场所散布不满和制造恐慌。

（8）如警方到达后，警戒人员应指引他们从后方区域到达事发现场。安保人员须保持警惕直到紧急情况结束。

（9）如发生意外有人员受伤时，办公室负责组织人员抢救和疏散。

（10）如事件现场涉及电器和机械设备，工程部须配合警方工作。

酒店停水应急预案

一、计划停水

（1）工程部向停水通知单位问明停水的原因、日期、时间和恢复时间，负责在恢复供水后通知相关部门。

（2）各部门主要是餐饮部和客房部根据停水时间和时间长短提前蓄水。

（3）公关部准备客信发至客房部，由客房部安排摆放至房间。

（4）客房部服务中心和大堂副理须按客信上的停水原因和时间长短做好对客的解释工作，同时前台接待负责对预抵的客人做好提示工作。

（5）对于住店客人如停水时间较长，可联系附近的洗浴中心解决客人的洗浴问题。

（6）供水恢复后记录停水前后的全过程及相关费用和损失并备案。

二、临时停水

（1）发现停水即通知工程部，由工程部负责对事故原因进行排查，并确定恢复供水的时间。

（2）检查酒店是否是全店停水，如部分停水，可在未停水楼层打水供客人使用。

（3）如是全店停水，立即通知前厅部前台接待、服务中心、大堂副理做好对客的解释工作。

（4）客房部楼层准备足量的矿泉水供客人洗漱。

（5）对于住店客人，可联系附近的洗浴中心解决客人的洗浴问题。

（6）组织员工在长住宿舍接水运至酒店供客人使用。

（7）供水恢复后记录停水前后的全过程及相关费用和损失并备案。

（8）工程部须排查隐患，避免此类事件再次发生。

酒店地震应急预案

为确保在破坏性地震发生时，应急工作高效、有序地进行，最大限度地减轻地震给酒店造成的灾害，保障酒店财产和宾客员工的生命安全，根据《中华人民共和国防震减灾法》，结合酒店实际，特制定本预案。

一、地震应急处理领导小组

组长：李××。

执行组长：万××。

副组长：陈××。

成员：吕××、孙××、刘××、林××。

发生突发事件时在处理小组组长、执行组长或副组长成员到达之前，由总值班员负责处理。

主要职责：负责组织协调、综合处理抗震救灾有关事宜；掌握震情和灾情，随时向上级汇报，向指挥部各工作组通报；筹集、调拨救灾经费和救灾物资；负责处理指挥部的日常事务。

二、各组任务与职责

（一）抢险救灾组

负责人：陈××

（1）迅速集结人员和器材，抢救被埋压人员。

（2）及时运送重伤员和调配救灾物资。

（3）震后第一时间迅速关闭、切断输电、燃气、供水系统（应急照明系统除外）和各种明火，防止震后滋生其他灾害。

（4）抢修供电、供水、供气等管线和设备，迅速恢复供电、供水、供气。

（5）保证通信联络设备的畅通，确保能够随时接收和发布信息。

（二）医疗救护组

负责人：吕××

（1）准备充足的药品、器械和设备。

（2）根据领导小组命令，立即进行现场救护。

（3）根据灾情情况部署救护力量，妥善安置重伤员。

（三）治安保卫组

负责人：万××

（1）加强单位内治安巡逻、检查，采取有效措施确保酒店安全稳定。

（2）检查各部门的安全措施和消防器材的完好、可用情况。

（3）地震灾害发生后，做好重点要害部位的安全保卫工作。

（4）维护治安，严防各种破坏活动。

（5）督促有关部门采取有效的安全防范措施。

（6）疏导酒店交通。

（四）人员疏散组

负责人：刘××

临震应急疏散地点为酒店广场草坪区。

（1）餐饮部主要负责在酒店餐厅就餐宾客以及餐饮部员工的疏散。

（2）客房部主要负责在酒店入住客房的宾客以及餐饮部员工的疏散。

① 要告知员工与宾客，地震时第一不能跳楼，第二不能拥挤。

② 部门经理和主管应组织安排宾客与员工从安全通道下楼，要避免碰撞、拥挤、踩伤。绝对禁止使用电梯。

③ 部门经理和主管在负责指挥宾客和员工疏散过程中，不得擅离岗位。

④ 如楼层较高，建议宾客与员工在卫生间等小开间场所就地避险。

（五）物资供应组

负责人：罗××

（1）根据各部门提出的物资计划，负责采购、调拨急需的救灾物资。

（2）接受援助，统筹安排。

（3）为本单位地域的灾民提供食品、饮用水和必要的生活用品。

（4）运送人员、伤员和救灾物资。

（六）宣传组

负责人：马××

（1）宣传普及地震科学知识，增强员工与宾客防震避险、自防自救能力和地震应急应变能力。

（2）负责抗震救灾工作宣传报道，向公众发布震情和灾情信息，安定民心。

（3）收集灾情和救灾资料，编写震情通报；进行震害调查；负责地震伤亡和财产损失统计工作，评估灾情。

三、临震应急反应

接到政府及有关部门关于地震预报后，全酒店进入临震应急期。

（1）酒店地震应急处理领导小组立即召开紧急会议，研究部署应急措施，立即向各工作组传达临震处置意见，并按应急预案落实各项应急措施，准备消防器材。

（2）宣传组利用宣传工具，立即开展应急宣传，要特别注意防止和果断平息地震谣传、误传事件，确保酒店秩序稳定。

（3）各组负责人制定本组应急方案。

四、破坏性地震震后应急对策

（1）地震发生后，地震应急处理领导小组成员立即进入第一线，了解震情和灾情，迅速组织实施破坏性地震应急预案，及时将震情、灾情及其发展趋势等信息报告上级，必要时发出紧急支援的请求，启动抗震救灾指挥系统。

（2）各工作小组立即进入各自岗位，启动应急预案，完成各自任务。

（3）启动各类通信设备，确保通信昼夜畅通，地震应急处理领导小组及办公室随时与省市人民政府及其有关部门保持密切联系。

（4）根据震情灾情安排慰问工作，妥善安置宾客，保障宾客和员工的基本生活及安全，并向受灾人员提供精神及心理方面的帮助。

（5）尽快恢复被破坏的建筑、设施和设备，做好服务经营的恢复工作。

（6）保卫部门要加强酒店的治安管理和安全保卫工作，协助辖区公安部门预防和打击各种违法犯罪活动。

五、奖励和处罚

1.在破坏性地震应急活动中有下列事迹之一者，应予以奖励

（1）出色完成破坏性应急任务的。

（2）保护酒店财产和抢救人员有功的。

（3）及时排除险情、防止灾害扩大成绩显著的。

（4）及时供应救援物资和工具成绩突出的。

（5）其他有特殊贡献的。

2.在破坏性地震应急活动中有下列行为之一者，应予以处分或处罚

（1）不听从指挥，不服从命令，拒不承担应急任务的。

（2）临震应急期或震后应急期擅离职守、临阵逃脱的。

（3）阻挠抗震救灾指挥部紧急调用物资、人员或占用场地的。

（4）贪污、挪用、盗窃地震应急工作经费或物资的。

（5）趁机哄抢国家、集体或者公民财产的。

（6）不按照规定和实际情况报告灾情的。

（7）散布谣言扰乱社会秩序，影响破坏性应急工作的。

（8）有危害应急救援工作的其他行为。

第八章
员工培训精细化

导言

开展员工培训工作对提升酒店竞争力、凝聚力、战斗力至关重要。而将精细化管理融入培训工作中，能够不断完善培训体系；探讨精细化管理的具体应用，可以进一步提升员工的培训效果与质量。

第一节　培训需求分析

培训需求分析实际上就是要找到企业的培训工作现状和想要达到的理想状态之间的差距。它的根本目的就是决定是否需要进行培训以及谁需要进行培训、需要培训哪些内容。这些问题都是培训管理的基础。因此培训需求分析的效果从根本上决定了培训是否有效和是否有收益。

一、前期准备工作

在进行培训需求分析之前培训部经理要做一些准备工作，为下一步的具体分析工作打好基础。

1.收集员工资料，建立员工培训资料库

员工资料应当包括培训档案、员工的人事变动情况、绩效考核资料、个人职业生涯规划以及其他相关资料等。员工培训资料库可以帮助培训部经理很方便地寻找员工的背景资料，为员工的个人培训需求分析提供材料。

2.及时掌握员工的现状

相对于其他部门来讲，培训部门更像是提供服务的部门。培训部经理应当把培训对象看作是服务对象，及时掌握服务对象的动态才能更准确及时地提供有效培训。因此培训部经理要和其他部门保持密切联系，及时更新和补充员工培训资料。

3.建立收集培训需求信息的渠道

培训部经理为了及时掌握员工的培训需求就必须建立起通畅有效的培训信息交流渠道。例如可以通过建立"培训信箱""培训信息公告牌"等方式与员工和部门交流培训信息。

管理小妙招：

如果条件允许，也可以利用公司内部网络搭建培训信息交流平台，这样更方便快捷。

二、制订培训需求分析计划

在正式开展培训需求分析之前，培训部经理有必要制订分析计划。计划主要包括图8-1所示的三个方面的内容。

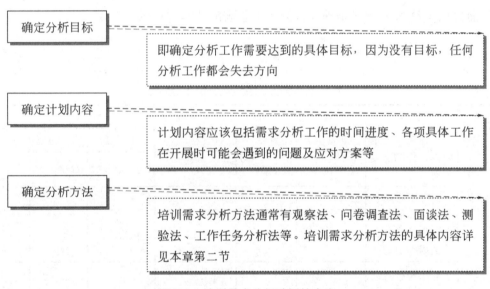

确定分析目标 —— 即确定分析工作需要达到的具体目标，因为没有目标，任何分析工作都会失去方向

确定计划内容 —— 计划内容应该包括需求分析工作的时间进度、各项具体工作在开展时可能会遇到的问题及应对方案等

确定分析方法 —— 培训需求分析方法通常有观察法、问卷调查法、面谈法、测验法、工作任务分析法等。培训需求分析方法的具体内容详见本章第二节

图8-1 培训需求分析计划的内容

三、实施培训需求分析计划

培训需求分析的实施主要是按照事先制订好的工作计划依次展开，但在分析培训需求的时候，也要根据实际工作情况随时对计划进行调整。如计划实施中遇到太大的阻力或偏离计划目标时就要及时增加或更换调查方法。

1.征求培训需求

培训部经理向各有关部门发出要求各部门提出培训需求的通知。

2.汇总培训需求

培训部经理将收集来的各类需求信息进行整理汇总填入酒店培训需求调查需求分析汇总表。

3.分析培训需求

分析培训需求的内容主要包括以下三个方面。

（1）分析受训员工的现状，包括其在组织中的位置、是否受过培训、受过什么培训以及培训的形式等。

（2）分析受训员工存在的问题，包括是否存在问题及问题产生的原因。

（3）分析员工的期望和真实想法，包括员工期望接受的培训内容和希望达到的培训效果。然后核实员工真实的想法以确认培训需求。

4.确认培训需求

通过对汇总来的各类培训需求加以分析，培训部经理参考有关部门的意见，根据重要程度和迫切程度排列培训需求，为制订培训计划奠定基础。

下面提供一份××酒店培训需求分析汇总表的范本，仅供参考。

【范本】▶▶

×× 酒店培训需求分析汇总表

类别	问题	选项					
第一部分：培训信息调查	1.对培训的重要性，你的态度如何	□非常重要	□重要	□一般	□不重要	□没必要	
		47.83%	40.58%	11.59%	0.00%	0.00%	
	2.在不影响你日常工作的情况下，你认为哪种培训周期更好	□每月	□每季	□半年	□年		
		21.74%	57.97%	15.94%	4.35%		
	3.你希望每次培训持续多长时间为宜	□1小时以下	□1～2小时	□半天	□1天	□2天	□更长
		7.25%	31.88%	23.19%	13.04%	18.84%	4.35%
	4.你认为培训应在什么时间进行	□周末	□工作日下班时间	□工作时间内	□以上皆可		
		15.94%	2.90%	37.68%	43.48%		
	5.如果是外部培训，需要个人出资，你能接受的最大出资额是多少？	□500元内	□1000元内	□2000元内	□2000以上		
		49.28%	14.49%	11.59%	17.39%		

缅蜇りり

类别	问题	选项					
第二部分：培训问题调查（在工作中，你遇到的问题）	1.对公司的各项管理制度及流程	□熟悉	□不熟悉				
		76.81%	20.29%				
	2.个人岗位职责及职务涉及的相关流程	□了解	□不了解				
		92.75%	4.35%				
	3.对本岗位工作开展遇到的问题及需要支持的方面（可多选）	□部门间配合	□上司的支持	□工作指导			
		78.26%	76.81%	50.72%			
第三部分：对培训现状的评价和期望	1.为保证培训效果，你认为培训评估该如何进行	□纳入奖惩管理，给予相应奖惩处理	□纳入当月的绩效考核，给予评分	□与薪资或职位晋升挂钩	□其他		
		21.74%	39.13%	24.64%	10.14%		
	2.公司在安排培训时，你倾向于哪种培训方式（可多选）	□参加公开课	□公司安排内训	□会议讨论	□读书心得分享	□光盘培训	□以上皆可
		46.38%	44.93%	24.64%	4.35%	8.70%	30.43%
	3.公司在安排培训时，你期望的培训讲师来源（可多选）	□职业培训师	□内部培训讲师	□以上皆可			
		53.62%	21.74%	27.54%			
	4.你认为过去一年内举办的培训课程哪些地方有待改进	□培训内容针对性	□培训内容实用性	□提高讲师水平	□培训形式应多样化	□培训次数太少，可适当增加	
		52.17%	68.12%	26.09%	31.88%	27.54%	

续表

类别	问题		选项					
第四部分：我期望参加下列培训课程（可多选）	1.基础技能		□团队建设	□执行力	□沟通技能	□时间管理	□服务礼仪	
			68.12%	40.58%	63.77%	23.19%	17.39%	
			□员工激励	□职业素养	□压力管理	□情绪管理		
			53.62%	28.99%	11.59%	21.74%		
	2.企业文化		□企业文化宣导	80.00%				
	3.专业技能	领导艺术	□中层管理技能提升					
			46.38%					
		人力资源	□非HR经理的HR管理	□招聘面试技巧	□内部培训师训练	□绩效管理	□薪酬设计与管理	□培训体系建设
			8.70%	10.14%	2.90%	23.19%	10.14%	18.84%
			□员工关系处理					
			11.59%					
		财务管理	□非财务经理的财务管理	□成本控制与管理	□税收筹划	□财务预算管理		
			13.04%	28.99%	11.59%	7.25%		
		生产管理	□前厅管理	□客房管理	□成本管理	□采购管理	□一线领班管理提升	
			36.23%	31.88%	36.23%	17.39%	21.74%	
		销售能力提升	□销售技巧	□大客户销售管理				
			11.59%	15.94%				
	4.你对公司的培训工作有哪些建议和意见							
	备注		本次调查收回有效表格××份，其中有些员工的问卷中，部分选项未填，但仍然算作有效问卷					

四、撰写培训需求分析报告

培训需求分析报告是培训需求分析工作的成果表现，其目的在于对各部门申报汇总上来的培训需求做出解释和评估结论，并最终确定是否需要培训和培训什么。因此，培训需求分析报告是确定培训目标、制订培训计划的前提和重要依据。培训需求分析报告的主要内容如表8-1所示。

表 8-1 培训需求分析报告内容一览表

序号	项目	内容
1	报告提要	简明扼要介绍报告的主要内容
2	实施背景	（1）阐明产生培训需求的原因 （2）培训需求的意向
3	目的和性质	（1）说明培训需求分析的目的 （2）以前是否有类似的培训分析 （3）以前的培训分析的缺陷和失误
4	实施方法和过程	（1）介绍培训需求分析使用的方法 （2）介绍培训需求分析的实施过程
5	培训需求的分析结果	阐明通过培训需求分析得到了什么结论
6	分析结果的解释、评论	（1）论述培训的理由 （2）可以采取哪些措施改进培训 （3）培训方案的经济性 （4）培训是否充分满足了需求 （5）提供参考意见
7	附录	分析中用到的图表、资料等

注：以上项目并不要求完全具备，可以根据酒店实际情况予以修改完善。

下面提供一份××酒店的培训需求分析报告的范本，仅供参考。

【范本】▶▶

××酒店培训需求分析报告

为有针对性地开展酒店培训，更好地提升各部门员工的职业发展能力，提高酒店整体的服务与管理水平，本部特对各部门及部分员工进行培训需求调查。发出部门培训需求调查问卷××份，员工培训需求调查问卷××份，共计××份，实际收回有效问卷共××份，其中部门的××份，员工的××份。现将培训需求分析报告如下。

一、酒店培训现状分析

（一）部门

（1）目前部门培训的主要内容及所占比率是：岗位技能18%、服务程序与标准17%、岗位专业知识12%、服务礼仪9%、团队建设8%、酒店及部门政策7%，而人际关系的处理及问讯知识均只占2%。部门培训重点则主要是基层员工及新员工。

（2）在部门所实施的培训中，效果不佳的主要有：服务态度、语言沟通技巧、推销技巧及岗位操作规程。

（3）部门培训形式主要是岗位实操、理论授课及师带徒，而部门内部之间的交叉培训尚少。

（4）在部门开展培训的三种频率中，一周一次占84%，一周两次占10%，一周三次以上的仅占6%。

（5）在影响培训出勤率的原因中，经营活动及培训兴趣各占了37%、28%，而认为因内容不具吸引力、缺勤无利益关系的分别占26%、9%。

（6）影响部门培训效果的主要因素中，酒店高层重视、与经营相冲突、考核奖惩方法分别占36%、17%、14%。

（7）调查中，部门培训中最大的瓶颈或障碍主要在于员工培训兴趣不高，再加之部分培训师培训能力不强、培训内容与培训方式枯燥且不具吸引力。

（二）员工

（1）员工最近两年学习、成长的主要方式中：酒店提供的培训机会仅占9%，而通过工作实践积累总结和自学则分别占了20%与40%。

（2）最影响员工英语水平提高的前三个因素是：部门中无语言学习环境，很少有机会与外宾交流，培训后自己懒于巩固、温习，所占比率分别是27%、23%、14%。

（3）最影响员工培训出勤的主要原因是：工作原因占37%、对培训课程的兴趣占17%、讲师的吸引力占16%、部门不合理安排员工工作与培训的时间占16%。

（4）各培训因素中，员工最重视的是实用程度，占40%；案例分析次之，占21%；培训讲师重要性位居第三，占14%。

二、培训需求分析

（一）部门

（1）2013年培训实施的培训侧重于岗位知识与服务技能、语言沟通能力、销售能力、服务意识等方面的培训。

（2）认为部门实施培训的最佳频率中，一周三次以上占50%、一周两次占41%、一周一次占9%。

（3）培训工作需要酒店提供的支持与帮助中，呼声较大的是培训资料、培训经费、培训设施、培训师自身素质的提高，分别占23%、22%、21%、14%。

（4）希望酒店开展的培训课程中较受欢迎的有以下几类：

① 知识类。服务质量管理、督导能力、职业资格认证、客户关系管理、岗位专业理论。

② 技能类。人际关系处理、领导能力、团队建设、沟通技巧。

③ 态度类。职业生涯设计。

（5）认为提高部门员工职业素养并增进对酒店忠诚度的有效途径中，比重较大的是为员工进行职业生涯规划、公平公正的奖惩和晋升制度、部门的专业化培训、企业文化建设与团队建设。

（6）对我们的培训提出的宝贵意见或建议主要是培训要实施有效的考核与奖励机制；少上大课，可结合部门的实际需要设定培训计划并落实，适当将基层中业务骨干也纳入到管理层的培训范畴，拓宽其知识面；外请知名专家进行魅力营销的培训；不能占用员工的休息时间进行培训。

（二）员工

（1）员工目前希望参加的培训，主要包括以下三类。

① 知识类。岗位专业理论、客户关系管理、营运管理、职业资格认证等。

② 技能类。创造性解决问题、领导能力、推销技巧、沟通技巧、人际关系处理。

③ 态度类。职业生涯规划。

（2）员工所希望的培训形式中，讲课案例分析占62%，而知识讲授、讲课咨询分别只占12%及11%。

（3）根据酒店的特点，适合员工的培训时间段中：最合适的是晚上，占37%、其次是下午、上午与中午，分别占31%、18%与13%。

（4）每次课程员工能接受的培训时间中：2～3个小时最适宜，占73%；而2～3天则只占2%。

（5）员工希望所在部门的业务知识与技能培训的频率中：一周一次所占比率最高，为54%；一周两次占44%；一周三次以上呼声最低，仅占3%。

（6）员工希望提高职业素养的途径中，受欢迎的有：外请行业知名专家的需求占34%；由培训部外送进行专题培训占28%；酒店中高层的公开课16%；外请学院派教授及培训部老师讲授公开课均只占11%。

三、培训工作突出重点

酒店对培训的关注越来越大，然而培训效果却不尽人意。从本次酒店培训需求调查问卷来看，需通过以下几个方面增强培训效果。

（一）提高部门培训师的专业素质与培训能力

部门培训师作为知识与技能的传播者，其本身应具备良好的综合素质，尤其是全面的专业知识与技能及语言表达能力。2012年的部门培训重点是岗位专业知识与技能、服务程序与标准，但效果不理想的也是这一块，所以解决员工或部门流程管理的能力、提升员工对流程的认知并规范执行成了2013年培训的持续课题。

通过有计划地派主管及业务骨干外出培训或参与相关课题的研讨，并对管理人员进行深层次的专业知识培训，进而从上至下提高整体服务质量和管理水平。

（二）确保培训课程的质量

在调查问卷中发现，员工对培训的兴趣不高严重影响了培训效果，而影响员工培训兴趣的因素则主要是培训内容的实用性、培训方式及讲师。因此在今后的培训中，应有针对性地对各部门进行定制化的培训，与工作的实际需求相结合，严把培训讲师关。让员工在培训前能带着疑惑进入课堂，获得正解，不断提升员工发现问题、解决问题的能力，从而提高员工对培训的满意度，建立并优化培训口碑，使员工积极参与培训。

（三）健全并落实培训考核与激励机制

从问卷中发现，影响员工参加培训的因素中，考核奖惩方法的比率居第三位。酒店应该健全与绩效考核、员工的晋升和职业生涯发展挂钩的机制，与建设企业文化、建立学习型企业密切结合，彻底将"要我学"变为"我要学"，逐步形成人人积极学习新知识、树立新理念的氛围。

（四）培训内容与渠道多元化

需求调查中，员工最期盼的培训内容为当前行业资讯、最新管理理念与方法、销售技巧、沟通艺术、人际关系处理及外派至其他酒店学习管理模式等。提高员工职业素养的途径中，最受欢迎的有外请行业知名专家、由培训部外送进行专题培训及部门内部岗位交叉培训等。

根据培训需求的重要性和紧迫性进行分析，2013年的培训应将职业共性技能提升列为重点项目，增强员工的职业能力，多开展沟通技巧与销售技巧的培训，多向其他优秀的同行学习，及时掌握行业新资讯与科学的前沿管理模式。

员工与酒店共成长才是酒店的立身之本。欲确保培训投入的产出，既要重视培训的酒店经济效益和员工个人效益，又要要求培训部门和受训人员讲求培训质量，注重培训效果，而决不搞那种无效的培训。当下酒店正向品牌扩张的道路前进，只有体现了尊重人、关心人、爱护人、提升人的"以人为本"的价值观，培养一大批适应新形势的酒店高素质人才，才能适应酒店集团化战略。

第二节 制订培训计划

培训计划是从酒店组织战略出发，在全面、客观的培训需求分析基础上作出的对培训时间（When）、培训地点（Where）、培训师（Who）、培训对象（Whom）、培训方式（How）和培训内容（What）等的预先设定。一个科学完整的培训计划能够使培训取得事半功倍的效果。

一、明确培训目标

培训目标是考核培训效果的标准，分为总体培训目标和单项培训目标。培训目标要满足以下几个方面的要求。

（1）应适应酒店行业发展。

（2）酒店发展战略对人力资源开发与培训的要求。

（3）酒店各职能部门的培训需求。

（4）酒店员工、管理者对适应新岗位和新职位的要求。

（5）酒店安全生产要求。

（6）员工个人发展需求。

二、设计培训内容

培训部门应针对不同部门、不同岗位、不同层次工作人员，分别设计不同的培训内容，使培训内容具有较强的实用性。

三、确定培训对象

准确选择培训对象，区分主要培训对象和次要培训对象，有助于加强培训的目的性，增强培训效果，控制培训成本。

四、确定培训规模

培训规模受很多因素的影响，如酒店的规模培训力量的强弱、培训场所的大小等。具体培训规模应根据酒店实际情况确定。

> **管理小妙招：**
>
> 培训方式是决定培训规模的一个重要因素。例如，使用计算机进行培训，培训规模通常较小；使用讲授、讨论、个案、角色扮演等方法进行培训，要求培训规模适中。

五、选择培训场所

选择培训场所要根据受训人数、培训内容和培训方式等来决定。确认后的培训地点要及时通知受训者和培训师。

六、确定培训时间

一期培训的时间从几十分钟到数周不等，培训内容、费用和培训对象来源都能影响培训时间。影响培训时间的还有培训对象的工作时间和业余时间的分配，大部分培训都是在工作时间内进行的，虽然可以考虑利用培训对象的业余时间，但这样做时必须首先征求培训对象的意见。

七、培训费用预算

培训费用直接影响着培训计划的编制以及培训实际效果的好坏。培训的主要费用是培训师的工资以及培训用具的相关费用。如果使用外部培训人员，可能在费用上会有所增加，但是只要培训效果好，则完全可以弥补相应的损失。

八、选择确定培训师

培训师担负着酒店员工培训的重任，培训师素质的高低直接影响酒店人力资源素质的高低，进而影响着酒店的发展。因此培训师的选择和培养对酒店来说至关重要。

下面提供几份酒店不同部门培训计划的范本，仅供参考。

【范本】▸▸

×× 酒店前厅部年度培训计划

月份	课时	学习内容
2月	第四周	进行酒店作风教育整顿活动并找出前台存在的突出问题及整改方法
3月	第一周	前台服务员基本素质要求（仪容仪表、礼节礼貌、心理素质）
	第二周	前台各项规章制度、工作细则
	第三周	各项财务管理规定和相关管理制度
	第四周	酒店工作督察制度
4月	第一周	前台人员对客服务语言规范
	第二周	酒店制定的相关管理制度及员工守则
	第三周	接待服务工作细节
	第四周	接待服务工作的要求理念

缅鳌りり

月份	课时	学习内容
5月	第一、第二周	酒店企业文化管理体系、设计元素、设计理念
	第三、第四周	前台代收会议费用的管理制度、案例分析
6月	第一、第二周	前台各种管理表格正确使用方法
	第三、第四周	服务意识与职业道德培训
7月	第一、第二周	接待员预订程序与要求
	第三、第四周	接待员服务操作程序及规范、技能训练
8月	第一、第二周	接待员接待宾客的接待程序、岗位练兵
	第三、第四周	接待服务过程中的注意事项、案例分析
9月	第一、第二周	接待员填写外国宾客的临时住宿登记表（护照学习）、技能训练
	第三、第四周	前台员工推销客房的技巧及方法、岗位练兵
10月	第一、第二周	接待宾客投诉的处理程序和方法、岗位练兵
	第三、第四周	接待宾客结账工作流程、技能训练
11月	第一、第二周	向宾客了解相关信息并做好存档管理（建立客史档案）
	第三、第四周	前台与单位内外沟通协调的重要性
12月	第一、第二周	了解本市各旅游景点、简介及旅游路线
	第三、第四周	温习一年的学习内容

××酒店客房部年度培训计划

月份	培训内容	培训目的	培训方式	培训师	培训日期
1月	酒店客房分布及基本情况介绍	了解房型，熟悉环境，学习科学管理	现场授课制		
	客房部规章制度	规范工作行为，统一服务标准	授课制		
	仪容仪表、礼节礼貌的基本要求	按标准规范操作，大方得体，训练有素	授课制，现场演练式		
	客房服务员工作职责	规范操作，增强责任心	授课制		
2月	客房服务员工作流程	规范操作，增加专业性	提问式，授课制		
	钥匙重要性及保管注意事项	增强防患意识，维护客人及酒店安全	授课制		
	敲门程序及注意事项	规范操作，增强专业性	授课制，现场演练式		
	撤床、铺床的程序及注意事项	规范操作，增强专业性	授课制		

月份	培训内容	培训目的	培训方式	培训师	培训日期
3月	撤床、铺床的实操	规范操作，增强专业性	现场演练式		
	房间物品的摆放标准	规范操作，增强专业性，提高房间品质	授课制，现场演练式		
	抹尘程序及注意事项	规范操作，增强专业性	授课制		
	房间卫生间清洁程序	规范操作，增强专业性	提问式，授课制		
4月	客房部卫生质量标准	规范操作，增强专业性	授课制		
	房间加、借物品程序及注意事项	规范操作，增强专业性	授课制		
	如何配备工作车及注意事项	规范操作，增强专业性	现场授课制		
	各种报表填写技巧	规范操作，增强专业性	授课制		
5月	交接班程序及注意事项	规范操作，增强专业性	授课制		
	客房部安全操作标准	规范操作，增强安全意识，避免发生意外	授课制		
	客房出现各种突发事件的处理技巧	增强应变能力，遇事不急不躁，稳重处理	提问式，授课制		
	房间物品设备的使用及注意事项	规范操作，增强专业性	授课制		
6月	客人遗留物品处理程序	规范操作，增强专业性	授课制		
	吸尘的程序及注意事项	规范操作，增强专业性	授课制		
	吸尘器的维护及保养	规范操作，维护工作用具，延长使用寿命	提问式，授课制		
	清洁杯具的程序及注意事项	规范操作，增强专业性，提高工作水平	授课制		

续表

月份	培训内容	培训目的	培训方式	培训师	培训日期
7月	清洁房间的程序及注意事项	规范操作，增强专业性，提高工作水平	授课制		
	常用清洁工具、清洁剂使用及注意事项	规范操作，增强专业性	授课制		
	接听电话的程序及注意事项	规范礼仪，增强专业性，提高工作水平	现场演练式		
	退房程序及注意事项	规范操作，增强专业性	授课制		
8月	怎样填写交接班记录	规范操作，增强专业性	授课制		
	工作间整理程序及注意事项	规范操作，增强专业性	现场授课制		
	加床程序及注意事项	规范操作，增强专业性	授课制		
	客房部遗留物品处理程序	规范操作，增强专业性	授课制		
9月	为客人开房门的程序及注意事项	规范操作，增强专业性	授课制		
	DND房处理程序及注意事项	规范操作，增强专业性，提高服务质量	提问式，授课制		
	个性化服务及服务范例讲解	用心服务，增强酒店品质	授课制		
	客房部常见问题处理方法	规范操作，增强专业性	授课制		
10月	空房、外宿房清洁程序	规范操作，增强专业性	授课制		
	维修房清洁程序	规范操作，增强专业性	授课制		
	节能降耗规定及常识	规范操作，增强专业性，提高节约意识	授课制		
	发生火灾处理程序及注意事项	规范操作，增强安全知识，提高防患意识	授课制		

续表りり

月份	培训内容	培训目的	培训方式	培训师	培训日期
11月	收取客衣程序及注意事项	规范操作，增强专业性	授课制		
	客房部计划卫生制度	规范操作，增强专业性	授课制		
	开夜床的程序及注意事项	规范操作，增强专业性	授课制		
	擦鞋服务程序及注意事项	规范操作，增强专业性	授课制		
12月	折、挂窗帘的程序及注意事项	规范操作，增强专业性	现场演练式		
	客房维修的注意事项	规范操作，增强专业性	授课制		
	来访接待程序及注意事项	规范操作，增强专业性	授课制		
	VIP接待程序及注意事项	规范操作，增强专业性，强化礼仪礼节	授课制		

××酒店员工公共知识培训计划

日期	课时	培训内容	受训人	培训人	培训内容及目标	培训方式	考核方法	培训教材
第一天	8小时	军训	全体员工		严明纪律，统一行动	实地训练		
第二天	1小时	团队组建	全体员工		分组、选队名、队长、队员及比赛方式	现场指导		《××酒店新员工入职培训手册》
	1小时	酒店概况	全体员工		熟悉了解酒店功能、发展趋势，知名酒店集团介绍	讲解	理论考核	
	1.5小时	××酒店发展史	全体员工		投资人、规模、创建历史、声誉、影响力	讲解	理论考核	
	1.5小时	××酒店经营理念、发展目标	全体员工		企业使命、文化、运行模式	讲解	理论考核	
	2小时	××酒店集团管理架构、店面管理架构及管理制度	全体员工		酒店制度及程序、员工手册、员工薪资福利及激励机制	讲解	理论考核	

缤登りり

日期	课时	培训内容	受训人	培训人	培训内容及目标	培训方式	考核方法	培训教材
第二天	2小时	酒店产品知识	全体员工		（1）明确酒店营业部门经营时间 （2）熟记酒店产品数量构成：客房、餐厅、康乐 （3）酒店产品价格 （4）酒店常用术语	讲解实地参观	理论考核	《店面新员工入职培训手册》
第三天	2小时	职业道德与角色认知	全体员工		（1）明确酒店行业职业道德的要求 （2）了解角色理论，树立正确的服务人员角色观	讲授	理论考核	《××酒店新员工入职培训手册》
	2小时	酒店从业人员礼仪知识	全体员工		（1）掌握正确的礼仪知识 （2）端正不良的礼仪行为习惯	讲授、案例分析、录像	现场实践	《××酒店新员工入职培训手册》
	3小时	形体训练	全体员工		具备良好的仪态及行为礼仪，重点是微笑的练习	实际演习		
	2小时	人际交往知识	全体员工		（1）掌握在酒店环境下正确处理上下级、同级关系的方法 （2）具备正确的待客之道	讲授、案例分析	理论考核	《××酒店新员工入职培训手册》
第四天	3小时	沟通及语言使用技巧	全体员工		（1）掌握正确的礼貌用语 （2）掌握服务过程中的语言运用技巧	讲授、案例分析	理论考核	《××酒店新员工入职培训手册》
	2小时	处理客人投诉技巧	全体员工		处理客人投诉的基本步骤	讲授、案例分析	理论考核	《××酒店新员工入职培训手册》
	2小时	优秀员工黄金心态	全体员工		调整心态，以最佳的状态迎接新的挑战	讲授、案例分析	理论考核	《××酒店新员工入职培训手册》
	2小时	个性服务与服务创新	全体员工		酒店差异化服务特色	案例分析		《××酒店新员工入职培训手册》

续表

日期	课时	培训内容	受训人	培训人	培训内容及目标	培训方式	考核方法	培训教材
第五天	2小时	酒店安全知识	全体员工		熟练处理各种安全隐患	讲授、案例分析	理论考核	《××酒店新员工入职培训手册》
	2小时	复习	全体员工					
	2小时	综合知识考核	全体员工					
	1小时	结业典礼	全体员工					

第三节　开展培训实施

培训实施是保证培训达到预期效果的关键一环。对于不同类型的员工培训，在具体的培训工作实施展开时，要根据培训师及员工的实际情况来进行安排。在这里主要介绍实习生培训、新员工培训及交叉培训。

一、实习生培训管理

随着自我意识和自我价值认识的提高，实习生更加注重个人的发展空间，对岗位培训和职业规划越来越重视。因此酒店除做好管理工作外，应加大对实习生的培训力度。

1.实习初期

实习初期，对于毫无实践经验的实习生来说，完整、规范、系统的初期培训会起到很好的定型作用。入职培训是实习生进入酒店之后接受的第一项培训，通过酒店的文化、福利待遇、岗位、未来计划等相关介绍，使实习生加深对酒店的认识。

2.实习中期

实习生进入酒店2～3个月后，在本岗位技能较为熟练的情况下，酒店可为其制订相应的培训计划，如服务销售培训计划、投诉处理培训计划等。因为实习生经过长期的重复练习操作，容易对服务技能产生疲倦，培训可作为工作的调剂，调节实习生的心理。

3.实习评估

实习评估是对实习生工作能力和工作质量的监督与考核。酒店的实习评估内容涉及学习能力、工作态度、工作技能、创新意识、不足与建议等。培训部可以通过各项评估指标的变化，了解实习生的工作能力、学习能力以及适应能力，作为转正留用的参考依据。

4.实行"软"管理

在实习生管理中，应充分发挥精神、道德、情感等要素的作用，对实习生进行巧妙的柔性管理，可称为"软"管理。酒店可从以下几个方面对实习生进行管理。

（1）鼓励管理。实习生处于角色转换期，心理承受能力弱、自尊心强。由于服务技能不熟练，心理不适应，在操作过程中很容易出错，一味地批评责骂，会增加实习生的挫败感，使其失去工作信心，变得被动消极。因此，主管人员要对实习生多加鼓励，提高其工作热情。

（2）微笑管理。微笑管理的关键在于营造微笑的管理气氛。实习生由于工作经验不足，又欠缺社会实践的经验，易受周围环境的影响，各级主管应言传身教，采用微笑管理的方式，使得实习生耳濡目染并将微笑带入服务中，提高服务质量，树立酒店的良好形象。

二、新员工培训管理

为了将新员工入职培训工作做好，就必须理清新员工培训的各个步骤，使培训工作系统化与有序化。

1.培训前的准备

酒店在新员工培训前，需要准备好的物品如表8-2所示。

表8-2　新员工培训前的准备

序号	类别	说明
1	新员工培训资料袋	培训部应该准备好相关的资料，如酒店的背景资料、《酒店产品知识》《当地旅游资源知识》《酒店员工手册》《新员工入职培训课程表》《新员工岗位培训检查表》《新员工培训教材》及酒店相关图片等
2	新员工背景资料	这主要是给培训部门自身准备的，让培训部门或人员了解其所培训对象的基本情况，如社会背景、工作阅历、学历水平等，以此来确定培训课时的长短、培训内容的深浅及培训方式等
3	新员工培训前调查问卷	对新员工培训前所关心的培训事宜进行调查，以便能及时解决新员工的疑难，使新员工能切实感受到酒店对员工的重视与爱护，从而使员工产生一种归属感和认同感
4	新员工培训课程日程表	在上课前应给每位员工提供一份培训日程表，让新员工能主动参与到培训课程当中，如新员工知道下午要培训的课程，便能有意识地去阅读相关资料，从而可以将培训的时间缩短
5	签到表	在培训课前须打印出一份新员工入职培训签到表，将培训项目罗列出来，然后每上完一节课或在上课前让参加培训的员工进行签名确认，证明其已接受过相应的培训课程，同时也分期归入培训档案

2.培训过程控制

注：在培训结束后，培训人员或培训部须向人力资源部提供一份受训人员在培训期间的评估表，记录受训人员在受训期间的各种表现及存在的问题，并结合培训结束后的考核来对每位新员工进行评估，并就员工的使用给人力资源部提出建议。

3.培训后的工作

（1）新员工入职培训评估。针对新员工在培训期间的言行举止表现来对其是否适合酒店工作或其适合程度进行评判，当然这是综合的评估，也应包括其理论考试在内。

（2）培训课程效果调查。让受训人员来对培训人员或培训部进行不记名的问卷调查，就培训课程设计、培训方式方法、培训时间、地点、培训人员对课程的掌握与培训效果等进行调查，如表8-3所示。

表 8-3　新员工入职培训评估表

教师姓名	授课名称	考核内容及计划分值																	
		熟悉授课内容，授课条理清楚			内容准确，授课进程安排合理			能抓住重点讲清难点			培训师乐于帮助解决与课程相关的问题			理论紧密结合行业实际			善于调节培训气氛，激发学员培训热情		
		好	一般	差	好	一般	差	好	一般	差	好	一般	差	好	一般	差	好	一般	差
		20	15	10	20	15	10	15	10	5	15	10	5	15	10	5	15	10	5
培训师评估	酒店简介																		
	仪容仪表、行为规范																		
	职业生涯规划																		
	电话礼仪																		
	礼貌礼节																		
	酒店基础英语																		
	服务意识																		
	酒店人事政策																		

续表りり

培训师评估	教师姓名	授课名称	考核内容及计划分值																		
			熟悉授课内容，授课条理清楚			内容准确，授课进程安排合理			能抓住重点讲清难点			培训师乐于帮助解决与课程相关的问题			理论紧密结合行业实际			善于调节培训气氛，激发学员培训热情		
			好	一般	差	好	一般	差	好	一般	差	好	一般	差	好	一般	差	好	一般	差
			20	15	10	20	15	10	15	10	5	15	10	5	15	10	5	15	10	5
		消防安全知识																		
		酒店节能降耗培训																		

关于培训协调及您对此次培训感受评估	部门经理对我来参加培训是否同意		培训前我接到了此次培训的通知		此次培训对我的工作有所帮助		此次培训达到我的需求和期望	
	同意	不同意	是	否	是	否	是	否

有何意见和建议？（培训需改进的方面）	

　　注：感谢您积极参与此次培训活动，为了有助于提高培训质量，我们希望了解您的宝贵而诚挚的意见，培训师会在分发评估表后向您解释如何填写。请在以上各项分值中根据您的真实感受在选中栏内打"√"。您所给予的评定意见是保密的，所以我们并不要求您写上姓名。填写完后请交还于培训师，谢谢！

　　（3）培训座谈会。在培训课程结束后就召开一次座谈会，让大家坐在一起，创造一种平和的氛围，让员工感受轻松，同时也可收集一些意见与建议，及时解决员工在培训期间碰到的问题，增进大家的沟通和理解。

　　（4）办理相关手续。当学员培训考核合格后，培训部会将相关手续转到人力资源部，由人力资源部安排其正式入职的相关手续，如制作工作卡、考勤表等。同时不及格者不予录用。

　　（5）新员工入职岗位培训跟踪。新员工入职培训不仅局限于上岗前的几天培训，而应包括新员工分配到相关部门后再到转正。培训部人员要对各岗位培训进行跟踪与督导，及对新员工日常言行举止定期不定期抽查、巡查。

三、员工交叉培训管理

交叉培训指的是一个部门员工到另一个部门接受培训，通过交叉培训，员工可以了解其他部门的业务流程，促进部门之间的协调合作，加强酒店服务的一致性。同时也可为员工实现职业目标提供平台，最终实现一职多能的目标。

1.酒店店外交叉培训

酒店店外交叉培训需经由部门总监、人力资源部总监、培训经理以及总经理批准并在接待酒店有能力接待时才可执行。此外店外交叉培训不能影响部门日常工作。

（1）由培训经理制定全年店外交叉培训的预算。

（2）一线部门参与交叉培训的人员比例应占70%。

（3）由部门经理提名交叉培训的人选，送培训经理、人力资源部总监和总经理批准，并告之希望培训开始的时间。

（4）一般酒店店外交叉培训的时间不能在酒店出租率高于90%的情况下进行。

（5）申请获得批准后，培训经理与接收酒店联系培训事宜，包括期望培训开始的时间和结束的时间、食宿安排、培训计划。

（6）接收酒店确认后，培训经理为参与交叉培训的同事准备"培训合同"。

（7）如果接收酒店由于各种原因不能安排此次培训，培训经理应建议部门更改培训时间或更换接收酒店。

（8）培训经理向参与交叉培训的员工解释交叉培训的政策、意义及注意事项。

（9）培训经理负责为参与交叉培训的员工预订机票、火车票，负责员工接送。

（10）交叉培训结束后一个月内，培训经理负责收集"交叉培训报告"并组织座谈会交流培训结果。

2.部门间或部门内交叉培训

（1）培训部根据酒店《年度交叉培训计划》拟定《季度交叉培训计划》《月度交叉培训计划》，组织相关部门进行申报。

（2）酒店各部门依照申报标准提交《交叉培训申请表》，报培训部审核。

（3）培训部根据申报标准以及申报人员现有情况进行审核。审核通过后，组织各申报部门经理召开交叉培训沟通会议，并制订《交叉培训计划》交各培训部门。

（4）各部门依照交叉培训计划实施培训。

第四节　进行培训评估

培训评估是根据培训目标，运用科学理论、方法和程序从培训项目中收集数据，对培训过程、培训计划和培训费用等进行综合分析，评估培训效果。培训评估是培训工作最后一个环节，有利于培训管理者全面掌握和控制培训质量。

一、建立培训效果信息库

在进行培训效果评估之前，必须将培训项目执行前后的信息收集齐全。这些信息形式多种多样、数量庞大，如何能收集得全而又不乱呢？最好的方式就是建立培训效果信息库。

1.收集信息

数据库中应当收集有关培训效果的信息，具体如表8-4所示。

表8-4 培训效果信息库收集信息

序号	类别	具体信息
1	培训目标	培训目标设置等相关信息
2	培训内容	主要包括培训课程、培训方式等
3	教材信息	教材的选用、编制和内容设置等方面的信息
4	培训师	培训师的能力、培训风格和学员的评价等信息
5	日程安排	培训日程安排等信息
6	场地信息	场地位置以及座位安排等信息
7	受训群体信息	是否适应培训形式、知识技能水平、个人情况等信息

2.收集渠道

根据评估内容不同，选择不同的信息收集渠道，具体如表8-5所示。

表8-5 信息收集渠道

序号	类别	具体示例
1	收集与培训相关的资料信息	培训计划、调查问卷、教材、培训档案、录音和录像资料、相关的会议记录、培训的学习资料、培训机构和培训师的资料等
2	对培训管理的工作过程进行观察	培训的准备工作、实施现场、培训过程、受训人员反应、培训师的表现以及受训人员的行为改变等
3	对管理者、受训人员和培训师进行调查	通过问卷和访谈等方式向管理者、受训人员、培训经理和培训师收集对培训的评价
4	其他的调查渠道	向酒店客人了解受训者绩效改进和行为态度改进的情况，通过企业的交流平台了解培训者对培训的看法和建议等

二、培训前评估

培训前评估是在培训活动实施前对受训者的调查和考核，用于将收集到的信息与培训后进行分析比较。培训前评估是最直接、最有效、最经济的评估方法。培训前评估主要是对培训需求、培训计划和受训者的评估。

1. 培训需求评估

酒店在制订每一项培训计划之前，培训部都要进行培训需求分析，最后确定是否需要培训以及确定培训内容、培训先后顺序和培训最佳时机。

培训需求评估的关键是要准确分析酒店当前存在的主要问题及问题产生根源，确定通过培训是否能解决问题。

2. 培训计划评估

培训计划评估的关键是了解培训是否满足酒店培训需求，是否充分考虑酒店人才培养的需求。对培训方案的设计进行评估，还应分析其是否能实现相应的培训目标、培训方法是否恰当、培训师选择是否合理、培训时间安排是否合理等。

3. 受训者评估

对受训者的评估主要包括知识、素质、能力、工作态度的评估。

（1）知识评估。知识评估是运用科学的方法，评估受训人员对基础知识及专业知识的掌握程度。知识评估的步骤具体如表8-6所示。

表 8-6　知识评估的步骤

序号	步骤	评估方法
1	确定知识类别	根据受训人员所从事的工作确定应掌握的一般知识、专业知识的具体内容和掌握知识的重要性
2	确定评估标准	明确受训人员对不同类型知识应掌握的程度，主要包括绝对标准和相对标准，绝对标准是必须达到的知识水平，相对标准是通过受训人员之间的比较定出的标准
3	确定受训人员实际水平	根据一般知识、专业知识和酒店知识的分类，对受训人员进行测试，如口试、笔试、实操考核、知识竞赛等，通过测试评估受训人员实际知识水平

（2）能力评估。对能力进行评估，要根据工作任务和职能需要，确定应具备的能力要求。常用的评估方法有以下四种。

① 职能评估法。职能评估法适用于对新员工和一般员工的培训评估。职能评估要与酒店的能力标准相一致，采取员工自评、员工互评、直接上级评估等形式完成。如表8-7所示。

表 8-7　酒店员工职能评估表

评估要素		要素描述	评估系数	权重/%
责任	本岗位安全职责	对客人安全、酒店安全、安全生产负有责任	5　4　3　2　1	5
	本岗位服务责任	对客服务质量及客人满意度	5　4　3　2　1	10
	本岗位对酒店影响		5　4　3　2　1	5

续表りり

评估要素		要素描述	评估系数	权重/%
技能	熟练程度	技术熟练程度、规范程序、实际操作能力、快捷服务程度	5　4　3　2　1	10
	应变能力	对突发事件的应变能力	5　4　3　2　1	5
劳动强度	工作条件	工作条件、工作环境	5　4　3　2　1	2
	劳动繁重程度	付出的劳动量，苦、脏、累等情况	5　4　3　2　1	2
	持续性	工作时间持续性	5　4　3　2　1	2
知识	一般知识	如酒店的历史、部门的情况等	5　4　3　2　1	10
	专业知识	本岗位要求具备的专业知识	5　4　3　2　1	10
语言	外语	外语表达能力	5　4　3　2　1	2
	普通话	普通话表达能力	5　4　3　2　1	3
沟通能力	沟通范围	沟通所涉及的范围	5　4　3　2　1	5
	沟通对象	沟通的人员	5　4　3　2　1	4
	沟通对工作的影响	服务效果	5　4　3　2　1	5
从业资格	学历	本专业学历	5　4　3　2　1	5
	经历	本岗位工作年限	5　4　3　2　1	10
	证书	上岗证书	5　4　3　2　1	5

② 关键事件评估法。可以采用分组讨论的形式，对工作中发生的某一关键事件进行案例分析，找出处理事件的正确方法和错误方法，确定有效履行职责所需要的能力要求，以此来评估员工能力水平。

③ 思维启发法。通过引导、讨论对理想行为方式进行总结和归纳的一种方法，让受训者明白每一项职责需要的能力及具备这些能力的重要性，评估自己的实际能力与必备能力之间的差距。

④ 工作能力评估法。对胜任工作者和优异工作者的一种评估方式，进行工作能力评估时，一般要组建评估小组，根据被评估者的工作职责，制定严格的评估标准，通过与被评估者面谈等形式，来确定其工作能力。

三、培训中评估

1.培训内容评估

对培训内容创新性、在工作中的实用性等进行评估，及时了解受训者对培训项目的感受和看法，有利于重新设计或改进培训项目。

2.培训进度及效果评估

检测课程安排是否与培训需求相配合；培训时间安排是否适当；该培训计划是否与年度培训计划相结合，如有差异，原因何在；原培训计划与培训实施相比较有何更改，如有，原因何在。

四、培训结束后评估

1.评估培训所达到的目标

采用多种测评方式评估培训是否达到预期培训目标，如采用笔试、口试等形式考核知识掌握程度，采用实际操作演示评估技能提高程度，用主管评价的方法评估管理能力提高程度。

2.培训效果综合评估

（1）直接效果。从培训数量和质量方面评估培训产生的效果，如参加培训人数，受训者知识、技能水平和工作态度经过培训后是否达到预期目标，工作绩效是否得到改进和提高。

（2）间接效果。从受训者工作态度转变、工作积极性提高、团队配合能力、节能意识等方面评估间接效果。可以采用总结、调查、经验交流、主观评价等方法。

3.员工受训后的评估

培训实施后的评估，具体如表8-8所示。

表 8-8　员工受训后的评估

序号	类别	目的	评估方式
1	员工的反应	评估员工对整个培训活动的参与兴趣及满意度	问卷调查，与员工面谈，人员观察，座谈
2	员工学习成效	了解员工在学习过程中对相关理念、技术、做法的了解及吸收程度	学前测验与学后测验的比较，技能测验，问卷调查，模拟练习，座谈会
3	员工工作行为改善	了解学员在受训后返回工作岗位，其绩效、能力、技术等是否能有所提高	员工之间问卷与访问，员工直属主管之间问卷、访问与考核，个人与组织的绩效、成本、目标达成率相比较

下面提供一份培训效果评估总结的范本，仅供参考。

【范本】▶▶

培训效果评估总结

课程名称：		任课讲师：					
培训时间：　年　月　日		培训地点：					

实际授课人数：
实际参与评估数：
实际培训评估表回收数：
培训效果评估表有效份数：
培训效果评估表有效率：　　%

1.课程满意度调查：（请用"√"标出你对每条评估项目的满意度）

评估项目		5（很满意）	4（满意）	3（一般）	2（较差）	1（很差）	参与评估人数	满意率
关于课程	课程目标的明确性							
	内容编排的合理性							
	理论知识的系统性							
	课程内容的适用性							
	课程安排上的互动性							
关于本次课程的满意率								

评估项目		5（很满意）	4（满意）	3（一般）	2（较差）	1（很差）	参与评估人数	满意率
关于讲师	对课程内容的理解深度							
	表达能力							
	亲和力							
	讲课的逻辑性							
	对学员反应的关注程度							
	鼓励学员参与的程度							
	对学员学习兴趣的激发							
	对学员提问所作出的指导							
	案例解析水平							
	把握课程进度的能力							
关于本次课程的讲师满意率								

评估项目		5 （很满意）	4 （满意）	3 （一般）	2 （较差）	1 （很差）	参与评估 人数	满意率
组织 安排	培训时间安排的合理性							
	现场服务							
	培训辅助工具的准备							
关于本次课程的组织安排满意率								
评估项目		5 （很满意）	4 （满意）	3 （一般）	2 （较差）	1 （很差）	参与评估 人数	满意率
你对本次培训课程的整体评价								

2.本次培训中哪些内容对你帮助最大：

3.你认为这样的课程最好采用什么样的培训方式？
自学（　　）　　讲授（　　）　　研讨法（　　）　　案例教学（　　）　　游戏训练（　　）
拓展训练（　　）　　头脑风暴（　　）　　网络学习（　　）
其他：

4.学员其他建议：

5.针对本次培训的总体分析
（1）课程目标完成情况
□完全达到课程设计目标，部分方面甚至超过预期目标
□基本达到课程设计目标，部分目标根据实际情况有所调整，目标的总体达成质量较高
□多数课程目标已经实现，部分目标未能达成或者教学目标达成质量不高
□勉强完成计划的培训任务，实施效果与预期的目标差距较大
□未能达成预期的培训目标
□其他：
（2）外训机构评价：
（3）外训讲师评价：
（4）课程整体评价：□很满意　□满意　□一般　□较差　□很差
（5）其他补充说明：

评估人：
日　期：